戰國遺文

月報 1
真田氏編
第1巻
2018年5月

株式会社 東京堂出版
〒一〇一-〇〇五一
東京都千代田区神田神保町一ノ一七
電話 東京 〇三（三二三三）三七四一

「弾正忠」とも称した真田昌幸

寺島隆史

真田昌幸は「安房守」という通称・官途名（受領名）で知られる。喜兵衛尉から改称したのは、天正七年（一五七九）の末かとみられているが、それ以降は死ぬまで安房守と称していた、と一般に理解されている。しかし、「真田弾正忠」と称した一時期があった、と私はみている。

天正十年三月の武田氏滅亡後、その旧臣であった昌幸は織田信長に馬を贈った。それに対する返書が四月六日付の「佐那田弾正」宛信長黒印状である（本巻第八八号文書）。これは単なる礼状ではなく、信長が真田昌幸の従属と所領安堵を認めた文書として重要な意味があるともされる。

それはともかくも、ここで問題としたいのは宛所である。「佐那田」は「真田」の音通でよいとして「弾正殿」とあるのはなぜだろう。昌幸の父幸綱（幸隆）の官途名も「弾正忠」であった。もちろん父親はとうに故人になっており、これは昌幸を指しているには違いない。しかし、「佐那田」とある点とあわせて、単に父子の名が混同されているだけのこと、としか認識されていない。だが、それでよいのだろうか。その三か月後の七月九日付北条家朱印状（本巻第九四号文書）にも「真田弾正忠」が見えるのである。

本能寺の変後、旧武田領が周辺の北条・徳川・上杉の取り合いの地になった中で昌幸は、家臣日置を北条方へ派遣して従属を申し入れた。これは、その使者日置に対し、北条氏が恩賞として取次給を宛行ったというものだった。だが、この北条家朱印状でもその日置について「真田弾正忠為使参陣」、としているのである。この点については、北条方の誤記という指摘もある。しかし、四月の信長黒印状とあわせてみれば、この時期の昌幸が「弾正忠」と名乗っていた可能性も、当然ながら考えねばなるまい。

真田昌幸が、「安房守昌幸」と署名しているこの直前の文書は、同年三月十四日付湯本三郎右衛門尉宛判物（本巻第八六号文書）である。それ以降で、昌幸について安房守と記されている文書は、九月十九日付屋代秀正宛徳川家康書状（本巻関連46号文書）までない。つまり、天正十年の四月から八月の間については、昌幸が安房守と自称している文書はなく、かつ安房守と他者から呼ばれている根本史料も見当たらないのである。その一方で、同じ間の確かな史料で知られる昌幸の通称・官途名は、右で触れた二通に見られる「弾正（忠）」だけでもある。よって、この間の昌幸は弾正（忠）と称していた、ととらえるべきではなかろうか。織田・北条両氏に対して使者を送ったおりに届けられた昌幸書状の差出は「真田弾正忠昌幸」とあった、と素直に解釈したい。

では、なぜ昌幸は通称を変えたのか。その理由は、右でも触れた北条家朱印状の奉者のひとり北条（藤田）安房守氏邦との関りにあるとみられる。「安房守」は、関東管領や上野国守護を歴任してきた山内上杉氏歴代の官途であり、北条氏の上野計略の責任者氏邦が安房守と称したのは、この事実を意識してのこと、という黒田基樹氏の指摘がある。

昌幸が武田氏から安房守という官途名を与えられたのは、北条方の上野北部の要衝沼田城攻略に取りかかろう、としていた時期であった。このタイミングでの安房守への改称は、北条氏邦に対抗しようとしてのことに違いはあるまい。

ところが、天正十年三月には、武田氏を滅ぼした織田信長により、上野と信濃佐久・小県両郡は、その重臣滝川一益に与えられ、小県に本拠のある昌幸も滝川に服した。沼田城も滝川に明け渡し、滝川の居城となった前橋城に人質を出してもいる。真田は上野から完全に撤退という状況にもなった。「安房守」は上野支配を正当化するための官途・受領名でもあった。信長に対してひたすら恭順の姿勢を示さざるを得ない中で、これでは具合が悪いと考えたのだろう。そこで父の官途名でもあった「弾正忠」に変えた、ということではなかったか。

もっとも、信長までの織田家歴代当主も「弾正忠」と名乗っていた。特別な貴人と同じ官途名は憚りありともされる。しかし信長は、この時点では既に右大臣にまで登っていた。また、昌幸としては「弾正忠」は父の通称の襲名でもあった。それまで遠慮する必要はなかった、ということだろう。

その信長が同年六月に倒れた後、七月に昌幸は北条氏に従おうとしたわけである。この状況下で昌幸は、因縁の「安房守」氏邦と直接関わることになった。よって、その従属交渉にあたっても引続き弾正忠と称していたのだろう。

ところが、八月になると昌幸への徳川方からの寝返り工作が始まったとみられる。これは、先に昌幸が滝川の下に人質として出していた母親と息子（弁丸・信繁）を、家康が確保しつつあった中での話であったらしいが、その過程で九月に家康は、昌幸について以前の通り「安房守」と呼んでいたのである。昌幸が北条から徳川へ鞍替えすれば、「安房守」に戻っての北上州における真田の領域確保の動きについて、差し障りは全くなくなるはずであった。しかし、昌幸が徳川について間もなくの十月には、徳川・北条の和睦が成る。こうして上州沼田領問題の解決は先延ばしになっていき、真田・徳川の第一次上田合戦を経て、ついには秀吉による北条氏討伐にまで至ることになる。

何はともあれ、信長支配下の天正十年三月途中（または四月）から、北条氏に従っていた九月途中（または八月）までの間の昌幸は、「安房守」と名乗るのを憚らざるを得ず「真田弾正忠」と称していた、とみられるのである。

（地方史研究者）

真田昌幸の上洛と知行役

黒田基樹

真田昌幸は、天正十五年（一五八七）二月に上洛し、「天下人」羽柴秀吉に出仕して、従属関係を確定させた。出仕した日にちそのものについてはいまだ明らかになっていないが、同年二月二十四日付で秀吉が徳川家康に宛てた御内書により、その日付の直前に上洛・出仕したことが確認される（「大阪城天守閣所蔵文書」本書関連146号）。

ちなみに同文書が確認されたのは近年のことであり、それまでは『家忠日記』にみえる、三月十八日に、与力としての付属先とされた徳川家康の本拠駿府城に出仕したことが、昌幸の上洛・出仕を示す初見の史料となっていた（本書参考四四号）。同文書の確認によって、それは二月二十四日以前のことであることが明らかになったのである（拙著『真田昌幸』小学館、二〇一五年、一八〇頁）。

昌幸の上洛がどれくらいの規模のものであったのかは明らかではないが、すでに同行する家臣に知行を加増している史料の存在が確認されている。すなわち寺島隆史氏によって、正月四日付で家臣飯島市之丞に対し、上洛における供奉のために、上田領のうちで上条内一〇貫文・山田内一〇貫文・五明内一〇貫文の合計三〇貫文を加増しているのである（「飯島文書」本書第二一一号）。

同文書は、『信濃史料』では、押捺朱印を信幸のものととらえられて、年次不明とされていたものであったが、寺島氏は、朱印が昌幸使用のものであることを確認し、内容を踏まえてこの上洛に関する関係史料であることを明らかにしたものである（「真田信繁（幸村）の証人時代再考」『信濃』七八四号、二〇一五年）。

そして近時さらに、この上洛に関わるとみなされる、吾妻領の家臣に対して知行役を賦課した史料が確認された。それは吾妻領五反田村の在村被官にあたるとみなされる、安原市左衛門と関又右衛門のそれぞれに宛てた、「九兵衛」という人物からの請取状である（「田村文書」本書第二二二〜三号）。

それらの文書は正月十七日付で、内容は、安原宛のものは知行役一五〇文、関宛のものは知行役一〇〇文を、それぞれ請け取ったことを証したものとなっている。これによって正月十七日の時点で、安原らの家臣が、昌幸に知行役を納入していたことが認識されるが、その目的は、時期から考えて、この後に行われる昌幸の上洛費用としてのものであったとみなして間違いないであろう。

残念ながら発給者の「九兵衛」の正体を明確にできないために、これ以上の具体的なことは不明であるが、知行役というからには、その知行高を対象に賦課されたものであったことは間違いない。先の飯島宛では、上洛供奉のために知行を加増していたことと対比させれば、供奉しない家臣に、知行高を対象に知行役を賦課して、上洛費用を用意したと推定される。また残念ながら安原・関の知行高も不明なため、この時の知行役がどのような割合のものであったのかも不明である。

ちなみに両文書は、同じく同村居住の在村被官である田村氏に伝来されたもので、田村氏の知行高は五貫二五〇文であった（「田村文書」本書第二六五号）。安原・関もそれと同規模の知行高であったとすれば、この時の割合は、五貫文に対して一〇〇文であったとすれば、およそ五〇分一、すなわち五〇分一役くらいであった可能性も想定される。

またこれらの文書は、昌幸による知行役賦課に関する史料としては、初見のものになる。その後では、文禄四年（一五九五）分のものを、翌慶長元年八月と十二月に、宮下田兵衛と金井宮内介に対して、請取状を出していることが知られている（「続錦雑誌」「関口文書」『信濃史料』一八巻一七七・一八五頁、「長国寺殿御事蹟稿」『新編信濃史料叢書』一六巻二八頁）。この時の知行役の詳細は明らかにはならないものの、在国する家臣に対して、在京費用の負担のため、知行高に応じて賦課したものであったことは間違いないであろう（拙著『豊臣大名』真田一族』洋泉社、二〇一六年、九七頁）。

そしてこの事例が、昌幸による家臣に対する知行役賦課としては、最後の事例となっている。昌幸による知行役賦課が、天正十五年の上洛に関わるものが初見であること、またその後では文禄四年賦課のものの存在しか確認されないことをみると、昌幸による知行役賦課は、羽柴政権への服属とその後の在京生活によって生み出されたものであった可能性が想定される。

天正十八年の小田原合戦後、沼田領・吾妻領は嫡子信幸（のち信之）の領国となるが、そこでは同十九年閏正月に、田村・安原・関に対して、「知行御祝候金」一分の納入に対する請取手形が、「九兵衛」から出されている（「田村文書」拙稿「真田信之・信吉期沼田領における請取状類の紹介」『駒沢史学』九〇号、二〇一八年）。次に慶長元年七月に田村氏に対して、「京都御普請」にともなう「日領」が、知行高九貫文に対して永楽銭一一三文の請取状が、在国家老の出浦昌相らの連署状で出されている（「田村文書」同前）。

信幸の場合、「知行役」という文言はみられていないものの、在京および公役負担にともなう費用を、家臣にその知行高に応じて賦課していたことがわかり、これは知行役と同じ性格のものととらえてよいと考えられる（拙著『「豊臣大名」真田一族』一一九頁）。

この後の江戸幕府体制のなかでも、上洛や公儀普請役にともなって家臣に知行役が賦課されていくことになるとみなされる。政権からの賦課をうけての臨時の巨額の出費に際して、家臣に知行役を賦課することは、領国大名としてはむしろ一般的であるというべきであろう。そうしたことからすると、真田家の場合、羽柴政権への服属という事態が、そうした領国大名としての在り方をもたらした、大きな画期になっていたことがあらためて認識されるものとなろう。

（駿河台大学法学部教授）

黒田基樹
平山　優
丸島和洋
山中さゆり
米澤　愛
編

戰國遺文

真田氏編

第一巻

東京堂出版

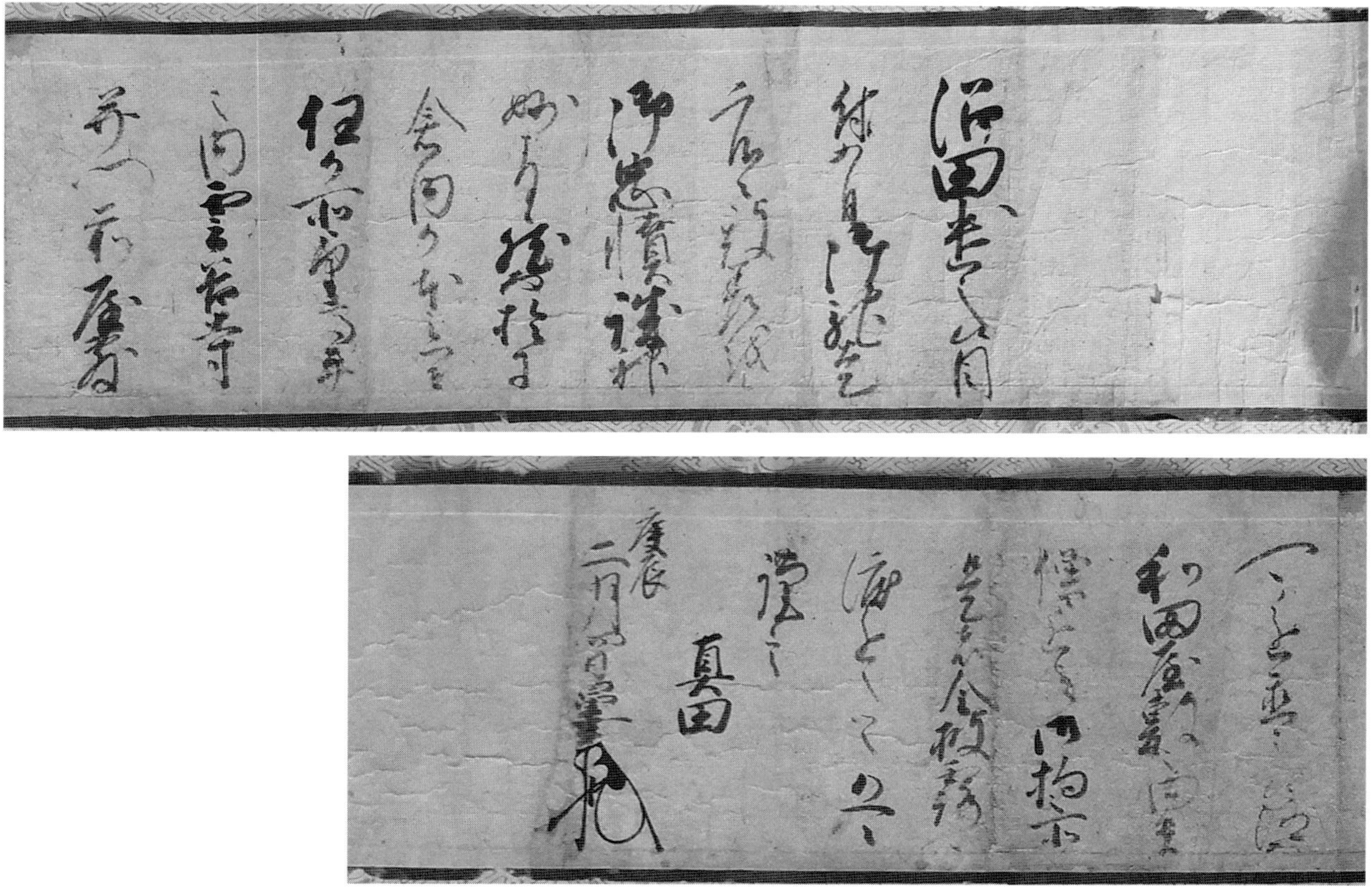

真田昌幸書状（沼田市　雲谷寺文書）　　本文117頁（第39号文書）

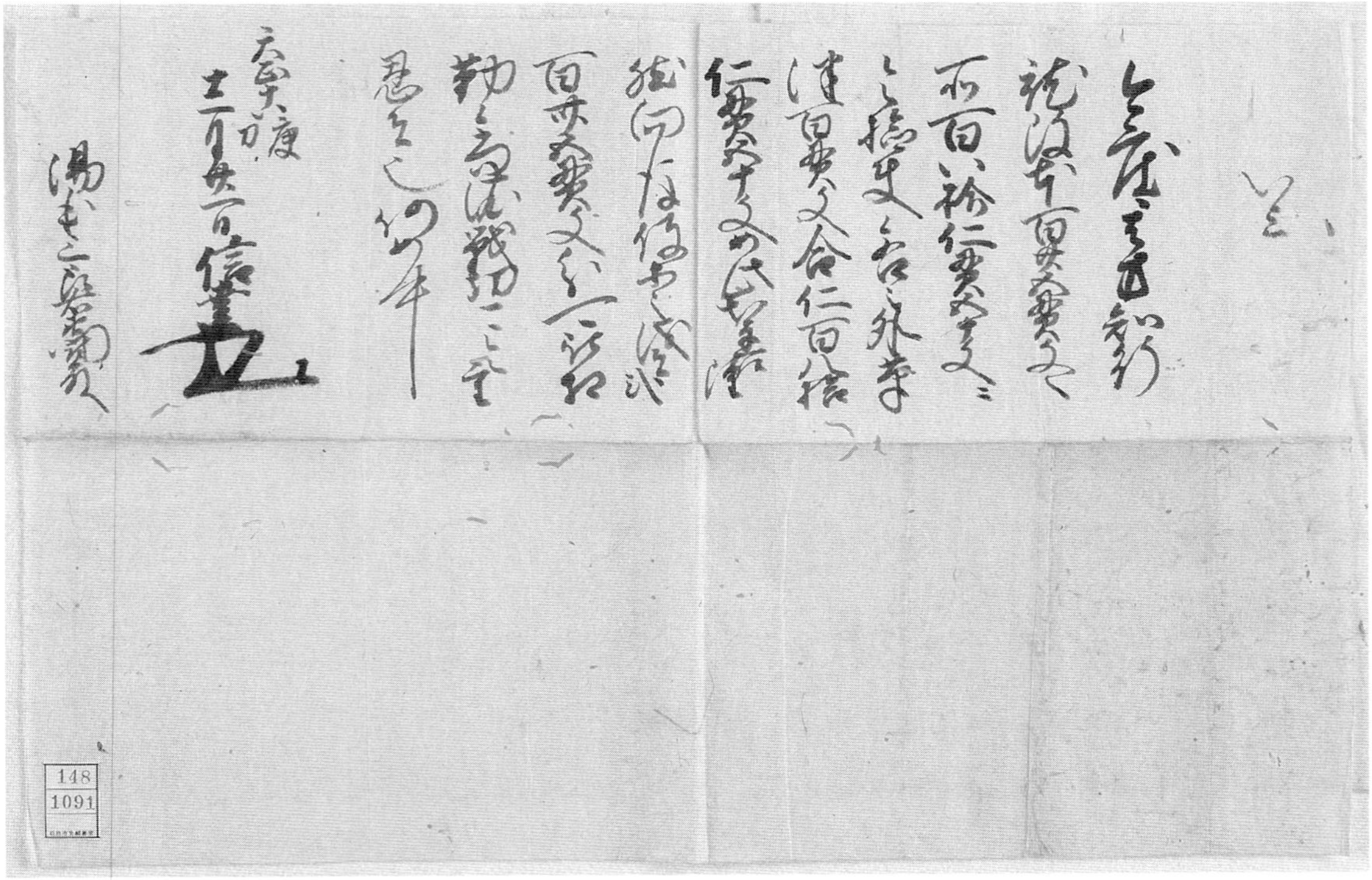

真田信幸判物（姫路市立城郭研究室寄託　熊谷家文書）

本文332頁（第267号文書）

序

『戦国遺文』は後北条氏編完結後、武田氏編・古河公方編・佐々木六角氏編・今川氏編・房総編・瀬戸内水軍編・三好氏編と続き、現在大内氏編と下野編が刊行中である。これらの完結後に新出史料の発見が相次いだ。これは『戦国遺文』がただの史料集ではなく、史料を集める上でのひとつの指針、いわば文書目録としての役割を兼ねていることを意味する。

真田氏は信濃国小県郡真田郷を苗字の地とする小国衆で、戦国以前の動向ははっきりしない。武田氏のもとで幸綱・信綱・昌幸が勢力を伸ばし、北上野二郡を預けられるに至る。天正十年（一五八二）の武田氏滅亡と本能寺の変後、昌幸は信濃小県郡・上野吾妻郡・利根郡をほぼ統一しつつ、周辺諸大名（上杉・北条・徳川）の間を渡り歩き、羽柴秀吉に服属して大名（小名）となった。関ヶ原での昌幸・信繁と信幸（信之）の別れ、大坂の陣の信繁の奮戦は人口に膾炙する。

しかし実際の研究状況は武田時代が中心で、天正十三年（一五八五）の第一次上田合戦までの再検討がようやく進展したというのが数年前の状況であった。その後、平成二十八年（二〇一六）を中心に関係書籍の刊行が相次いだが、秀吉時代の真田氏や、関ヶ原以後、上田藩・松代藩を確立する信之の研究は、手薄いと言わざるを得ない。そこで信之時代までを網羅する真田氏の史料集を新たに編纂し、研究基盤を整える必要があると考えるに至った。幸い東京堂出版のご理解をいただき、『戦国遺文』の列に加えていただくことになった次第である。

真田氏に関する史料集は少なくないが、松代藩は宝暦・天保期に狭義の「真田家文書」（吉文書）の整理を行っており、これが現在の「真田家文書」中の重書類を把握する基礎である（米山一政編『真田家文書』全三巻、『長野県宝真田家文書』全四冊）。その後真田幸貫の命で、河原綱徳が編纂した史書「真田家御事蹟稿（先公御事蹟稿）」（天保十四年〈一八四三〉献上）には、多数の藩士所蔵文書が書写され、幕末段階の史料の所在をも教えてくれる。同書は綱徳死後、飯島勝休が明治八年（一八七五）に完成させた続編とともに、『新編信濃史料叢書』十五巻〜十八巻に収められている。

しかし何と言っても、昭和二十六年（一九五一）から四十四年に編纂・刊行された『信濃史料』全三十巻（三十二冊）が基礎史料集であったことは論を俟たない。古代から寛永二十年（一六四三）までという収録範囲は、時代区分を越えた視点をもたらす金字塔であった。ただ『信濃史料』の重厚な成果は、逆に『長野県史』以下、県内の自治体史が中世史料編纂を省略する傾向も生んだ。また現在の基準からすれば、人名比定や年代の見直しが必要な文書も少なくないし、新出史料も確認されている。逆に『信濃史料』段階の調査文書で、残念ながら現在所在不明のものも存在する。

後に沼田藩として立藩される北上野についても、『信濃史料』は真田氏が関わる範囲で採録している。昭和五十年代には『群馬県史』の刊行も始まり、県史未収録文書も『群馬県近世史資料所在目録』という仮目録が編まれた。しかし群馬県の自治体史は、小田原北条氏が滅亡する天正十八年までが中世史料編、近世史料編は慶長五年（一六〇〇）の関ヶ原以降・部分採録という形が多く、秀吉の時代が抜け、江戸初期も薄い。史料そのものも、再調査が必要な時期がきている。

本史料集の目的は、①信濃・上野二ヶ国にまたがる領国を築いた真田氏関係史料を通覧し、研究の土台を築くことにある。②そのため、実質的初代である幸綱から、信之の時代までの史料を悉皆収集することとした。『戦国遺文』という書名とはいささか反するが、真田信之が死去する万治元年（一六五八）までが、本史料集の採録対象である。中近世の枠を越えた史料集編纂の必要性を、強く意識した結果といえる。

同時に③真田氏当主・一門だけでなく、家臣や在地側の古文書・金石文も可能な限り収集しようと努めた。これは大名の受発給文書だけをみても、正確な理解はできないという考えにたつ。なお昌幸と加津野昌春（真田信尹）の兄弟は武田家朱印状の奉者を務めているため、これも受発給文書に含め、総編年で配列することとした。

もうひとつの特徴として、④真田氏および真田領の地名が出てくる文書を関連文書、⑤同じ基準で古記録や近世初期の戦功覚書・絵図類などを参考史料として採録し、一括して総編年で配列した。特に戦国期の真田氏については、直接の受発給文書だけでは動向を追いきれないという判断によるもので、当然ながら続刊も同様の方針を採る。

史料の収録にあたっては、写本も含めて原本・写真版・影写本で校訂することを基本とし、形態および伝来情報も可能な限り付記した。特に真田氏および家臣の家伝文書については、宝暦・天保期の文書整理および「真田家御事蹟稿」段階の所蔵注記に意を払った。これらの点が、本書の特徴といえるだろう。

全体ではおおよそ五～六巻、年一冊の刊行を予定している。本巻には、享禄五年（天文元年、一五三二）から天正十八年までの史料を収めた。大ざっぱにいえば、武田時代から秀吉の「天下一統」までが採録範囲となる。

ただ実質的には天文十年から始まる。直接真田幸綱の記載はなく、「矢沢殿」の名が見えることから採録した史料だが、武田信虎等の攻撃で本領真田郷を逐われた海野平合戦の経緯を記したものである。そして天文十八年から武田氏従属国衆としての真田幸綱の動向が確認でき、翌十九年の砥石城攻略で武田晴信（信玄）の信頼を得るに至る。

以後、幸綱・信綱父子の活動を示す史料が続くが、天正二年に幸綱が病死し、天正三年の長篠合戦で信綱・昌輝兄弟が討死してしまう。ここに武田氏親類衆武藤氏に養子入りしていた昌幸が、真田氏の家督を継ぐ。武田時代の昌幸関係で注目されるのは、天正六年ないし七年作成と推定される検地帳（「真田氏給人知行地検地帳」）と、天正八年の沼田城攻略関係史料である。特に前者は、『真田町誌調査報告書第２集』として影印と翻刻が発表されたものだが、現在入手困難になっている。武田時代の検地帳として貴重なものであり、本巻への収録により、研究の広がりを期待したい。

天正十年の武田氏滅亡と本能寺の変後、昌幸は上杉→北条→徳川→上杉と目まぐるしく主家を変え、生き残りを図る。この間に上田城築城、小県・吾妻・利根三郡の統一、そして「沼田領問題」の勃発と天正十三年の第一次上田合戦と真田氏にとって大きな事件が相次ぐ。特に第一次上田合戦については古文書だけでなく、地図二点を参考史料として収録している。沼田をめぐる攻防戦の史料とあわせ、かなりの分量を占める。その後は、羽柴政権への従属経緯と小田原合戦に関する史料がまとまっている。以上の実像を明らかにするため、多くの関連文書・参考史料を収録することとなった。

編纂にあたっては、多くの史料収蔵機関・文書の御所蔵者のご協力をいただき、また先行研究・史料集の恩恵に浴した。紙幅の都合上、ここに列挙することはできないが、深く御礼を申し上げる。

最後に、編集の労をとっていただいた東京堂出版の小代渉氏と林謙介氏に改めて御礼を申し上げたい。

平成三十年四月吉日

黒田基樹
平山　優
丸島和洋（文責）
山中さゆり
米澤　愛

目次

凡　例

一、本書は『戦国遺文　真田氏編』第一巻として、天文元年（一五三二）より、天正十八年（一五九〇）に至る信濃真田氏の受発給文書・銘文二七五点、関連文書一九六点、古記録・絵図類など参考史料五九点を収めた。

一、収録文書は真田家当主・一門・家臣・真田領住人の受発給文書および武田家朱印状を奉じた文書を中心に、棟札銘・金石文銘を加え、それらを編年順に配列した。

一、他氏発給文書中に、真田氏および真田領の記載がみえる場合は、関連文書として別番号で採録した。

一、古記録・戦功覚書などの編纂史料や、絵図類において、真田氏および真田領の記載がみえる場合は、参考史料として別番号で採録した。

一、文書名は様式名を付したが、禁制・感状など機能が明らかな文書については、機能を示した文書名とした。あわせて正文・案文・写などの別を示し、記録・編纂物から採録したものは写とした。東京大学史料編纂所架蔵影写本や、写真版より採録したもののうち、原本が正文と判断されるものについては、正文として扱い、文書末尾に典拠を〇で示した。活字史料集より採録した場合は採録元を末尾に『　』で示し、正文・案文・写の判断はその編著者の判断に従った。

一、無年号文書のうち、年代比定が可能なものは、その年代のところに挿入し、（　）で年号を補った。比定不能なものは、内容・差出人・宛名・同収文書等により、関連場所に適宜収め、文書名の下に※を付して、その旨を示した。

一、各文書の本文は、欠字・平出や一部の追而書を除いて送り組みとしたが、年月日・差出人・宛名の位置関係は、原本（正文・案文・写）の位置関係を踏襲した。ただし年月日と差出人記載が密着しているものについては、判読性を考慮して一字アキとした。なお年号部分が文書本文の高さより高い位置に記されている文書は、本文と行頭を揃えて掲示した。

一、収録文書のうち、検討の余地がある文書については、その旨を文書末尾に注記し、後考を俟つこととした。

一、各文書の署判については、花押は（花押）（花押影）とし、姓名を（　）で傍注した。印判の場合は、その形状を示して、印文ほかの必要事項を（　）で傍注した。

一、真田氏当主・親族・家臣の花押・印判については、各人ごとに花押・印判の種類を数字で示し、巻末に本書所収分の写真を掲示した。

一、原文は常用漢字を基本とし、それに読点や並列点を加え、異体字・俗字・変体仮名・合字などは、通用漢字・平仮名・片仮名に改めた。合点は「〽」で示し、梵字については（梵字）とだけ記した。なお、助詞や割書・追而書については、原本を確認の上、文字の大きさや位置を他と改めた場合がある。

一、原文の摩滅・虫損等による判読不能箇所は、字数の推定が可能なものは□、困難なものは［　　］で示した。文書の首欠は（前欠）、尾欠は（後欠）で示した。

一、本文の異筆・追筆は「　」、朱書は『　』で示した。原文の墨抹は■で示し、その文字を読む事が出来たものは、文字の左側にヾヾを加えて、右側に書き改めた文字を加えた。

一、文書の欠落部分や誤字の場合、推定可能な時は、〔　〕内に編者の案を示し、当て字などを元のまま示す必要があると認めた場合は（ママ）と注した。ただし、地名や寺社名については、時代によって表記の変遷があるため、この限りではない。
一、本文中の人名・地名・寺社名などの説明傍注は、（　）内で示した。人名注は当該年代に称したものを注記したが、改名が頻繁である場合、便宜もっとも著名なものを記した場合がある。地名注には現行地名を市町村名まで示し、真田氏の本拠である長野県・群馬県のみ県名を略した。
一、収録文書の形態（竪紙・折紙・切紙・竪切紙・小切紙・続紙）・紙質（楮紙・斐紙・宿紙・椏紙）・法量や、『真田家御事蹟稿』などより明らかになる近世段階の伝来など、必要と思われる情報を文書末尾に○で示した。ただし紙質の判断は、原本確認をしたものについても原則目視によるもので、顕微鏡などは用いていない。法量については、縦×横のセンチメートルで表記し、原則ミリメートル単位までを記した。
一、懸紙や端裏書・封は、史料本文の前に「　」を付して示し、（懸紙上書）（端裏書）などと注記して表記した。文書の奥や折紙の見返し部に指出人・宛名が記されている場合は、史料末尾に「　」を付して記し、（奥上書）などとした。ただし写本類から採録した場合は、この限りではない。
一、出典は、家伝文書については文書名の下に現行所在地名＋家名で示し、後世の収集文書は「○○所蔵文書」とした。真田宝物館所蔵「真田家文書」についても、近世以降の流入文書は「真田宝物館所蔵文書」などとした。所在地名のうち、長野県・群馬県については市町村名のみを記し、真田宝物館を始めとする史料収蔵機関については所在地名を略した。写本類については「　」、刊本については『　』を用いた。東京大学史料編纂所架蔵の影写本・謄写本類や、活字史料集を出典とする場合は、その調査時の所蔵地名（旧地名）を示した場合がある。

戦国遺文

真田氏編　第一巻

天文元年（西紀一五三二）

○参考1「神使御頭之日記」

○神長官守矢史料館
所蔵　守矢家文書

享禄五年壬辰　此年天文ト改元、

内県介　栗林南方（諏訪市）　宮付　春日（佐久市）

大県介　矢沢（上田市）　宮付　宮所（辰野町）

○矢沢郷が頭役を務めていることから採録した。文明二年（一四七〇）には頭役勤仕が確認できる（「守矢満実書留」）。本書では、矢沢頼綱を真田幸綱の弟とする通説に従った上で、活躍年代が重なる「神使御頭之日記」における初見記事から採録することとした。

天文七年（西紀一五三九）

○参考2「神使御頭之日記」

○神長官守矢史料館
所蔵　守矢家文書

天文七年戊戌

（略）

外県介　副祝　宮付　権祝

内県介　有賀（諏訪市）　宮付　春日（佐久市）

此年請頭ニ候、神長（守矢頼真）十三貫文取候、伊那辺（伊那市）
より酒・米十俵取候、

大県介　知久（飯田市）　宮付　矢沢（上田市）

（後略）

○書き込まれた年代記記述は、真田氏と直接関わりがないため省略した。

天文十年（西紀一五四一）

○参考3「神使御頭之日記」

○神長官守矢史料館所蔵 守矢家文書

天文十年辛丑

外県介　権祝　　外県宮付　神長（守矢頼真）
内県介　栗林 北方（諏訪市）　　内県宮付　知久 柏原（飯田市）
大県介　松島（箕輪町）　　大県宮付　西条（長野市）

（略）

此年五月十三日、頼重（諏方）、武田信虎為合力海野（東御市）へ出張、同村上（義清）殿三大将同心にて尾山（尾野山、上田市生田）せめをとされ候、次日海野平（東御市）、同禰津（同）悉破候、此時従頼重神長（守矢頼真）ニさいはいを被切候間、如此御本意満足候、此陣中ニ大雨、近年なき高水候、禰津(元直)之事者神家ニ候条、従此方被召帰候、矢沢(綱頼カ)殿も色々侘言被申候、海野(棟綱)殿ハ関東へ越、上杉(憲政)殿頼被申、七月関東衆三千騎計にて佐久・海野へ働候、頼重、七月四日ニ東国之向人数長窪(長和町)まで出張候、然処此方之様体能候て、関東与和談分ニ候、甲州(武田晴信)の人数も、村上殿も身をぬかるゝ分ニ候て、此方までのやうに候処、長窪へハ関東の人数不相働、葦田郷(立科町)をちらし候て、其儘帰陳(陣)候、葦田の郷にハぬしもなき体ニ候間、頼重知行候て、葦田殿の子息(信守)此方之家風ニなられ候間、其かたへ彼郷をいたさせられ、同十七日ニ御帰陳(陣)、（後略）

○書き込まれた年代記記述のうち、真田氏と直接関わりがない部分は省略した。

天文十八年（西紀一五四九）

○参考4 「甲陽日記」 ○東京大学史料編纂所所蔵

(天文十八年三月)十四日土用、七百貫文ノ御朱印、望月《モチヅキ》源三郎(信雅)方へ被下候、真田(幸綱)渡ス、依田《ヨダ》新左衛門請取、

○一般に「高白斎記」の名で知られる。以下、東京大学史料編纂所架蔵謄写本に拠る。

天文十九年（西紀一五五〇）

〇一　武田晴信判物　〇真田宝物館所蔵　真田家文書

其方年来之忠信、祝着候、然者於本意之上、諏方(形)方参百貫(上田市)
并横田遺跡上条(同)、都合千貫之所進之候、恐々謹言、
天文十九庚戌
七月二日　晴信(武田)（花押）
真田弾正忠(幸綱)殿

○折紙、楮紙［三五・五×四九・八］。水損。包紙注記から、享保十八年（一七三三）の江戸上屋敷火事の際と分かる。「宝暦入注文」には記載がなく、天保期の整理注文に貼紙で存在が追記され、重書たる「吉文書」として扱われている。しかし「一徳斎殿御事蹟稿」下では、（河原）「綱徳所蔵」となっており、この後に真田家に流入したことが明らかである。同書は料紙について「横真似合紙」と注記。東京大学史料編纂所架蔵謄写本「河原文書」に写がある。

〇参考5　「甲陽日記」　〇東京大学史料編纂所所蔵

(天文十九年)九月朔日辛卯申刻清野出仕、三日砥石《トイシ》(上田市)ノ城キハエ御陣寄セラル、九日己亥酉刻ヨリ砥石《トイシ》ノ城ヲ攻ラル、敵味方ノ陳(陣)所へ霧フリカ、ル、未ノ刻晴ル、十九日須田新左衛(門脱)誓句、廿日十月節(立冬)、廿三日癸丑寅刻従清野方注進、高梨《タカナシ》(政頼)ト坂木(村上義清)和談、於半途ニ対面、昨日寺尾(長野市)ノ城へ取カケラル、ノ間、真田方(幸綱)ハ助トシテ被越候、勝沼《カツヌマ》(山梨県甲州市)衆虎口ヲ一騎合同心始終存候、廿八日雨宮《アメノミヤ》ト坂木ハ退出仕ノ由注進、子刻廿九日真田弾正帰陳、晦日可被納御馬ヲ之御談合、

○参考6「神使御頭之日記」

○神長官守矢史料館所蔵　守矢家文書

天文十九年庚戌

外県介　禰宜　　宮付　擬祝

内県介　矢崎　　宮付　笠原　請頭、精進屋拵ニ神長方(守矢頼真)へ十貫受取、神原ノ拵ニ廿貫文両奉行へ被渡候、

（略）

寅年(天文十一年)以来何も神家中不被勤、彼日記ノ外ノ神家、

浦野(上田市)三頭分

一、塩原(青木村、以下同)　一、田沢　一、奈良本　是三頭福沢方(顕昌)知行、

以来不被勤候、

一、矢沢(上田市)　一、保科(長野市、以下同)　一、西条　一、東条

一、春日(佐久市)　是ハ村上殿(義清)被相押候、

一、知久本郷(飯田市、以下同)　一、知久柏原　一、知久虎岩　是ハ知久殿(頼元)被押候、

一、禰津(東御市)　是も一■《廻》明候、

○書き込まれた年代記記述は、真田氏と直接関わりがないため省略した。

天文二十年（西紀一五五一）

○参考7　「甲陽日記」　○東京大学史料編纂所所蔵

（天文二十年）五月大朔日戊子、廿六日節（小暑）、砥石《トイシ》ノ城（上田市）真田（幸綱）乗取、

○関連1　武田晴信書状　○山梨県恵林寺文書

内々疾自身雖可出馬候、去年凶事以後始而之揺ニ候条、先
出士卒、敵之擬見届、然而為出張、為先衆昨日左馬助（武田信繁）其外
悉く相立候、晴信（武田）事者至于今日若神子（山梨県北杜市）立馬候、是も廿八日
者必定可出馬之趣、可有心得候、恐々謹言、
猶是趣真田（幸綱）方へ可有物語候、
内々直ニ可申　（天文二十年）七月廿五日　晴信（武田）（花押）

届候へ共、用〔祐〕筆他行候間、
自筆候条無其義〔儀〕候、
飯富兵部少輔（虎昌）殿
上原伊賀守（小山田虎満）殿

○竪紙。原本所在不明。東京大学史料編纂所架蔵影写本に拠る。

天文二十二年（西紀一五五三）

○参考8　「甲陽日記」　○東京大学史料編纂所所蔵

八月朔日（天文二十二年）乙亥、（略）十日、真田（幸綱）子（真田昌幸）在府ニ付テハ、秋和（上田市）三百五十貫ノ地、真田方へ被遣、小備（小山田虎満）仕候、

○参考9　「甲陽日記」　○東京大学史料編纂所所蔵

十月大朔（天文二十二年）甲戌、（略）五日、長筑岡（息カ）源五郎（長坂虎房息昌国）・真田（幸綱）息女縁嫁、並長筑彦十郎（長坂虎房）・高木入道、是モ尤之由戌亥刻上意之旨、高白（駒井）所へ御直筆被下候、

弘治二年（西紀一五五六）

○二　武田晴信書状　○松代町宮下幹氏所蔵文書

東条（長野市）あまかざり（尼飾）城、其後如何候哉、片時も早々落居候様可被相拵候、爰元之事は両日休人馬候間、一左右次第ニ可相勤候、弥方々儀無遠慮御計策肝要候、恐々謹言、

八月八日（弘治二年）　晴信（武田）（花押）

真田弾正忠（幸綱）殿

□殿（小山田備中守カ）

○原本所在不明。「一徳斎殿御事蹟稿」下では「竪書」、「宮下善左衛門茂樹所蔵」、日付の「八日」部分は「スレテ不知」、宛所二人目は「此名尚スレテ不知」殿」とあり。『信濃史料』十二巻を底本とし、「一徳斎殿御事蹟稿」で校訂した。

弘治三年（西紀一五五七）

○関連2　武田晴信書状　○大阪城天守閣所蔵　岩手家文書

各被相拵候故、其元備可然之由被申越候、一段祝着候、当
口之事者、春日山栗田没落、寺家葛山（長野市）出人質、於仕島津（月下斎）之
事者、今日可降参之趣被申越候、自元同心被相通候条、不
可有別儀候歟、此上者畢竟相極、東条（長野市）与綿内（同）・真田（幸綱）方衆申
合、武略専一候、只々時節到来之趣見届候間、聊不可有油
断候、恐々謹言、
追而、内々縄（綱）島（長野市）辺ニ可在陣
候へ共、若越後衆出張候へハ、備
如何之由各異見候間、佐野山（千曲市）ニ立
馬候、両日休人馬、
明日者可成動候、
（弘治三年）七月六日　（武田）晴信（花押）
小山田備中守殿（虎満）

○竪紙、楮紙、軸装［二八・七×四〇・九］。

○三　武田晴信書状　○真田宝物館所蔵　真田家文書

（懸紙上書）「真田弾正忠殿　甲府（山梨県甲府市）」
如風聞者、景虎（長尾）飯山（飯山市）へ相移之由候、時宜如何無心元存候、
雖不及申、在城衆有談合、城中堅固之備尤候、将又、番中
相当之普請御拵可為肝要候、此趣原与左衛門尉かたへ伝言
憑入候、恐々謹言、
（貼紙）「最前より御判無之、」
（弘治三年）十月廿七日　□（切取）
真田弾正忠殿（幸綱）

○竪紙、楮紙、横内折［三二・五×二九・〇］。懸紙折封［四五・二×二三・七］。

永禄元年（西紀一五五八）

○関連3　武田家朱印状写

○神宮文庫所蔵「武田信玄古案」

大日方
柏鉢籠城衆（長野市）
室住（虎光）豊後守
箕輪衆（箕輪町）
水上六郎兵衛
坂西（長忠）
東条籠城衆（長野市）
在城衆
真田（幸綱）

小山田（虎満）備中守
佐久郡北方衆
大岡籠城衆（長野市）
梅隠斎（市川等長）
青柳（頼長）

以上、

敵揺之砌、可為如斯、右之人数、自元為当番手者、其儘可有籠城、若大手之備衆為当番手者、書立人数被相移、自記之外之衆者、大手へ可罷集者也、仍如件、

弘治四年
四月吉日　信玄竜ノ朱印

永禄三年（西紀一五六〇）

○参考10 「永正三 永禄三 御太刀之次第」

○米沢市上杉博物館所蔵 上杉家文書

（前略）

一、永禄三年霜月十三日ニ、信濃より大名衆御太刀ノ次第

御使者ニて御太刀ノ衆

村上義清よりノ御使者出浦蔵頭(対馬守カ)

高梨政頼ノ御使者ニ草間出羽守

御太刀持参之衆　栗田殿(永寿)—須田殿(信政)

井上殿—屋代殿(政国)—海野殿—仁科殿(盛康カ)

望月殿(信雅)—市川殿(信房)—河田殿—「清野殿」(信秀)(補筆)—島津殿(泰忠)

保科殿—西条殿(治部少輔)—東条殿—真田殿(幸綱)

根津殿(禰津常安)—室我殿(室賀信俊)—綱島殿—大日方殿(直武)

〆廿壱人

（略）

此正本、宇梶殿より借置申候、就御所望ニ、乍悪筆書うつし進之候、以上、

「主小杉村太郎」(異筆)

文禄二年「筆者」(異筆)渡辺甚九郎悪筆

三月十四日　奉書之候、

○竪帳〔二一・〇×一五・六〕。

永禄五年（西紀一五六二）

○関連4　武田信玄判物　○真田宝物館所蔵　伏島家文書

其方抔故、浦中(浦野中務少輔)忠節感入候、何敵地之麦作悉苅執、和田(高崎市)・
天引(甘楽町)・高田(富岡市)・高山(藤岡市)へ籠置、倉賀野(高崎市)・諏方(安中市)・安中(同)之苗代薙払、
其上武州本庄(埼玉県本庄市)・久々宇(同)迄放火、内々暫雖可立馬候、従最前
此度者如此之行之外、不可有別条之旨存候、殊民農務之時
候条、来月下旬早々為可出張、今日平原(小諸市)迄帰陣候、就之其
地之番勢、海野・禰津(常安)・真田(幸綱)之衆申付候、先為初番常田新
六郎・小草野孫左衛門尉・海野左馬允(幸光)已下相移候、委曲甘(昌
忠)利可申候、恐々謹言、
(永禄五年)五月十七日　信玄(武田)（花押）
鎌原宮内少輔(重澄)殿

○竪紙、楮紙［二八・二×三六・六］。

○四　山家神社板扉銘　○上田市　山家神社所蔵

(朱筆)『奉修営四阿山御宮殿
大檀那幸綱(真田)并信綱(同)
蓮花童子院別当良叶
細工綱丸
永禄五年壬戌六月十三日』

○木製［縦四一・〇、横二二・二、厚さ一・三］。

永禄六年（一五六三）

○参考11「神使御頭足之書」

○神長官守矢史料館所蔵　守矢家文書

明年神使御頭足事
永禄七甲子御頭分
外県介　禰宜
別而間もあしく候と云わく事候へ共、きよつきかへもゆるさす（許）候、そさう（訴訟）
にハ候へ共、あかむき二候、禰宜兄弟なから進退候はてを見へき存候間、
於子孫可心得、是ハ無等閑わひ事候間、きつきかへ〔よ脱カ〕一とゆるし候、
外県宮付　副祝
内県介　小坂郷（岡谷市）
是ハ、（武田信玄）上さまよりつとめ候、御符銭、鹿皮壱貫文、神使殿之扱、精進屋
之扱、年中分ニ代物拾貫文、米一こく、あと入来之頭まて十三年、敷皮一
枚・し（猪）ゝ一まゐにへ（贄）に、ならひにさこ、以上七貫文、
内県宮付　柏原郷知久（飯田市）
大県介　矢沢郷（上田市）
御符銭彼是使銭共ニ金一両、うけ頭ニ而五貫文之分ニ金取候、又三貫文之分
俵合八貫文取候、神長（守矢頼真）あつかいにて、矢島・花岡へハ以上十五貫文わたし、
御頭かれこれに候、
大県宮付　田沢郷うらの（青木村）
御符銭壱貫三百文、皮一まいうけ頭に候て、両奉行より五貫文うけ取候、
（永禄六年）閏十二月十三日
（守矢頼真）神長官殿

永禄七年（西紀一五六四）

○関連5　武田信玄書状写　○内閣文庫所蔵「記録御用所本古文書」一

倉賀野(高崎市)仕置等条々注進得其意候、然者此上も和田(同)・木辺(木部、高崎市)・倉賀野三ヶ城用心肝要候、三日之中ニ飯富(虎昌)・真田(幸綱)・阿江木(常喜)・望月(信雅)等倉賀野可為着城候、其間今度相触候人数、堅倉賀野在城候様ニ可致催足(促)候、委細者吉田左近助(信生)・飯富三郎(昌景)兵衛尉口上候、恐々、

五月朔日(永禄七年)　信玄(武田)在判

大熊伊賀守殿

○「大熊伊賀守尊秀拝領、同人書上」とあり。

○関連6　武田信玄書状写　○徳川林政史研究所所蔵「古案」三

(前欠カ)急度還藤四郎(小山田昌成)候、従真弾(真田幸綱)所以密書如注進者、安越(安中重繁)輝虎(上杉)かたへ計策候て、可忍取其城(松井田城、安中市)之由候、有油断者、曲事必定ニ候、無証文之処ニ余顕色候てハ不可然候、上候ハあらハす内心之用心肝要候、委曲可有彼口上候、恐々謹言、

十一月八日(永禄七年)　信玄(武田)　在判

小山田備中殿(虎満)

永禄八年（西紀一五六五）

○関連7　武田信玄書状写　○内閣文庫所蔵「加沢記」二

越後衆至沼田（沼田市）出張之由ニ候、依之従当国者曾根七郎兵衛立遣候、早々長野原（長野原町）辺江着陣、一徳（真田幸綱）依差図岩櫃（東吾妻町）江可被相移候、抑其方事、近日奥信濃より帰陣、無幾程如此下知之条、寔雖憚入候、急速出陣偏ニ可為忠信候、恐々謹言、

尚々、敵出張之由、有無於真田（幸綱）辺可被聞届候、

已上、

（永禄八年カ）三月十三日　（武田）信玄在判

（後筆）「甲子」

清野刑部左衛門尉殿

○「加沢記」は近年部分的な原本が発見されている（沼田市教育委員会所蔵西村ユキ家本）。しかし原本は一部にとどまり、かつ破損が著しいため、浄書献上本たる内閣文庫本に拠った。

○五　武田信玄書状写　○金沢市立玉川図書館所蔵加越能文庫「金沢文書」三

明日大戸（東吾妻町）之戦之事、辰之刻之由、先早速之様候了、酉ノ上（カ）刻尤可然候、此一戦之義大事覚候、晩成問調談、今一度可能時刻相極義、可為本望候也、

（永禄八年）九月十二日　（武田）信玄（花押影）

（真田幸綱）一徳斎

○「馬場雅乗所蔵」とあり。花押影は縦にふたつ並べて記されている。年次比定は大戸合戦の想定時期と、真田幸綱の出家時期による。

○関連8　武田家朱印状写　○内閣文庫所蔵「加沢記」二

其方至今日武山城（嵩山、中之条町）ニ籠、斎藤（弥三郎）守立之旨、寔無比類心底感入候、然者此度以真田（幸綱）当家可有忠信之旨神妙之至候、彼地本

意ニ付者、本領山田郷(中之条町)百五拾貫文、右如此可宛行、猶依戦功可有御重恩之旨、被仰出者也、仍如件、

甘利左衛門(昌忠)奉之

永禄八年乙丑十一月十日信玄御判

池田佐渡守(重安)殿

○検討の余地あり。

○関連9　武田信玄書状　○広島県　富田俊一郎氏所蔵文書

返々、早々岩櫃(東吾妻町)被越、与一徳斎(真田幸綱)談合尤可然候、

従秩父郡如告来者、輝虎(上杉)必々向上州可出張之由候、就之も弥大戸(東吾妻町)之備入工夫事候間、急与一徳斎有調候、有無之返事聞届度迄ニ候、猶不可有由(油)断候、恐々謹言、

(永禄八年)十一月十二日　信玄(武田)（花押）

日向大和入道(虎頭)殿

○東京大学史料編纂所架蔵台紙付き写真で校訂した。現状続紙、元折紙カ、巻子装［一二・六×五八・八］。台紙付き写真は自筆とする。

○関連10　武田信玄判物　○諏訪市　諏訪大社文書

(題箋)「信玄下知状巻一」

(武田信玄)（花押）　信州諏方郡上宮(諏訪大社上社)祭祀退転之所、今茲永禄八年乙丑十二月五日、令再興加下知次第、

（略）

一、六月晦日御作田神事、於于原山(諏訪市)勉之、神田定納六貫文小県郡上(上田市)条ニ有　只今真田(幸綱)知行、地頭かたへ再三相理、剰而為難渋者、信玄(武田)可相勤、規式等者可准五貫神事、神主権祝たるへし、

（略）

右数箇之品目、敬神之故定置所也、社職之輩、於万々世宜守此規模者也、仍如件、

大祝(諏方頼忠)殿

神長官(守矢信真)殿

禰宜大夫殿

権祝殿

擬祝殿
副祝殿

○続紙。

永禄九年（西紀一五六六）

○関連11　武田信玄判物　○内閣文庫所蔵「加沢記」二

去年十一月、於嶽山（嵩山、中之条町）一ノ木戸口辺、強敵早川源蔵討捕、其身も数ヶ所手負、晴之勝負、則真田（幸綱）処より令注進候、無比類次第ニ候、依之羽尾（長野原町）領之内林村（同）ニおゐて、弐拾貫文之処、令加増候、仍戦功可加重恩者也、仍如件、

永禄九年丙寅三月晦日　信玄（武田）在判

湯本善太夫殿

○「富沢六郎三郎同前、此者十兵衛父也」とあり。同様の文書が残されていたと思われる。

○関連12　武田信玄判物　○諏訪市　諏訪大社文書

（題箋）「信玄下知状巻九」
諏方上宮末社、同祭祀退転之儀、尋捜旧規、興其百廃、然ニ社司等所望之意趣者、令帯来所之古文ニ加判形者、為社家之青氈、於後代可守此規則之由、任于請者也、
　茲時永禄九丙寅年九月三日　（武田）信玄（花押）

（略）

一、大宮御門屋之造宮領、海野（東御市）・真田（上田市）・矢沢（同）・禰津（東御市）、為右四ヶ郷之役、造立仕来之旨書載本帳之処ニ、百姓等難渋、因茲加　下知次第、
　海野之分
正物合三俵七升六合　田数仁町六段半　東上田之分、（東御市、以下同）
正物合弐俵壱斗九升仁合　田数仁町三段　田沢之分、
正物合壱斗四升三合　田数五段半　大河之分、
正物合五俵六升六合　田数四町壱段　大屋之分、
正物合八俵六升四合　田数六町四段半　吉田之分、
正物合壱斗四合　田数四段　開善寺、
正物合九俵弐升　田数七町　岩下之分、
正物合三俵壱斗九升三合　田数三町半　小井田之分、
正物合六俵壱斗壱升　田数四町五段　林之分、
正物合七俵壱斗六升四合　田数六町　上青木之分、
正物合三俵弐升仁合　田数仁町八段　下青木分、
正物合三俵壱斗八升　田数三町八段　漆戸分、
彼郷村之田数合四拾弐町よりより、正物五拾五俵壱斗七升、右壱段ニ弐升六合宛、此内五俵壱斗七升者、郷中集衆ニ差置也、
　禰津（東御市）之分
正物合弐拾四貫文　千貫之司ニ四貫文宛、
　真田（上田市）
正物合五貫文、太刀一腰、
　矢沢（同）
正物合五貫文、太刀一腰、
　已上、

（後略）

○続紙、巻子装。

永禄十年（西紀一五六七）

○六 武田信玄書状写 ○内閣文庫所蔵「諸州古文書」四上

一徳斎（真田幸綱）計策故、白井（渋川市）不日ニ落居、大慶ニ候、此上之仕置等、
三日之内ニ以使者可申越候、其間之儀、箕輪（高崎市）在番ニ候条、
悉皆春日弾正忠（虎綱）談合尤ニ候、又長尾（上杉）輝虎帰国為必然者、翌
日出馬、西上野之備可加下知候、猶沼田（沼田市）之是非急速注進待
入候、恐々謹言、
三月六日（永禄十年）　信玄（武田）（花押影）
一徳斎（真田幸綱）
甘利（信康）郷左衛門尉殿
金丸（虎義）筑前守殿

○甲州上今諏訪村百姓助太郎所蔵。

○七　武田信玄書状　○福井県福井市真田家文書

以不慮之仕合、白井(渋川市)落居、本望満足可為同意候、此上早々箕輪(高崎市)へ相移、普請并知行等之配当、可成下知候、猶沼田(沼田市)之模様、以早飛脚注進待入候、恐々謹言、

三月八日(永禄十年)　信玄(武田)（花押）

一徳斎(真田幸綱)

真田源太左衛門尉(信綱)殿

○竪紙。東京大学史料編纂所架蔵影写本に拠る。原本は焼失。

○八　海野衆連署起請文　○上田市生島足島神社文書

(懸紙上書)「上　海野衆」

敬白　起請文之事、

一、此以前奉捧候数通之誓詞、弥不可致相違之事、

一、奉対信玄(武田)様、逆心謀叛等不可相企之事、

一、為始長尾輝虎(上杉)、自御敵方以如何様之所得申旨候共、不可致同意之事、

一、甲・信・西上野三ヶ国諸卒、雖企逆心、於某者無二三奉守　信玄様御前、可抽忠節事、

一、今度惣別催人数、無表裏、不渉二途、可抽戦功之旨、可存定之事、

一、家中之者、或者甲州御前悪儀、或者臆病意見申候共、不可致同心之事、

右意趣少も偽申候共〔者〕、

蒙　上者梵天・帝釈・四大天王、下者内海外海竜王竜神等、堅牢地神・熊野三所権現・皇城鎮守・賀茂・春日・稲荷・祇園・日吉・住吉・八幡大菩薩・富士浅間大菩薩、殊諏方上下大明神・戸隠三所権現・飯縄大明神、別而甲州一二三大明神・御嶽権現御罸、於于今生者黒白受二病、於于来世者可致堕在阿鼻無間地獄者也、仍起請文如件、

永禄十年丁卯八月七日

常田七右衛門尉

綱富（花押・血判）
尾山右衛門尉
守重（花押・血判）
真田右馬助
綱吉（花押・血判）
神尾惣左衛門
房友（花押・血判）
金井彦右衛門
房次（花押・血判）」
下屋与三右衛門尉
棟吉（花押・血判）
奈良本新八郎
棟広（花押・血判）
石井右京亮
棟喜（花押・血判）
桜井平内左衛門尉
綱吉（花押・血判）」

桜井駿河守
棟昌（花押・血判）
小艸（草）野若狭守
隆吉（花押・血判）
海野左馬亮
幸光（花押・血判）」

○続紙、楮紙、牛玉宝印［二四・四×六三・三、第一紙二四・四×三二・八、第二紙二三・九×三〇・七］。版木の異なる牛玉宝印（那智瀧宝印）二紙を起請継で貼り継ぐ。一紙目は牛玉宝印の表側に記す。懸紙折封［四六・〇×二九・一］。宛所を欠く。差出は三段書きとなっている。便宜、」で改段位置を示し、一段組みとした。

永禄十一年（西紀一五六八）

〇九　武田家朱印状写

〇長野県立歴史館所蔵　丸山史料「飯島家古文書写」

定

一、信州伊奈郡（伊那市）春近庄之内三百五十貫文並夫丸五人之事、
一、新在家免許之事、
右之条々、不可有相違者也、
永禄十一戊辰年　　一徳斎（真田幸綱）
『丸竜御朱印』十一月廿五日　　奉之
飯島長左衛門殿

〇検討の余地あり。

永禄十二年（西紀一五六九）

〇一〇　武田信玄書状写

〇福井県福井市　真田家文書

急度染一筆候、今六日蒲原（静岡県静岡市）之根小屋放火之処、在城之衆悉出合之条、遂一戦得勝利、為始城主北条新三郎（氏信）・清水（新七郎）・狩野介不残討取、即時城乗取候、誠前代未聞之仕合ニ候、猶本城江者山県三郎（昌景）兵衛尉相移、此表一返本意可心易候、恐惶謹□（言）、
（永禄十二年）十二月六日　　信玄（武田）
一徳斎（真田幸綱）
真田源太左衛門殿（信綱）

〇竪紙。東京大学史料編纂所架蔵影写本による。原本は焼失。

元亀元年（西紀一五七〇）

○関連13　武田信玄書状写

○米沢市上杉博物館所蔵「歴代古案」七

雖輝虎（上杉）沼田（沼田市）在陳（陣）候、任卜筮出馬候間、信州衆早々参陳（陣）候由遣飛脚候キ、但輝虎定五日之内可帰本国条必然候、心易可出馬候間、於于当府沼田退散之有無可聞合候、其間ニ上・信両州衆相集、可越山存分ニ候、動者吉原（静岡県富士市）津ニ掛船橋、向豆州可及行候、為其意得染自筆候、兵糧闕乏之時候得共、此時ニ候条、則催人数被罷立候様、可被相理候、恐々謹言、

追而、真田源太左衛門（信綱）所へ、切々越飛脚、輝虎退散聞届、注進待入候也、

（永禄十三年）四月十四日　信玄（武田）

春日弾正忠（虎綱）殿

○関連14　武田家朱印状カ写

○川越市立図書館所蔵「白応雑話」

氏政（北条）向三島（静岡県三島市）表江出張之由、為指儀有間敷候、乍去先馬場美濃守（信春）・真田喜兵衛（昌幸）被指遣候、有談合可然様ニ可被申付候、其上一左右次第ニ御出馬可被成候之旨、被仰者也、

（元亀元年カ）五月三日（竜朱印脱カ）　山形（県）三郎兵衛（昌景）〔奉之脱カ〕

小山田備中守（虎満）殿

○検討の余地あり。

元亀三年（西紀一五七二）

〇一一　武田家朱印状　〇佐久市竜雲寺文書

定

竜雲寺僧堂上葺萱之事、宿中之貴賤、随于寺僧之勧、令運上様ニ可被申付候者也、仍如件、

元亀三年壬申

二月四日（竜朱印）　（真田昌幸）武藤喜兵衛尉奉之

曾禰右近助

（佐久市）岩村田御家人衆

〇竪紙、楮紙［二九・八×四六・六］。

〇一二　武田家朱印状写　〇東京都　石井進氏所蔵「諸家古案集」一

今度知行被下候依田又左衛門尉被官共、同心于被仰付候、然者如書上、累年之所領役之外、別而鑓十本召連可勤軍役候趣、御下知候者也、仍如件、

「真田昌幸也」　（真田昌幸）武藤喜兵衛尉奉之

元亀三壬申五月三日

（武田）「信玄朱印此所」

小村与兵衛尉殿

追而、知行持之外九人、同被相預候旨、御下知候、来秋御検地上、可被下御恩候也、

〇東京大学文学部日本史学研究室寄託石井進氏蒐集史料のうち「御古案集稿」に写あり。

〇一三　武田家朱印状　〇上田市小泉家文書

定

福島之甚六

（須坂市）福島之祖母

(長野市)古野之 市右衛門
(須坂市カ)村山之 弥右衛門
(長野市)大室之 文右衛門
(小柴見、長野市)こしはミ之 闕落 市右衛門
闕落 小尾三右衛門尉
(同)屋代山田之 闕落 清次郎

(小高梨、須坂市)小鷹梨之 新右衛門
村山之 三之助
(同)西条之 闕落 源三郎
(長野市)長沼之 闕落 七右衛門
(千曲市)(同)新戸・くろひこの 闕落 小右衛門
(長野市)東条之 闕落 主計

已上、

件之輩、御分国を追放なされ候、其近辺徘徊候者、召捕御注進尤候、努々疎略有へからさる者也、仍如件、

元亀三年壬申

七月晦日 春日弾正忠(虎綱) 奉之

(竜朱印) 内藤修理亮(昌秀)

(禰津常安)松鷂軒

真田源太左衛門尉(信綱)殿

海野衆

室賀大和入道(満正)殿

浦野源一郎殿

小泉宗三郎(昌宗)殿

○続紙［三一・五×九二・五］。

天正元年（西紀一五七三）

○関連15　武田勝頼書状写

○東京大学総合図書館所蔵「松平奥平家古文書写」

以幸便染一筆候、仍敵于今長篠（愛知県新城市）在陣之由候条、自去廿三日至今日、打続人数立遣候、小笠原掃部大夫（信嶺）并自当府（山梨県甲府市）、先日今福・城（景茂）・横田（康景）等差立候キ、又今日も武藤喜兵衛尉（真田昌幸）・山県（三枝昌貞）善右衛門尉出陣候間、万端有談合堅固之儀肝要候、勝頼（武田）も上・信之人衆引付、三日之内ニ可打着候、家康（徳川）長篠切所を差越在陣候間、天所ニ候、此時不能可討留事案内候、歓喜不可過狭量候、如何様ニも勝頼着陣之間、家康留置度候、恐々謹言、

（天正元年）七月晦日　（武田）勝頼判

（奥平定勝）道紋

奥平美作守（定能）殿

○「杉原竪紙、竪九寸六分、横壱尺三寸」とあり。

○一四　武田家朱印状

○山梨県甲府市山下家文書

定

御聖導様（海野竜宝）御料所河原部郷（山梨県韮崎市）土貢之籾子、当府（同甲府市）へ令運送可致進納之由、堅可被申付、若及難渋者、可被加御成敗之趣、被仰出候者也、仍如件、

元亀四癸酉

十月廿一日（竜朱印）　武藤喜兵衛尉（真田昌幸）奉之

下条讃岐守殿

山下又左衛門尉殿

○竪紙。

〇一五　真田信綱加冠状　〇松代町河原家文書

加冠

実名

綱家

仮名

元亀四年

霜月廿二日　信綱（真田）（花押）

河原又次郎（綱家）殿

〇原本所在不明。『信濃史料』十三巻および東京大学史料編纂所架蔵謄写本「河原文書」に拠った。（河原）「綱徳相伝」とあり。

天正二年（西紀一五七四）

〇一六　武田勝頼書状　〇真田宝物館所蔵　真田家文書

被入于念、節々脚力到来、珍重候、如顕先書候、当城（高天神城、静岡県掛川市）涯分無油断諸口相稼候故、本・二・三之曲輪塀際迄責寄候、落居不可過十日候、昨今者雖種々悃望候、不能許容候、然而僥倖軒（宗慶）医療故、一徳斎（真田幸綱）煩少々被得験気之由、大慶候、猶其城用心無疎略肝煎頼入候、恐々謹言、

五月廿八日（天正二年）　勝頼（武田）（花押）

〇竪紙、楮紙［三〇・〇×三八・五］。宛所を欠くが、真田信綱宛とみられる。

○一七　武田勝頼書状

○福井県福井市真田家文書

長篠(愛知県新城市)之模様無心許之旨、節々被入于念芳札快然ニ候、去五日其表御旗本陣場へ打出之由候、遠州動之衆者、直二俣(静岡県浜松市)通長篠へ可出勢之旨成下知候、然則勝利無疑候、吉左右自是可申越候、恐々謹言、

九月八日(天正二年)　勝頼(武田)（花押）

真田源太左衛門尉殿(信綱)

○竪紙。東京大学史料編纂所架蔵影写本に拠る。原本は焼失。

○一八　真田信綱判物

○上田市山家神社文書

四阿(上田市)別当之事、前々如出置蓮花院、向後異儀有間敷候、於様体者、大熊伯耆守可申者也、仍如件、

天正弐甲戌天

壬拾一月十一日　信綱（花押）

真田源太左衛門尉

当蓮花童子院(上田市真田町)

○折紙、楮紙［二九・八×四二・五］。「信綱寺殿御事蹟稿」によると、「四阿山の御師松尾斎宮相伝」であるという。明治になって山家神社に移管された。なお同書の模写では「天正二甲戌年　壬十一月十一日」とあり、微妙に相違する。

○参考12　「神使御頭足之書」

○神長官守矢史料館所蔵　守矢家文書

明年神使御□□(頭足)事

外県介　神長(守矢信真)

外県宮付　副祝

内県介　矢崎郷

内県宮付　春日郷(佐久市)

大県介　田沢郷(青木村)

大県宮付　矢沢郷(上田市)

天正三乙亥御頭也、

戌ノ(天正二年)十二月十三日

神長官殿(守矢信真)

天正三年（西紀一五七五）

〇一九　武田家朱印状　〇広島県福山市矢島家文書

定

一、浅服之内（静岡県静岡市）　拾壱貫五百文

一、草薙之内（同）　八貫五百文

一、辻加賀戸内（同）　拾貫文

向後嗜武具、無疎略可勤軍役之旨申候之条、右如此被下置候、畢竟不慕先方、於抽忠節者、可有御重恩之趣、被仰出者也、仍如件、

天正三年乙亥　二月朔日（竜朱印）

武藤喜兵衛尉（真田昌幸）　奉之

四宮与六殿

（懸紙上書）「四宮与六殿　」

〇竪紙、懸紙折封。東京大学史料編纂所架蔵影写本に拠った。

〇参考13　「宣教卿記」　〇早稲田大学図書館所蔵

（天正三年五月）廿一日、未、天晴、（略）

一、於三川（河）、甲斐武田（勝頼）、信長（織田）合戦在之、尽打死云々、信長一段気見（機嫌）云々、首注文在之、大方如此、

（武田信玄）しんけん弟　しやうやうけん（武田信廉）　やまた三郎兵衛（山県昌景）　（武田信豊）むまのかミ弟　武田三郎（望月信永）　つちや宗蔵（土屋昌続）

おきつ（興津十郎兵衛）　なはふすけ（名和無理助）　あまり（甘利信康）　（信玄末子）しんけんはつし　にな（仁科盛信）

よこたひつちうの守（横田康景）　ば、ミの、かミ（馬場信春）　しんけん弟　かわくほ兵庫助（武田信実）

さなたけんさへもん（真田信綱）　ちくうん（竹雲）（恵光寺宗香）　杉原ひうか（日向）

○参考14 「信長記」巻八 ○岡山大学池田家文庫所蔵

（前略）
（天正三年）五月廿一日 日出より、寅卯之方へ向て、未刻まて入替〳〵相戦、諸卒をうたせ、次第〳〵ニ無人に成而、何れも武田四郎（勝頼）旗元へ馳集、難叶存知候歟、鳳来寺（愛知県新城市）さして噇と致廃（破）軍、其時前後之勢衆を乱し追せられ、

凡討捕頸之注文、

山県三郎兵衛（昌景） 西上野小幡 横田備中（康景）
川窪備後（武田信実） さなた源太左衛門（真田信綱） 土屋宗蔵（昌続）
甘利藤蔵（信康） 杉原日向 なわ（名和）無理介
仁科（盛信） 高坂又八郎 奥津（興津十郎兵衛）
岡辺（岡部小五郎） 竹雲（恵光寺宗香） 恵光寺（同）
根津（禰津月直）甚平 土屋備前守（貞綱） 和気（脇）善兵衛
馬場美濃守（信春）

中にも馬場美濃守 手前之働無比類之由、此外宗徒之侍・雑兵一万余討死也、或山へ逃上飢死、或橋より落され川へ入、水におほれ（溺）無際限、（後略）

○太田牛一自筆の池田家本に拠った。なお返り点や人名を示す朱線などは省略した。

○二〇 武田家朱印状写※ ○東京都世田谷区 須賀家文書

今度於烏川（群馬県）辺令苦戦、無比類働之間、玉村（玉村町）郷之内四拾貫附与之旨、被仰出者也、仍如件、

（年未詳）六月六日（竜朱印を欠く） 真田兵部（昌輝）奉之

須賀佐渡守殿

○検討の余地あり。真田信綱・昌輝は、天正三年五月二十一日に没する。以下、年未詳文書を収める。

○二一 武田勝頼書状写※ ○真田宝物館所蔵「信綱寺殿御事蹟稿」

火急之首尾、河中島衆相見へ候条、来十八・九日、諏訪

上原（諏訪市）へ参陳（陣）可有之候、尤無拠病者・老人者、其地ニ可被残
候、不具謹言、
月日（年月日未詳）スレテ不知　勝頼（武田）花押
真田源太左衛門尉（信綱）殿
追而、湯本（善太夫）・鎌原（重澄）へも、十九日諏訪上原へ参陳（陣）候様、催
促可然候、以上、

○「上野国吉井在神保村　神保三右衛門所蔵」とあり。

○参考15　「甲陽軍鑑」巻八※　○土井忠夫氏所蔵

甲州武田法性院信玄公御代惣人数事

（略）

信州先方衆

一、真田源太左衛門（信綱）　旗色黒四方　三百騎
一、真田兵部介（昌輝）　五拾騎
一、芦田（蘆田信守）　百五拾騎
一、松尾（小笠原信嶺）　百騎
一、下条（下条信氏）　百五拾騎
一、相木（阿江木常林）　八拾騎
一、海野（竜宝）　八拾騎
一、屋代（政国）　名所きれたり　七拾騎
一、雨宮　名所きれたり　七拾騎
一、うらの源之丞（浦野友久カ）　拾騎
一、寺尾（刑部少輔）　名所きれたり　二拾騎
一、綱島豊後
一、大室　名所きれたり　五騎
一、保科左近　是ハ川中島ノ保科也、
一、かわた蔵人　拾騎
一、おびなた（大日方直武カ）　名所きれたり　百拾騎
一、わたうち（綿内）　三拾騎
一、島津安房守入道（貞忠カ）　百二拾騎
一、すだ淡路守（須田信頼カ）　七拾騎
一、仁科入道（盛政カ）　八拾騎
一、小《コ》田切　三十キ
一、栗田刑部太夫（鶴寿）　百六拾キ

一、やまべ（山家近松斎カ）　名所きれたり　四十騎
一、春日播磨　五拾騎
一、いもかわ（芋川親正）　名所きれたり　六拾騎
一、岩井右馬助　百騎
一、八幡神主　二拾騎
一、西条治部少輔　四拾騎
一、赤沢　名所きれたり　四拾騎
一、小笠原新弥　六騎
一、くさま（草間）備前守　拾二騎
一、青柳　名所きれたり　五十騎
一、ときだ（常田道堯カ）　名所きれたり　拾騎
一、やさわ（矢沢綱頼）　名所きれたり　拾六騎
一、おの山（尾野）　同　是ハ穴古屋居城也、付リ、地戦ニハ九拾騎　六騎
一、桜井（伴野信直）　同　是ハ前山居城也、付リ、地戦ニハ八拾騎　五騎
一、まりこ（丸子良存カ）　同　三拾騎
一、たけし（武石正棟カ）　同　三拾騎
一、おぎ　同　拾騎

一、あひた（会田）　同　拾騎
一、山口　同　五騎
一、戸田大隅守　六騎
一、保科弾正（正直）　百二拾騎
一、ばんざい（坂西）岩村組（岐阜県恵那市）　六拾キ
一、大津　名所きれたり　拾キ
一、よら　名所きれたり　拾騎
一、塔原（海野幸貞）中務　是ハ本名海野也　二拾騎
一、尾田（小）切采女正　三拾キ
一、ちく（知久頼氏カ）　名所きれたり　五拾五キ
一、さくわふ寺（座光寺貞房）　名所きれたり　三拾騎
一、松岡新左衛門　八拾騎
一、塩崎　名所きれたり　二拾騎
一、小泉（昌宗）　名所きれたり　二拾騎
一、もろか（室賀信俊）　名所きれたり　二拾騎
一、禰津（昌綱）　名所きれたり　三拾騎
一、おふしま（大島長利）　一、かたぎり（片桐為成）　一、飯島（為定）

一、はぶ（上穂親貞）　一、あかづ（赤須昌為）　五人合　五拾騎
一、諏訪（頼豊カ）　名所きれたり　五拾騎
一、きよの（清野満秀）清寿軒　五拾騎

（略）

御旗本足軽大将衆

一、横田十郎兵衛（康景）　騎馬三拾〔騎脱カ〕　足軽百人
一、原与左衛門　騎馬拾キ　足軽五十人
一、市川梅印（梅隠斎等長）　騎馬拾キ　足軽五十人
一、城伊〔意〕庵（景茂）　騎馬拾キ　足軽三十人
一、多田治部右衛門　足軽二十人
一、遠山右馬助（昌成）　騎馬拾キ　足軽三十人
一、今井九兵衛　足軽拾人
一、ゑま右馬丞　足軽拾人
一、関甚五兵衛　足軽拾人
一、小幡又兵衛（昌盛）　騎馬三キ　足軽二拾人
一、大熊備前（朝秀）　騎馬三十キ　足軽七拾五人
一、三枝新十郎　騎馬三キ　足軽拾人

一、長坂長閑（釣閑斎光堅、虎房）　騎馬四拾キ　足軽四十五人
一、しもそね（下曾禰浄喜）　騎馬二拾キ　足軽五拾人
一、曾禰内匠（昌世）　騎馬拾五キ　足軽三十人
一、曾禰七郎兵衛　足軽七拾人
一、武藤喜兵衛（真田昌幸）　騎馬拾キ　足軽三十人
一、三枝勘解由左衛門（昌貞）　騎馬三拾キ　足軽七拾人
一、あんま（安間三右衛門尉）　名所きれて不見　騎馬五キ　足軽五十人
一、小幡弥左衛門（光盛）　騎馬拾二キ　足軽六十人
一、上原民部入道随翁軒　騎馬三キ　足軽三十人

（略）

御鑓奉行

一、安西平左衛門（有味）　騎馬拾キ　足軽五人
一、今福新左衛門尉（昌常）　騎馬拾五キ　足軽拾人
一、かすの市右衛門（加津野昌春）　騎馬拾五キ　足軽拾人
是ハ、真田一徳斎（幸綱）末ノ子成ヲ、御一家かすの（加津野次郎右衛門尉）が跡目ニ成ル、

（略）

信玄公御備組の次第

（略）

同御先衆

一、真田源太左衛門　手勢　二百騎、同兵部助五拾キ、

此内、おぼへの衆　書立きれてすたる、

○信玄晩年から勝頼初年の状況を反映しているとされる。足軽数・騎馬数はあくまで参考値だが、真田氏の武田氏内での位置を考える上で比較検討の材料になるため、各人の記載がある部分はすべて掲載した。「甲陽軍鑑」は『甲陽軍鑑大成』影印篇所収の土井忠夫氏所蔵三井家旧蔵本に拠った。

○二二　矢沢綱頼判物　○上田市　良泉寺文書

矢沢(上田市)郷之内、寺中山林竹木、寺領拾貫文、永代寄附之者也、

天正三年

矢沢綱頼（花押）

午〔亥〕三月廿八日

良泉寺

○折紙、楮紙［三四・三×四五・七］。

○二三　真田昌幸判物　○松代町　河原家文書

従信綱(真田)真田之町(上田市)屋敷年貢、其方息(河原)宮内助被下置之旨申候間、向後其方可為計者也、仍如件、

天正三年乙亥

拾月十七日　昌幸(真田)（花押）

河原丹波守(隆正)殿

○原本所在不明。『信濃史料』十四巻および東京大学史料編纂所架蔵謄写本「河原文書」に拠った。

○二四　真田昌幸判物　○上田市　山家神社文書

定

四阿(上田市)別当之儀、自信綱(真田)如被相渡候、於自今以後、聊不可有相違候、然者、相応之修理等勤仕肝要候、猶大熊出羽守可申候、仍如件、

天正三年乙亥

十一月十七日　昌幸(真田)（花押1）

頼甚

○竪紙、楮紙［二七・八×四二・五］。「昌幸（花押）」と記された懸紙ありともされるが、後補の包紙に花押を模写したものである。

天正四年（西紀一五七六）

○二五　武田家朱印状写　○真田宝物館所蔵「長国寺殿御事蹟稿」一二

此度其方働を以、岩櫃《東吾妻町》城代斎藤摂津守《定盛》無事故追出之条、注進神妙之至候、因茲右城代申付候、且湯本《三郎右衛門尉》・鎌原《重春》・横谷・西窪并植栗・池田《重安》ハ各別ニ候間、不可為旗下、其外郡中之諸士其方可為支配候間、可被致懇切候、若違犯之輩有之者可訴候、可加下知者也、仍執達如件、

天正四年正月十五日　勝頼《武田》朱印

真田安房守《昌幸》奉之

海野長門守《幸光》殿

同　能登守《輝幸》殿

○所蔵記載なし。「古今沼田記」に写あり。検討の余地あり。

○二六　板垣信安・真田昌幸連署奉書　○高崎市戸榛名神社文書

上州（高崎市）戸春名神領合弐貫五百文之所、如旧規、於自今以後茂、不可有御相違候、然者向後相当之造営可致之旨、被　仰出候者也、

天正四年丙子二月廿三日　板垣信安（花押）

真田昌幸（花押1）

泉明寺

○折紙、楮紙［三〇・五×四六・八］。真田宝物館所蔵「河原理助家文書」に写あり。

○二七　真田昌幸禁制写　○渋川市子持山神社所蔵「由緒古記録写」

禁制

於（渋川市）子持山為非御城用所、杉木不可剪之、若有違犯之族者、可被処罪科者也、仍如件、

天正四年丙子四月七日　（真田）昌幸書印

天正五年（西紀一五七七）

〇二八　武田家朱印状　〇京都大学総合博物館所蔵「古文書集」七

定

船役銭事、有訴人、前々百疋宛雖沙汰来、両浦之儀者、別而就致奉公、向後船壱艘三十疋可進納之旨、所被仰下也、仍如件、

天正五年
二月廿七日　真田喜右兵衛尉（昌幸）（竜朱印）〔奉之脱カ〕
　　　　　　武藤三河守
江尻（静岡県静岡市）
両浦
清水（同）

〇竪紙。

〇二九　武田家朱印状写　〇渋川市　子持山神社所蔵「由緒古記録写」

以先御印判、如先規御寄進之上者、子持山（渋川市）御神領之事、自今以後不可有御相違之由、被仰出者也、仍如件、

天正五年丁丑三月日（竜朱印を欠く）　真田喜兵衛尉（昌幸）奉之
別当

〇三〇　武田勝頼判物　〇東京市　木村正辞氏所蔵文書

定

加津野次郎右衛門尉、於三州長篠（愛知県新城市）討死、忠節之至不浅次第候、然者就無実子、加津野存知之砌、以其方嫡子出羽（真田）、次郎右衛門尉息女ニ令嫁之、可名跡相続之旨、連々令出語之由、次郎右衛門尉老母言上、頻及訴訟候之間、被任其意、嫡子出羽加津野息女被嫁之、名跡相続申付候、依之加津野本領牛奥之郷（山梨県甲州市）士貢百三十八貫八百文・夫丸壱人之所相渡候、軍役厳重勤仕尤候、然者為其方嫡子幼少之間、改当名字号加津野、弥奉公可為簡要者也、仍如件、

追而、簡要者対加津野老母并息女、

天正五年丁丑　閏七月十三日　勝頼（武田）（花押）

無疎略可有懇切者也、

加津野一右衛門尉（昌春）殿

○竪紙。現在所在不明。東京大学史料編纂所架蔵影写本に拠った。

○三一　武田家朱印状　○東京市　木村正辞氏所蔵文書

定

一、名跡相続之上者、家屋敷可為其方計事、

付、家財下女等之事者、加津野（次郎右衛門尉）老母・息女支配ニ可被申付之事、

一、次郎（加津野）右衛門尉討死之砌迄召使候被官、何之人契約候共、当主人へ相断可被召使之事、

一、次郎右衛門尉老母隠居分拾貫文、至没後可被相計之事、

具在前、

跡部大炊助（勝資）奉之

天正五年丁丑

八月廿三日

加津野市右衛門尉（昌春）殿

○竪紙。現在所在不明。東京大学史料編纂所架蔵影写本に拠った。

〇三二　武田家臣富士大宮神馬奉納記写　○山梨県山梨市　永昌院所蔵「兜巌史略」

【●】　天正四丙子年、此年頃駿州富士郡大宮武田諸士神馬奉納ス　大宮司冨士氏和泉部姓所蔵記　具人々

左衛門佐信堯（武田）	御神馬一疋	仁科五郎盛信	二疋	逍遙軒信綱（武田信廉）	二疋	松尾新十郎（信俊）	一疋
下条兵庫介（信正）	二疋	下曾根出羽守（浄喜）	一疋	内藤修理亮昌月	二疋	跡部民部丞（昌秀カ）	一疋
跡部九郎右衛門尉（昌忠）	一疋	加津野市右衛門信尹（昌春）	一疋	工藤長門守	二疋	三枝栄富斎（虎吉）	一疋
小泉（昌宗カ）	一疋	讃月斎（伴野信直）	一疋	紅葉斎	一疋	矢沢（頼綱）	一疋
尻高右京亮	一疋	青柳（頼長）	一疋	大井民部助	一疋	奥山美濃守	一疋
蒲庵（森本永派）	一疋	今福新右衛門尉昌常	一疋	小田切又三郎（昌松）	一疋	跡部次郎右衛門昌副	一疋
土屋右衛門（昌恒）	五疋	小原丹後守（継忠）	一疋	向山中務丞	一疋	曾根源五	二疋
秋山左衛門尉（昌詮）	二疋	甘利次郎四郎（信頼）	三疋	下　但馬守	一疋	城　意庵（景茂）	一疋
平尾（三右衛門尉カ）	一疋	原与左衛門尉	一疋	平林民部左衛門尉	一疋	諏訪伊豆守	黄金一分
岩間　幸心	一疋	石原四郎右衛門尉（昌明）	一疋	雨宮源左衛門尉	一疋	石原清次郎	一疋
古槇又右兵衛尉	一疋	宗富斎	一疋	関　新右衛門尉	黄金一分	大日方右衛門尉	黄金一分
栗田与兵衛尉	黄金一分	跡部淡路守（家吉）	二疋	春日中務少輔	一疋	日向玄徳斎宗栄（虎頭）	二疋

慶林斎　一疋
屋代（秀正）　一疋
栗原大学助（信豊）　一疋
岩手能登守（信景）　一疋
桜井右近助　一疋
朝比奈新九郎　一疋
下条伊豆守（信氏）　一疋
跡部美作守勝忠　三疋
市川鍋并松　二疋
真田喜兵衛尉（昌幸）　二疋
秋山紀伊守　一疋

丹沢久助　一疋
室賀（満正）　一疋
津梁斎　一疋
今井左衛門尉　一疋
倉科入道　一疋
大日方佐渡守　一疋
武藤三河守　一疋
安西平左衛門有味　二疋
僥倖軒宗慶　一疋
釣閑斎光堅（長坂虎房）　一疋
日向玄東斎宗立　一疋

神尾庄左衛門尉成房　一疋
今井彦十郎信尚　一疋
松看斎　一疋
栗原十三郎　一疋
山県源八郎　一疋
大戸（真楽斎）　一疋
春日弾正忠（虎達）　二疋
御宿監物友綱　三疋
山県源四郎（昌満）　三疋
長　坂（昌国）　一疋
植松四郎左衛門　一疋

栗田（鶴寿）　一疋
彦三郎　一疋
小笠原掃部太夫（信嶺）　二疋
今井新左衛門尉信衡　一疋
青沼助兵衛尉（忠重）　一疋
小佐手（信房）　一疋
馬場民部少輔同心共五疋
以清斎元松（市川次郎備後守（家光））　一疋
温井常陸介　一疋
長坂弥三昌春　一疋
土屋右衛門尉同心　一疋

以上

○天正五年頃のものと思われるが、複数回の奉納を一括してまとめた可能性も否定できない。

天正六年（西紀一五七八）

○関連16　下諏訪春秋両宮御造宮帳

○諏訪徴古会所蔵文書

（表紙）
「天正六戊寅年
下諏方春秋両宮御造宮帳
二月二日　　竹居祝
如此古帳之写進上申候間、被遊立被突　御印判候而可被下候、末代之御神前帳ニ仕度候条、乍恐如此奉言上候、」

一、下諏方春宮一御柱造宮之次第
常田庄（上田市、以下同）房山之内上西脇分
合籾廿七俵三升　此代五貫四百卅文　代官林大蔵　執手竹居祝
大使山田又衛門尉
同庄房山之内下西脇分
合籾卅三俵　此代六貫六百文　執手同人
同庄房山之内中村分
合籾卅八俵六升　此代七貫六百六拾文　執手同人
同庄房山之内矢手分
合籾四拾壱俵八升　此代八貫弐百八十文　取手同人
同庄房山之内踏入分
合籾四拾俵壱斗五升　此代八貫百五拾文　取手同人
同庄上常田之分
合籾四拾四俵三升　此代八貫八百百（衍）卅文　取手同人
同庄中常田分
合籾四拾四俵三升　此代八貫八百百（衍）卅文　取手同人
同庄落合分
合籾拾壱俵九升　此代弐貫仁百九拾文　取手同人

先規ニ者、
都合五拾六貫七拾文、挑灯十宮移出之、
右都合者、手執・小祝・大使共之算用也、
永正三丙寅年之造宮之取所如此、

一、下諏方春宮二之御柱造宮次第
依田庄内中山之分（上田市、以下同）
合籾拾八俵壱斗此代三貫七百卅文　取手竹居祝
大使山田又右衛門尉
依田庄内飯沼之郷
合籾卅三俵七升此代六貫六百七袷文　取手同人
小（尾）野山之郷分
合籾廿五俵壱斗五升此代五貫百五十文　執手同人
同庄長瀬之郷
合籾廿八俵三升此代五貫六百卅文　取手同人
同庄御嶽堂分
合籾廿九俵七升此代五貫八百七十文　同人
同庄真田之郷
合籾廿壱俵七升此代四貫弐百七十文　同人
同庄丸子三ヶ村
合籾卅九俵　此代七貫文　同人
同庄内々村分
合籾卅三俵七升此代六貫六百七拾文　同人
同庄腰越之分
合籾廿壱俵壱斗三升此代四貫三百卅文　同人
同庄武石分
合籾卅三俵七升此代六貫六百七拾文　同人
同庄立岩分
合籾廿壱俵壱斗四升此代四貫三百四拾文　同人
同庄有坂分（長和町、以下同）
合籾卅三俵五升此代六貫六百五十文　同人
同庄長窪分
合籾廿四俵壱斗七升此代四貴九百七十文　同人
同庄大門之分
合籾廿俵六升　此代四貫六拾文　同人

同庄阿王原

合籾壱俵壱斗四升此代三百四十文　同人

同庄和田之分

合籾廿壱俵八升此代四貫弐百八十文　同人

先規ニ者、都合八拾壱貫四百文、挑灯十出、

右都合者、手師・小祝・大使共算用也、

同右御柱山出候時、片綱人足小口出候て引申候、

永正三丙寅年之造宮之取所如此、

（略）

一、春宮瑞籬十間造宮　海野内芳比郷（傍陽、上田市）

本帳（上田市、以下同）横尾・曲尾・洗馬、三郷役銭

都合拾弐貫七百文、此外六百文、　手執小祝

小祝大輪新介

執手大輪監物 諏方虎千代

手執牛山左近丞

（後略）

○竪帳。先例を精査し、書き上げたもの。紙綴目ごとに円形朱印押捺。

大祝諏訪家旧蔵。

○関連17　下諏訪春宮造宮帳　○諏訪徴古会所蔵文書

（表紙）「

御柱　宝殿　瑞籬　外籬　鳥居　御炊所　若宮　舞台・廊同二ヶ所

天正六戊寅年

下諏方春宮造宮帳（朱印、印文「釣閑」）

大祝殿狩衣

二月七日　竹居祝狩衣」

一、下諏方春宮一御柱造宮之次第

常田庄房山之郷上西脇之分（上田市、以下同）

合籾廿七俵三升此代五貫四百卅文 代官林大蔵　執手竹居祝

大使山田又右衛門尉

同庄房山之内下西脇分
合籾卅三俵此代六貫六百文　執手同人
同庄房山之内中村分
合籾卅八俵六升此代七貫六百六拾文　執手同人
同庄房山之内矢手分
合籾四拾壱俵八升此代八貫弐百八拾文　取手同人
同庄房山之内踏入之分
合籾四拾俵壱斗五升此代八貫百五拾文　取手同人
同庄上常田之分
合籾四拾四俵三升此代八貫八百百(衍)卅文　取手同人
同庄中常田之分
合籾四拾四俵二升此代八貫八百卅文　取手同入
同庄落合分
合籾拾壱俵九升此代弐貫弐百九拾文　取手同入
惣都合弐百八拾俵七升此代五拾六貫七拾文
永正三丙寅年之造宮之取所如此、
右一之御柱造宮役之儀、去丙寅年(永禄九年)於于岡村(諏訪市)就于御下

知、壬申(元亀三年)之造宮之取所、
惣都合籾百卅弐俵壱斗代物積廿六貫五百文
一、右之一之御柱之入目之次第
合八貫文　酒・突飯共ニ
合壱貫七百文　肴
合三百文　土器
合三百文　かんなかけ
合四百文　ひつ樽
合壱貫文　宮大工
合壱貫百文　山造
合壱貫文　縄銭
合三貫文　山出之酒・突飯
合六貫文　御柱之間之まかない
合三百文　鍬弐丁
合三百文　御神楽銭
合壱貫弐百文　蟻燭并挑灯共
都合廿四貫六百文

此外余銭壱貫八百文

一、下諏方春宮二之御柱造宮之次第
依田庄内中山(上田市、以下同)之分
合籾拾八俵壱斗此代三貫七百卅文　取手竹居祝
大使山田又右衛門尉
依田庄内飯沼之郷分
合籾卅三俵七升此代六貫六百七拾文　取手同人
同庄之内小野(尾)山之郷分
合籾廿五俵壱斗五升此代五貫百五十文　取手同人
同庄之内長瀬之郷
合籾廿八俵三升此代五貫六百卅文　取手同人
同庄之内御嶽堂分
合籾廿九俵七升此代五貫八百七十文　取手同人
同庄之内真田之郷分
合籾廿壱俵七升此代四貫弐百七十文　取手同入
同庄之内丸子三ヶ村之分
合籾卅九俵　此代七貫八百文　取手同人

同庄之内々村分
合籾卅三俵七升此代六貫六百七拾文　取手同人
同庄之内腰越之分
合籾廿壱俵壱斗三升此代四貫三百卅文　取手同人
同庄之内武石分
合籾卅三俵七升此代六貫六百七拾文　取手同人
同庄之内立岩之分
合籾廿壱俵壱斗四升此代四貫三百四拾文　取手同人
同庄之内有坂(長和町、以下同)分
合籾卅三俵五升此代六貫六百五十文　取手同人
同庄之内長窪分
合籾廿四俵壱斗七升此代四貫九百七十文　取手同人
同庄之内大門之分
合籾廿俵六升　此代四貫六拾文　取手同人
同庄之内阿王原
合籾壱俵壱斗四升此代三百四拾文　取手同人
同庄之内和田之分

合籾廿壱俵八升此代四貫弐百八拾文　取手同人
物都合四百七俵此代物八拾壱貫四百文
永正三丙寅年之造宮之取所如此、
右之二之御柱造宮銭壬申年（元亀三年）之取所、
惣都合籾百六拾五俵壱斗四升代物積而卅三貫百四十文
一、右之入目之事同前
都合廿四貫六百文
此外余銭八貫五百四拾文
右之御柱山出之時、片縄之人足小口方出之、

（略）

一、春宮外籬廿間　依田庄追而造宮之役
飯沼（上田市、以下同）之分　比外三百文、大使分、小祝分ニ竹居源右衛門尉取之、
合籾七俵此代壱貫四百文代官因幡守　取手辰野善次
小野（尾）山之分
合籾三俵壱斗五升此代七百五十文代官同人右同意　取手同人
中山之分

合籾壱俵壱斗弐升五合此代三百廿五文代官同人右同意　取手同人
御嶽堂分
合籾七俵此代壱貫四百文代官因幡守右同意　取手同人
真田之分
合籾三俵五升此代六百五拾文代官常田越前守右同意　取手同人
丸子三ヶ郷分
合籾拾俵壱斗五升此代弐貫百五拾文代官与三左衛門右同意　取手同人
長瀬之分
合籾六俵壱斗此代壱貫三百文代官兵庫助右同意　取手同人
練合之分
合籾壱斗五升此代百五十文代官同人右同意　取手同人
武石之分
合籾七俵此代壱貫四百文代官石川右同意　取手同人
内村之分
合籾七俵此代壱貫四百文代官与五左衛門右同意　取手同人

立岩之分
合籾壱俵壱斗七升五合 此代三百七拾五文 代官辰野 右同意 取手同人
有坂之分（長和町、以下同）
合籾七俵 此代壱貫四百文 代官辰野 右同意 取手同人
長窪分
合籾三俵五升 此代六百五拾文 代官同人 右同意 取手同人
阿王原分
合籾壱斗五升 此代百五拾文 代官弥右衛門 右同意 取手同人
大門之分
合籾壱俵五升 此代仁百五十文 代官 右同意 取手同人
和田之分
合籾壱俵壱斗 此代三百文 代官豊後守 右同意 取手同人
惣都合七拾九俵壱斗七升五合 代物ニ積而 拾五貫九百七拾五文
右之内八俵此代壱貫六百文 筆取分
右之外廿四俵 此代四貫八百文 大使免・小祝免 取手竹居源右衛門

尉

（略）

一、春宮瑞籬拾間造宮　真田之内芳比之郷（傍陽、上田市）
古例 合四貫八百文　横尾（上田市、以下同）代官 北沢大蔵　取手大輪監物 諏方虎寿丸
同 合四貫九百文　曲尾代官 石見守　同　両人
同 合三貫文　洗馬代官 虎沢大蔵　同　両人
同 合六百文　右之郷之　手執小祝免
右本帳之 都合拾弐貫七百文 此外六百文、手執小祝
右之郷中ヨリ壬申（元亀三年）之年之取所分
合六貫六百文正物也、六百文手執小祝分、
取手大輪監物
同　諏方虎寿丸

（後略）

○竪帳。徴集予定を記した清書帳にあたる。長坂釣閑斎が表紙および

紙綴目ごとに「釣閑」朱印を押捺している。大祝諏訪家旧蔵。

○関連18　上諏訪造宮帳　○諏訪市 諏訪大社上社所蔵文書

「（表紙）天正六年戊寅二月吉日

上諏方　御柱 大鳥居 御宝殿 御門屋 廊 末社　造宮帳

清書帳」

（略）

二之御柱　小県之郡

（上田市、以下同）小泉之郷　四貫五百四十文　代官二惣左衛門
室賀之郷　四貫五百四十文　代官清水土佐守
岡村之郷　弐貫四百文　代官七郎右衛門尉
仁古田之郷　仁貫六百文　代官宮内丞
福田之郷　弐貫文　代官勘助
吉田之郷　壱貫四百文　代官帯刀
下吉田郷　八百文　代官二惣左衛門
上田原郷　弐貫壱百卅文　代官立神禰宜
下条之郷　仁貫二百十文　代官彦六左衛門尉
上畠（神）之郷　八百十二文　代官孫右衛門尉
中条之郷　四貫四百八十文　代官大熊伯嗜（耆）守
上之条郷　五貫文　代官次郎左衛門尉
小槙（牧）之郷　壱貫四百文　代官仁惣左衛門尉

此十三郷より四貫三百文　為小祝分出ル、

都合三十八貫六百十二文

（略）

以上御柱八本

天正五年丁丑十二月廿四日

（略）

一、大宮之御門屋造宮銭次第

合拾貫文　（東御市）海野拾二郷ヨリ出、
合五貫并太刀一腰　（上田市）真田
合五貫并太刀一腰　（同）矢沢

合五貫九百文　　　会田（松本市）五ヶ所
物都合廿五貫九百文
右之入目十五貫文　是八下立之分
　余銭十貫九百文、此内弐貫文筆取・小祝取、
　　　取手　大祝（諏訪頼忠）
右之御門屋造作分造宮銭次第
　合拾六貫文　　禰津（東御市）道上大政所
　合八貫文　　禰津道下矢島
以上合廿四貫文　　取手　大政所長持
　　　　　　　　　　　　矢島
右之造作之入目六貫文
　余銭十八貫文、此内三貫筆取・小祝取、
（略）
天正六年二月廿一日
○竪帳。紙綴目ごとに円形朱印押捺。

○三三　武田勝頼書状　○長野市立博物館所蔵文書

人数景虎（上杉）一途ニ為御加勢、勝頼（武田）越府（上越市）在陣候処、貴殿沼田（沼田市）之儀ニ貪着候様ニ有分別、立腹之上、彼表被引払（候脱カ）、至当口出勢之砌、旁不可然候、此所不可如勘弁之旨、さのミ不取立様被申理、籌策肝要候、猶備等毎事不可有由（油）断候、恐々謹言、
六月廿九日（天正六年）　勝頼（武田）（花押）
　真田喜兵衛尉（昌幸）殿
○竪紙、楮紙、軸装［二九・七×四一・三］。前欠のようにもみえるが、字配りや紙の余白からみてそのようには判断できない。

○三四　武田勝頼書状　○真田宝物館所蔵文書

去六日書状具披見、得其意候、弥上田口（新潟県南魚沼市）行之様子并氏政（北条）備之体被聞届、節々注進尤候、就中小那渕（女渕、前橋市）之城本主新井乗執候歟、自氏政承候も同説候、猶関東中有珍儀者、早速注進肝要候、随而家康（徳川）駿州山西へ出張之由候条、彼表へ可出馬

旨顕先書候キ、去四日敵無功退散候間、先令延引候、其心得専要候、恐々謹言、
(天正六年)九月十日　(武田)勝頼（花押）
(昌幸)真田喜兵衛尉殿

○竪紙、楮紙、軸装［二八・四×四一・〇］。「長国寺殿御事蹟稿」一に「伊勢御師広田筑後正方相伝」とあり、同書編纂後に真田家に流入したものと確定できる。なお、真田宝物館の収蔵番号は「書画1」であり、明確に区別がなされている。

天正七年（西紀一五七九）

○関連19　諏訪下宮春宮造宮帳　○諏訪徴古会所蔵文書

「(表紙)天正七年己卯正月吉日
下宮
　春宮
　　御柱
　　鳥居
　　玉垣
　　外垣」

△一、春宮一之御柱　常田庄本郷(上田市、以下同)
正物八貫九百文　　代官田中出雲守
　　　　　　　　　　取手竹居祝
右之外七百文　手師・小祝・大使　同人被官
同御柱　房山之内上西脇　下西脇中村・矢手
正物十一貫三百文　米山大蔵・金井助兵衛

同名平内左衛門尉
右之外七百文　小祝・手師
同御柱　同庄之内踏入之郷
正物三貫三百文　代官山岸彦六左衛門尉
右之外七百文　手師・小祝　同人
都合廿三貫五百文
△一、二之御柱　依田庄中山之郷
正物七百文　代官源衛門尉、取手竹居祝
右之外五百文　手師・小祝　竹居祝被官
正物三貫文　飯沼之郷　代官因幡守同人
右之外七百文　手師・小祝・大使　右同前
正物壱貫七百文　小（尾）野山之郷　代官惣左衛門尉　二衛門尉
右之外七百文　手師・小祝
正物三貫七百文　長瀬之郷　代官常閑　源左衛門尉
右之外七百文　手師・小祝
正物仁貫五百文　御嶽堂　代官因幡守
右之外七百文　手師・小祝　同人

正物壱貫四百七拾文　真田之郷　代官惣左衛門尉
右之外三貫　手師・小祝　同被官　二郎兵衛
正物五貫文　丸子三ヶ村之郷　代官与三左衛門尉　二郎衛門尉
右之外七百文　手師・小祝
正物仁貫九百文　内村之郷　代官渡辺渡（衍カ）辺斎
右之外七百文　手師・小祝　同人
正物壱貫仁百廿五文　腰越之郷　代官二右衛門　次之右衛門
右之外五百文　手師・小祝
正物仁貫八百文　竹（武）石之郷　代官石川
右之外七百文　手師・小祝
正物三貫五百文　有坂之郷（長和町、以下同）　代官石見守　小玉対馬守
右之外七百文　手師・小祝
正物七百文　立岩之郷　代官常金
正物壱貫七百文　長窪之郷　代官清野甚五郎　番匠平左衛門尉
右之外七百文　小祝・手師
正物五百文　大門之郷　代官瀬下惣兵衛　松山庄左衛門尉
右之外三百文　手師・小祝

正物五百文　青原　　代官弥右衛門
右之外三百文　手師・小祝　同人
正物壱貫五拾文　和田之郷　代官桜井豊後守
長井新左衛門
右之外四百文　手師・小祝
都合卅弐貫仁百九拾文
入目廿四貫六百文
余銭七貫五百九十文
合八貫六百文　手師・小祝・大使共ニ、
（後略）

○竪帳。徴集予定を記した清書帳にあたる。大祝諏訪家旧蔵。

○関連20　下諏訪春宮造宮帳　○諏訪徴古会所蔵文書

（表紙）「
（天正七年）己卯正月廿七日
春宮御柱諸□

」
（略）
一ヒ、玉籬造宮　自郷中手形不参衆
○〵一、玉籬拾貫　芳比（傍陽）郷（上田市、以下同）・洗馬・曲尾・横尾、彼郷就難渋、
于今取不申候間、手形不参候、
執手大和監物
諏方虎千代
○〵一、玉籬八間　田多井（安曇野市）之郷（松本市、以下同）　執手諏方勘解由左衛門尉
○〵一、玉籬五間　平瀬
小宮　執手高木刑部左衛門尉
〵一、玉籬六間　小笠原　執手高木刑部左衛門尉
諏方勘解由左衛門尉
○〵一、玉籬三間　都辺内　執手高木刑部左衛門尉
一（ママ）、
（後略）

○竪帳。徴集結果を記した取帳にあたる。大祝諏訪家旧蔵。

○関連21　上諏訪造宮帳　○諏訪徴古会所蔵文書

（表紙）
「□（天正七年己卯）二月六日
□□（上諏）方　御柱
大鳥居
御宝殿　造宮帳
□（取帳）□□□」

（略）

△一、大宮二之御柱　使衆小井弖庄右衛門尉
山下弥三左衛門尉
上原治部左衛門尉
小池右近丞
小祝 牛山善十郎

小県郡富連之郷（踏入ヵ、上田市）
正物五貫文・小役八百六十文　代官領瀬善左衛門尉
此外五百五十文　小祝分

室賀之郷（上田市、以下同）
正物五貫文・小役八百六十文　代官木下八郎左衛門尉
此外五百五十文　小祝分

仁古田之郷
正物仁貫仁百文・小役九百五十文　代官色部宮内助
此外三百五十文　小祝分

上田原之郷
正物仁貫文・小役四百七十文　代官立神
此外三百五十文　小祝分

下条之郷
正物仁貫文・小役四百七十五文　代官彦六左衛門尉
此外三百五十文　小祝分

上条之郷
正物五貫文・小役三百五十文　代官大熊靫負尉
小玉善光
此外五百文　小祝分

岡村之郷
正物仁貫四百文・小役三百八十文　代官七郎左衛門尉
此外三百五十文　小祝分

中条之郷
正物四貫五百文　代官大熊靫負尉
此外三百五十文　小祝分　真楽斎（大戸カ）
小牧之郷
正物壱貫四百文　代官手塚二三左衛門尉
此外仁百五十文　小祝分
福田之郷
正物仁貫文・小役仁百九十文　代官宮島道正
与左衛門尉
此外仁百五十文　小祝分
神畠《畑》之郷
正物七百文・小役仁百四十文　代官原新三左衛門尉
此外百七十五文　小祝分
上吉田之郷
正物壱貫五百文・小役仁百文　代官小宮山因幡守
松井与左衛門尉
此外仁百五十文　小祝分
下吉田之郷
正物八百文　代官二三左衛門尉

此外百七十五文　小祝分
都合卅九貫六百文
御柱之入目拾四貫仁百文
余銭仁十五貫四百文
此外四貫百七十文　小祝分　牛山善十郎取、
（略）
△一、大宮御門屋　取手　大祝（諏方頼水）
海野本郷（東御市、以下同）　深井　青木
正物拾貫文　代官春原志摩守
矢沢之郷（上田市）
正物五貫文并太刀壱腰　代官上原与助
田中豊後守
真田之郷（同）
正物五貫文并太刀壱腰　代官宮崎源右衛門尉
前原之郷（東御市）
正物壱貫七百文　代官宮沢筑前守
山田右近丞
中藤加賀守
田沢之郷（同）

正物五百文　　代官花村若狭守
明科（安曇野市）　塔原（松本市）之郷
正物壱貫七百文　　代官志摩守
会田（松本市）之郷　　山崎道中
正物仁貫文　　代官岩下彦右衛門尉
都合弐拾五貫九百文
右之御門屋入日十五貫文
右之正物之内弐貫文　手師・小祝ニ出置候、
余銭八貫九百文
右之御門屋之内　　取手　矢島
禰津（東御市）道下之郷
正物八貫文　　代官仙車
御門屋造作之入目弐貫文
正物之内壱貫文　手師・小祝取
余銭五貫文
右之御門屋之内　　取手　大政所
禰津（同）道上之郷

正物拾六貫文　　代官松本丹後守
御門屋造作之入目四貫文
正物之内弐貫文　手師・小祝取
余銭十貫文
（後略）

○竪帳。徴集結果を記した取帳にあたる。表紙は天部及び左側が大破する。『信濃史料』十四巻が記す「取帳」という文字は読めないが、同書にしたがって注記した。大祝諏訪家旧蔵。

○三五　武田家朱印状写　○真田宝物館所蔵「長国寺殿御事蹟稿」一

竜ノ丸朱印（竜朱印略影）
定
於石橋之郷、田屋壱間棟別并御普請以下之諸役、自今以後も如前々、一切有御免許之由、被　仰出者也、仍如件、
天正七年己卯　　土屋右衛門尉（昌恒）
二月　　奉之
真田喜兵衛殿（昌幸）

○「小林仁之助重久相伝」とあり。

○関連22　武田勝頼書状写

○内閣文庫所蔵「武家事紀」三十三

如顕先書候、来廿二日必可令出馬候由、雖申越候、覚悟之旨候之条、先延引、諸卒之事者、悉立遣之候、参着次第、其地二重堀之普請、被相渡尤候、勝頼可令出馬定日、以真田喜兵衛尉(昌幸)・小山田書(六カ)左衛門尉(昌盛カ)可申届候、一、光明(静岡県浜松市)行之儀付而、天野宮内左エ(衛)門尉(藤秀)召寄、其地留置候、早速被指返、如何様ニモ後(被)廻方便、彼地之模様具ニ見届、及調儀候之様ニ、御肝要憑入候、幸為其地之普請久敷(人数)指置候上ハ、加勢等之儀ハ、可被任望之旨、御理専要候、将又小尾峠・八幡山之儀、以案内者地形御見(巡)、可預註(注)進候、恐々謹言、

卯月十六日(天正七年)　勝頼(武田)

玄蕃頭殿(穴山信君)

○諸本の異同のうち、正しいと思われるものを注記した。

○三六　武田家朱印状

○山梨県北杜市八代家文書

定

於于居住之屋敷門内、如前々諸役有御免許之由、被　仰出者也、仍如件、

天正七己卯年　六月廿五日（竜朱印）

加津野市右衛門尉(昌春)　奉之

二宮(美和神社、山梨県笛吹市)

神主

○竪紙。東京大学史料編纂所架蔵影写本「坂名井文書」で校訂した。

○三七　自然斎信綱軍書免許状

○真田宝物館所蔵矢沢頼忠家文書

軍書七ケ之大事

一、はふかく(方角)を見す、ゑと(干支)・しかんをかんか(勘)へす、不慮の出来する事を見る大事、

一、くんぢん(軍陣)にて、大将之乗馬をもつて、いくさのまけか(負勝)

ちをしる事、つねニきゑたる馬の俄きこちはになりたる
ハ、軍ありてかならすまくる也、

一、きうちはなる馬の、俄心すきたるハ軍ありてかつ也、
かならす天道《うたかい》。なき事也、

一、ほろすゝミたるくん、左やふなむ吉凶をミる事、はる
なつ左へなひきたるハ、かならす討死する也、

一、あき冬右なひきたる半吉、

一、てき味方之とき《（関）》の声にて軍之まけかちをしる事、

一、未かたの時の声はあしの下ニひゝき、てきのときの声
てんにひゝくときハ、軍ありてかならすまくる也、

一、てきのときの声あしの下ニひゝき、ミかたのときてん
にひゝくときハ急軍をはしむへし、かならすかつへき也、

一、ミかたの小はたをもつて軍の吉凶をしる事、せミ口ハ
さほニからまり、下より風ち《（地）》をふきめくるときハかなら
すいくさ有てまくる也、能々つゝしむへし、

一、くんちん《（軍陣）》にむかひ、ミかたの人数之吉凶を見事、たと
へはあしたあき冬おしむかふニ、馬いき人きむ時は、其
日の軍すゝむへからす、ひつきやふ《（畢竟）》ハ団取の前ニあるへ
し、

一、くんちんにても、たゝにても、吾か吉凶を見事、あし
たおきててふつ《（手水）》をつかひ、てに日光とかきてたん《（痰）》をはく
に、其あわ《（泡）》たゝぬ時は、かならす七日之内ニ戦か前へ不
慮之事出来すへし、

一、三日之内のてうゆふをミる事、てふす《（手水）》をつかひ、月天
のしんこん《（真言）》を廿一返昌《（唱）》て、左の手をにきり、いきをふき
こミ見るに、其いきつめおくハ三日之内ニなんき《（難儀）》たるへ
し、能々つゝしむへし、

一、河越の大事を見る事、河のはた《（端）》にたちたるもの、すか
た、あるひハふねニのりたるもの、すかた、水そこ《（底）》に
かけ《（影）》うつらすハ、かならすなんきたるへし、

一、毒かひ《（飼）》の大事を見る事、たとへは薬にてもぜん《（膳）》にても
すへるニ、おとこならは左の眼になミたをうかへ、あゆ
むかけあるへからす、又戦かけも無之、

一、おふな《（女）》らは右の眼になミたをうけ、あゆむかけある

へからす、又眼するものたけあるへからす、大事可秘ニ候、
一、五人成共拾人成と乃至廿人成共、居人の中へ行ニ吾にてきたらん人のさうこう《（相好）》を見しる事、我ニしらせぬ目つかひありていき不同也、
一、余所をミんとすれとも、上目ハよそへ行て、目のたまハ吾につくへし、かならす我ニてきたふもの也、よく〳〵分別あるへし、大事可秘ニ候、
一、極問《（獄門）》之事、是者大事也、　一、柳之木を四しやく《（尺）》三寸ニきりて頸かけの木号ス、一方之木ニ者とか《（栂）》・つほの木をきりて、是も四しやく三寸きり右の方ニすへし、　一、よこ木ニ者同とか・つほの木を結、頸の数ニよりて廿間卅間又五間三間にてゆふへし、
一、くひ廿ありとも又卅有共、其内のくひ四ニかねをつけさせ、上下ニ一つゝ、中ニ二かけてかミをうらかへして四たけにきりて、其頸ニ一つゝつけ《ゆひ》て、てきのかたへ向かけておくへし、其後かんけ《（勧化）》にれひ〳〵したはやそわかと十壱返昌《（唱）》てたんをはきてもとる、左へかへるへし、大事可秘ニ候、
一、血まつりの事、くひをとりて見るニ如何大なるくびをまつるもの也、是者一頸、二くびの時之事なり、
一、ともひきのはふニむかひて、あなを広さ四しやくにほりて、こくそく出立にてあなのはたへ行て彼もんを昌《（唱）》へし、もんニいわく、
あひらこんけんと七返昌《（唱）》、其後ほんかくほつしんほんうの如来と昌《（唱）》て、左のはふよりくびをとり、わたしてあなの中へなくるなり、それにて軍のかちまけをしる、てきのかたへくひむけてうつぶきにならは、てきかさね《（重）》て出てし《（死）》する也、
一、未かたのかたへ向、くひ[redacted]きにならは、味かたかならすしする也、左様之ときハ直へき次第之事、弓手ニ弓と矢をとりそひ、馬手ニ太刀ぬひて、弓のうらはつ《（末弭）》と太刀の切先をもつて、くひをうつふせにおしふせ、てきのかたへくひを向て、九字を七十三返昌《（唱）》てつちをかけへ

し、つかの広さ四しやく、高さ三しやくニつきて柳をさしておくへし、少もくるしからす、大事可秘ニ候、

一、命見之事、　一、くひを討捕大将ニ御目ニかくるとき、大将之いてたちの事、こくそくてたちにいてたち、弓手ニ弓矢、馬手をけんいんニつくりて弓てのあしをふミうけ、そのくひのくらひにより、うやまひほんかくほつしんほんうの如来と八返昌〔唱〕ていふへきやうハ、いわれぬむほんニよつて、其身たひいたわしき[redacted]《といゝ》てたんをはき、其後九字のもん九返昌〔唱〕て弓てへもとるへし、

一、ちつけん（実検）させ申へきやうハ、左の方よりもくひかけをとりいたし、うち板のうへニくひをすへ、そはかほゝ少御めにかくる也、ちつけんしたまふ人も左の眼しりにて四度見たまふへし、大事可秘ニ候、

一、矢払之事、軍陳〔陣〕ニ行一大事出来せんとおもふときの身かため也、まつまりしてん（摩利支天）きやう七返、其後吾かしんかう（信仰）の神ほとけを昌〔唱〕て、其後日天のしんこん百返、九字七十三返、

矢払之大事此也、たとへは数万きの中へかくれ軍ニかけ入候ともてきの眼ニ者見間敷候、

（梵字）
（梵字）　（梵字）
（梵字）
（梵字）（梵字）（梵字）人　（梵字）（梵字）
（梵字）　（梵字）
（梵字）
（梵字）

天道うたかひ（疑）なき（無）もの也、可秘ニ候、
誠ニ斟酌候得共、御懇切候間、弓矢よけの大事致伝授候、
夢々不可有他見者也、

源朝臣自然斎授（ママ）五位下
天正七年己卯七月廿七日　信綱（花押）
滋野三拾郎（矢沢頼幸）殿
進献

○続紙、斐紙［三一・四×二一〇・八］。

○関連23　北条氏政感状写

○致道博物館所蔵「鶏肋編」百六

今度於奈胡桃（名胡桃、みなかみ町）、敵一人討捕候、高名感悦候、弥可走廻候、
仍如件、
（天正七年）十一月十日　（北条氏政）（花押影）
　小河池左京亮殿

○「横折」、「小川渡右衛門家蔵書」。名胡桃城攻防の初見史料であり、文中の「敵」が真田昌幸を中心とした武田勢と思われるので、採録した。

○関連24　北条氏政感状写

○渋川市　玄棟院所蔵「上毛伝説雑記」一一

今度於奈胡桃（名胡桃、みなかみ町）、敵壱人討捕候、高名感悦候、弥可走廻候、
仍而如件、
「無年号」
（天正七年）十一月十日　（北条氏政）小田原之御判
　塚本仁兵衛殿「後舎人助に成」

○「加沢記」三は「氏直在判」とする。しかし前号文書との関わりから、「小田原之御判」を据えた人物は北条氏政と考えられる。

○関連25　北条氏政感状写

○館山市立博物館所蔵　恩田家文書

去月（十月）廿八日奈胡桃（名胡桃、みなかみ町）へ敵相働処、従沼田（沼田市）懸着、敵三人討捕之段、誠ニ高名感悦候、猶抽戦功之状、如件、
（天正七年十一月）十月日　（北条氏政）うちなを
　（恩田）越前とのへ

○折紙一紙に別文書とともに書写される。関連文書より、発給者は北条氏直ではなく氏政、発給月も十一月の誤写と思われる。

○三八　真田氏給人知行地検地帳写

○上田市教育委員会真田地域教育事務所寄託　清水潤家文書

（前欠）

合七貫八百文　常見

樋口新三御老母知行

下　下原はた　壱貫文◯（筆軸印、以下同）　見出四百五拾文◯　与助
下　同所はた　壱貫文　見出八百文◯　同人
中　柳渕五升五合蒔　八百文◯　見出三百文◯　円蔵坊

上　塚田弐升蒔　四百文　見出六拾文○　右衛門尉次郎
中　柳渕はた　三百文○　見出百廿文○　次郎左衛門
中　同所弐升蒔　三百文○　見出百文○　与助
下　同所はた　八拾文○　見出廿文●　同人
中　同所弐升蒔　三百文○　見出百文○　与三
中　柳渕三升五合蒔　六百文○　見出百文○　与二郎
下　同所はた　百五拾文○　見出弐升○　弥右衛門
中　はけた四升五合蒔　八百文○　見出八拾文○　与三

本五貫七百三拾文
見出弐貫百五拾文
合七貫八百八拾文

ほうき惣右衛門尉知行

上　まのあて屋敷夫馬免　五百五拾文○　見出五拾文○　甚左衛門尉
上　い屋敷　四百文○　見出百文○　手作
下　同所はた　三百文○　見出百文○　同
下　同所はた　八百文○　見出弐百文○　手作

本弐貫五拾文
見出四百五拾文
合弐貫五百文

山岸新五右衛門尉知行

上　堰上畑　弐百文○　見出七拾文●　手作
上　へつほ四升蒔　七百文○　百廿文役　見出百廿文○　手作
上　六かく堂　四百文●　見出百五拾文○　居屋敷
下　うら宿　百五拾文○　見出八十文○　与七郎
上　かうあミはた　四百五拾文　見出百文○　手作
下　にしたはた　百文○　見出拾文○　同
下　同所はた　三百文○　見出十文○　源助
中　河原田壱斗弐升五合蒔　弐貫文○　百廿文役　見出四百文○　手作
中　藤沢はた　三百文○　見出五拾文○　同
中　はけた之はた　五百文○　見出六拾文○　手作
上　下まのあて九升蒔　壱貫八百文○　弐百四拾文役○　見出百文○　源右衛門

本六貫九百文
役四百八拾文
見出壱貫百五拾文
合八貫五百三拾文
諏方部善丞知行
中　大畑三升蒔　五百文○　見出百文○　源助
合六百文
上　まのあて四升五合蒔　八百文○　見出弐百廿文○　すわへ　与七郎
六拾文役○
中　まのあて三升五合蒔　六百文○　見出百卅文○　与七郎
六拾文役○
下　宿浦はた　弐百文○　見出四拾文○　半右衛門尉
下　同所はた　百五拾文○　見出拾五文○　与右衛門
下　同所はた　百八拾文○　見出三拾文○　市左衛門
下　同所はた　弐百文○　見出四拾文○　七郎左衛門尉
下　上原はた　五百文○　見出仁百五十文○　与七郎
下　同所はた　四百文○　見出仁百文○　同人

下　同所はた　百文○　見出四十文○　同人
本三貫百三拾文
役百廿文
見出九百六拾五文
合四貫弐百拾五文
花岡織部知行
上　へつほ五升蒔　壱貫文○　見出百文○　「(付箋)当主助之丞　竹むろ之」(付箋下)甚之丞
百廿文役○
上　同所五升蒔　九百文○　見出弐百文○　「(付箋)当主市兵衛　百卅文新ニ引」(付箋下)又兵衛
百廿文役○
下　いつなはた　壱貫文○　見出弐百文○　「(付箋)当主あつ附　之新右衛門」(付箋下)手作
中　ふち沢はた　五百文○　見出百文○　甚丞
上　はけた三升五合蒔　七百文○　次郎右衛門
百廿文役○

上　同所弐升蒔
四百文◯
六拾文やく◯　　弥三郎

上　さかい田七升蒔
壱貫四百文◯
仁百四拾文役◯　　左衛門尉三郎
(付箋)「伝七」

下　(付箋)「同人」
同所はた(付箋下)
弐百文◯　見出三拾文◯　　太郎左衛門

中　いつはいはた
五百文◯　見出百五十文◯　　手作「伝七」(付箋)

上　もと町はた
三百文◯　見出八拾文◯　　手作

下　地蔵堂はた
三百五拾文◯　見出七十文◯　　次郎右衛門
(付箋)「知行」

中　うす庭五升五合蒔
壱貫文◯
百廿文役◯　見出百文◯　　弥三郎「知行」(付箋)

中　同所壱升五合蒔
三百文◯
六拾文役◯　　二郎右衛門尉

下　たかむろはた
三百文◯　見出百文◯　　甚四郎

本八貫八百五拾文
米仁升百廿文積ニ
役八百四十文
見出壱貫百卅文
合拾貫八百廿文

平林源左衛門尉知行

上　いつなはた
五百文◯　見出五拾文◯　　居屋敷

下　かに田仁升五合蒔
五百五拾文◯　見出廿五文◯　　手作「知行」(付箋)

下　同所はた
弐拾文◯　　同「知行」(付箋)

中　つるの子田四升蒔
八百文◯
百廿文役◯　見出五十文◯　　手作

本壱貫八百七拾文
役百弐拾文
見出百廿五文
合弐貫百拾五文

さんじ(散使)
新九郎知行

中　いつなはた
四百文◯　見出廿文◯　　居屋敷

中　まのあて七升蒔
壱貫四百文◯　見出五十文◯　　手作

中　上原町屋敷
仁百四拾文◯　　手作

本弐貫四拾文
見出七拾文

合弐貫百拾文
大士勘四郎知行

中 大ふけ壱斗蒔 弐貫文○ 見出弐百文○ 手作
上 わかさ屋敷 八百文○ 見出百四十文○ 手作
下 いつきりはた 五百文○ 見出百文○ 手作
中 窪はた 三百文○ 見出百五十文○ 手作
上 前はた 六百文○ ミ出弐百五十文○ 手作
上 はた 壱貫四百文○ ミ出四百文○ 居屋敷
中 かぢはた 四百五拾文○ ミ出三百文○ 手作
下 六かくどう 三百文○ 見出百五十文○ 弥三郎

本六貫三百五拾文
ミ出壱貫六百九拾文
合八貫四拾文
(上田市)国分寺分
中 百廿文 小七郎
合百廿文

松尾豊前守知行

下 赤井壱斗蒔 八百文○ ミ出六百文○ 新六
下 しやうふ沢 百五拾文○ ミ出三十文○ 郷左衛門尉
下 同所 百五拾文○ ミ出四十文○ 源兵衛
下 同所 百文○ ミ出七十文○ 新六
下 しやうふさわ 弐百五拾文○ 新六
下 同所 七拾文○ ミ出三十文○ 同人
下 同所 百文○ ミ出八十文○ 手作
下 同所 百五拾文○ ミ出五十文○ 助丞
下 同所 百文○ ミ出五十文○ 惣助
下 同所 五拾文○ 小作
下 同所田畑共 百文○ 与助
下 しやうふ沢屋敷 百文○ 与助
下 同所はた 八拾文○ 新六
下 同所はた 弐拾文○ 与助
下 同所はた 八拾文○ 善左衛門(追筆)「御散吏」

中	つるまき田四升蒔畑共ニ	八百文◯	見出　百五十文◯	甚左衛門
上	さしのわて四升蒔	壱貫文◯		甚左衛門（付箋）「孫右衛門」
中	大ふけ三升蒔	三百文◯	ミ出三百文◯　小作	豊前守
中	北島屋敷はた	弐貫四百文◯		道見
上	せき下はた	仁百文◯	ミ出百五十文◯	与七郎
上	同所はた	三百文◯	ミ出百五十文◯	甚左衛門
下	せき下はた	七拾文⊙	ミ出三十文◯	甚左衛門
下	同所	三百文◯	ミ出五十文◯	同人
上	本町仁間	弐百文◯		豊前
上	まんちうはた	四百文◯	ミ出百文⊙	与太夫
上	同所	弐百文◯	見出十文◯	新九郎
中	まん中はた	四百文◯	ミ出百二十文◯	よすけ
中	まんてうはた	七拾文◯	ミ出二十文◯	新六
中	同所	百文◯	ミ出二十文◯	安へもん
中	同所	六拾文◯	ミ出十文◯	同人
中	同所	四拾文◯	ミ出十文◯	同人

下	まんちうはた	百文◯	ミ出五十文◯	■《神》〻神左衛門
中	とはうけの田八升まき	壱貫三百文◯	ミ出二百文◯	同人
下	あかいやしき	百二十文◯	ミ出七十文◯	新六
下	同所	百弐拾文◯	ミ出八拾文◯	よすけ
下	せうふ田	弐拾文◯	ミ出十文◯	新六
下	同	七拾文◯	ミ出七十文◯	よ六郎
中	同	五百文◯	ミ出四百文◯	三へもん
下	同	百文◯	ミ出三十文◯	ちくこ
下	同	百文◯	ミ出四十文◯	よすけ
下	同	百文◯	ミ出三十五文◯	神さへもん
下	せうふ沢	弐拾文◯	ミ出十文◯	新六
下	同所	三拾文◯		新六
下	同所	五拾文◯	ミ出二十文◯	又へもん
下	同所	百文◯	ミ出八拾文◯	よ六郎
下	同	三百文◯	ミ出百廿文◯	よ七郎
下	せうふ沢	百文	ミ出三十文◯	新六
下	同	五拾文◯	ミ出廿文◯	新六

下　迎本　弐百五十文◯　ミ出百文◯　手作

中　六かく堂　三百文◯　ミ出弐百文◯　彦左衛門尉

上　大畑六升蒔　壱貫文◯　ミ出五百文◯　勘右衛門

本拾三貫八百七拾文

見出四貫百卅五文

合拾八貫五文

小金弥右衛門尉知行

下　地蔵堂五升蒔　六百文◯　ミ出三百文◯　手作

上　念仏田七升蒔、是ハ夫馬免　壱貫四百文◯　ミ出百八十文◯　手作
仁百四拾文役◯

下　いつきりはた　仁百文◯　ミ出六十文◯　手作

下　上原町はた　三百文◯　ミ出七十文◯　屋敷

本弐貫五百文

ミ出六百拾文

役弐百四拾文

合三貫三百五拾文

右之内壱貫五百八十文ハ御夫馬免也、

戸田備前知行

上　いつはいのやしき　四百文◯　ミ出弐百文◯　手作

下　同所はた　百文◯　ミ出百文◯　同

下　同所はた　六百文◯　ミ出四百五十文◯　同人

下　同所壱斗五升まき　壱貫八百文◯　ミ出九百文◯　同人　（付箋）「知行」

中　同所はた　四百文◯　ミ出百六十文◯　同人

下　いつはい三升蒔　四百文◯　ミ出百六十文◯　同人

中　同所はた　四百文◐　ミ出弐百文◯　同人

本四貫百文

見出弐貫百七拾文

合六貫弐百七拾文

清水善兵衛知行

中　いつはいのはた　百五拾文◯　ミ出八十文◯　手さく

上　同所壱斗壱升まき　弐貫三百文◯　ミ出弐百五十文◯　同
百弐拾文◯役

上　いつはい五升蒔　八百文◯　ミ出二百五十文◯　善ひやうへ

上　同所のやしき　七百文◯　ミ出百七十文◯　同人
上　同所のやしき　七百文◯　ミ出二百三十文◯　同人
中　同所のはた　七百文◯　ミ出二百七十文◯　同人
下　ほそはたけ　弐百文◯　ミ出百十文◯　同人
本五貫五百五拾文
役百弐拾文
見出壱貫三百六拾文
合七貫三拾文
(真田昌幸室山之手殿)
京之御前御料所小吏たき沢よすけ
中　たかむろ五升まき　九百文◯　ミ出百五十文◯　清へもん
下　あらいさいけはた　八百文◯　ミ出二百五十文◯　七郎右衛門
中　かふといし　百四十文◯　ミ出七十文◯　源六
中　いした三升五合まき　五百五拾文◯　ミ出百文◯　縫殿助「知行」(付箋)
下　たなか　弐百文◯　ミ出六十文◯　助丞
本弐貫五百九拾文　「御南分」(追筆)
ミ出六百三十文
合三貫弐百弐拾文

宮下藤次郎知行
下　うハはら四升五合まき　六百文◯　ミ出二百六十文◯　縫殿助
下　別保の田三升まき　五百文◯　ミ出五十文◯　藤二郎手作
中　別保壱升まき　弐百文◯　ミ出三十文◯　藤二郎手作
本壱貫三百文
役六拾文
見出三百四拾文
合壱貫七百文
(真田信綱室)
御北さま御知行小吏平林弥さへもん
中　あらいさいけ五升まき　七百文◯　ミ出三百文◯　弥左衛門
中　同所のはた　壱貫七百文◯　ミ出二百文◯　同人
上　同所のやしき　壱貫八百文◯　ミ出百六十文◯　同人
下　同所のはた　四百文◯　ミ出百廿文◯　同人
中　同所の田五升まき　八百文◯　ミ出二百五十文◯　清へもん
下　新井在家はた　弐百文◯　ミ出百文◯　源左衛門
本五貫六百文

見出壱貫百三拾文
合六貫七百三拾文
庄むら（正村カ）七左衛門尉知行
下　大沢　弐百文○　ミ出二十文○　こさへもん
下　たかむろ　弐百文○　ミ出二十文○　手作
中　かま田七升五合まき　壱貫四百文○　ミ出百五十文○　手さく
百弐拾文○やく○
下　たかむろはた　弐百文○　ミ出弐十文○　郷さへもん
下　同所はた　七百文○　ミ出六拾文○　手さく
中　大石田四升五合蒔　八百文○　見出百文○　縫右衛門（付箋）「知行」
下　同所　百廿文○　見出十五文⊙　小左衛門
下　大沢　弐百文○　見出三十文○　忠左衛門
本三貫八百弐拾文
役百弐拾文
見出三百拾六文
合四貫弐百五拾五文
さいくほ（西窪）知行

下　忠くらはたけ　四百文○　ミ出七十文○　たき沢　新右衛門
下　同所はた　六百文○　此内壱升升（蒔カ）の田有　ミ出四十文○　十郎さへもん
中下　つか田六升五合まき　壱貫文○　ミ出四百廿文○　同人
本弐貫文
見出五百三拾文
合弐貫五百三拾文
細田対馬知行
但御夫馬免
下　たかむろのはた　弐百五拾文⊙　ミ出三十文⊙　手さく
下　たかむろのやしき　弐百文○　ミ出五十文○　手さく
中　同　弐百七拾文⊙　ミ出三十文○　手さく
下　同　弐百五拾文○　ミ出三十文⊙　手さく
中　同所田四升まき　八百文○　百弐拾文役○　ミ出三十文○　手さく
下　大さハ　弐百文○　ミ出三十文○　手さく
下　大沢　五拾文○　手さく
上　たなか六升五合まき　壱貫三百文○　ミ出百廿文○　手さく

百廿文役○
本三貫三百弐拾文
役弐百四拾文
見出三百廿文
合三貫八百八拾文
上原町屋敷
中　合三百文○　見出百文○　小金弥右衛門尉
同所屋敷
中　合三百文●　ミ出百文○　町田清左衛門尉
若殿（真田信幸）さま御料所小吏　小林七郎右衛門
まな■■《あて》壱斗まき
中　弐貫文○　ミ出三百八十文○　七郎へもん
同所やしき
上　六百文○　ミ出五十文●　弥へもん　（付箋）「金□」
本弐貫六百文
見出四百三拾文
合三貫三拾文　（追筆）「与左右（ママ）衛門分」
小林七郎右衛門尉知行
たなか三升五合蒔、此外畑有
中　九百文○　ミ出百文○　清治郎

役百弐拾文○
本九百文
役百廿文
見出百文
合壱貫百弐拾文　（付箋）「七郎右□」
池田佐渡守（重安）知行
別保壱斗弐升蒔
上　壱貫七百文○　ミ出九百文○　清右衛門尉
百廿文やく⊙
そり田七升蒔
上　壱貫文○　ミ出六百文○　甚六　（付箋）「知行」
百廿文やく⊙
まのあてのはた
上　壱貫文○　手さく
同所壱斗七升まき
上　四貫三百文　ミ○（ママ）　手さく
三百六拾文役⊙
同はた
下　四百文○　新二郎
同所のはた
下　百文○　加へもん
そり田八升まき
中　壱貫弐百文●　ミ出三百文○　勘さへもん
百廿文やく○
大はたけ壱升まき
中　弐百文○　ミ出三十文○　同人

中　まなあて仁升蒔　四百文◯　ミ出四十文◯　善さへもん
中　ぶす水のはた　弐百五拾文◯　ミ出五十文◯　善ひやうへ
下　同所　百文◯　ミ出三十文◯　同人
上　かと町　百五拾文◯　ミ出三十五文◯　勘さへもん
上　やしき　壱貫八百文◯　ミ出七百五十文◯　勘さへもん
上　塚田屋敷　七百文◯　新次郎
上　つるまき田五升蒔　壱貫弐百文◯　百廿文役◯　見出五十文◯　太郎左衛門
中　つか田七升まき　壱貫文◯　見出五百文⊙　新二郎
下　同所はた　八百文◯　見出百八十文⊙　新左衛門
下　せき合　五拾文◯　見出五文◯　勘左衛門
下　せき合　七拾文◯　ミ出廿文◯　善左衛門
中　屋つくら城　四百文◯　ミ出百文◯　源六

本拾六貫八百弐拾文
役八百四拾文
見出三貫五百九拾文
合弐拾壱貫仁百五拾文

丸山新左衛門知行

上　別保四升まき　八百文◯　百廿文役◯　ミ出百拾五文◯　弥三郎
中　同九升まき　壱貫文◯　百廿文役◯　ミ出三十文◯　道善
中　下まなあて四升まき　七百文◯　百廿文役　ミ出八十文◯　同人
下　六かく堂のはた　三百文◯　ミ出廿文◯　甚七郎
下　いつな　四百文◯　ミ出三十文◯　道善
下　同所はた　五百文◯　ミ出八十文◯　源すけ

本三貫七百文
役三百六拾文
見出三百四拾五文
合四貫四百五文

田中小七郎知行

中　うハはらやしき　四百文●　ミ出三百五拾文◯　手さく
下　同所　百文⊙　ミ出八十文◯　三へもん

中　同　五百文⊙　ミ出三百五十文○　小七郎
中　まなあて弐升五合まき　五百文⊙　ミ出七十文○　小七郎
本壱貫五百文
見出八百五拾文
合弐貫三百五拾文
宮下小さへもん（左衛門）ち行　但御夫馬免
中　つるの子田四升まき　八百文◑　百廿文役●　ミ出百文◑　手さく
中　同弐升四合まき　四百文○　六拾文やく○　ミ出三十文○　手さく
下　藤沢　三百文○　手さく
上　いやしき　壱貫四百文◑　ミ出三百五十文○　手さく
上　藤沢　六百文⊙　ミ出百三十文●　手さく
本三貫五百文
役百八拾文
見出六百拾文
合四貫弐百九拾文

〔四〕田中周獄助知行
中　まなあてのはた　壱貫百文●　ミ出二百五十文⊙　よ二郎　清へもん
上　いやしき　四百文○　ミ出二百十文○　手さく
下　いつはい　七百文○　ミ出百六十文○　よ三郎
本弐貫弐百文
見出六百廿文
合弐貫八百弐拾文
源右衛門知行　但御夫馬免也
中　やつくら城のはた　壱貫弐百文○　ミ出五百五十文○　い屋敷
下　ふす水　弐百文⊙　ミ出百五十文⊙　手さく
中　ごろめき田四升まき　七百文○　ミ出百八十文⊙　手さく
中　もとまち　弐百五拾文○　ミ出百三十文○　手さく
上　徳蔵やしき　百文○　ミ出百文○　手さく
本弐貫四百五拾文
見出壱貫百拾文
合三貫五百六拾文

蓮花院知行

中　下つか仁升まき、是ハ御供免也　四百文◯　ミ出四拾文◯　小七郎
　　三拾文役◯

中　いし田弐升まき　四百文◯　ミ出六十文◯　源ひやうへ

本八百文
役三拾文
見出百文
合九百三拾文

や古原田左衛門知行

下　てんばく　五拾文⊙　ミ出廿文◯　小さへもん
上　同やしき　六百文⊙　ミ出百三十文◯　七さへもん
下　てんはく　弐百文◯　ミ出百文◯　弥すけ
下　同　百文◯　ミ出七十文◯　藤さへもん
下　てんはく　百五拾文◯　ミ出八十文◯　善六
上　同　六百文◯　ミ出百六十文◯　藤左衛門
下　同　弐百文◯　源右衛門（付箋）「知行」

上　同やしき　百文◯　ミ出三十文◯　手さく
中　同　百五拾文◯　ミ出五十文◯　弥すけ
下　てんはく　百五拾文◯　ミ出拾文◯　藤さへもん
上　こうさハ六升まき　壱貫弐百文◯　ミ出二百文◯　源へもん
　　百廿文役⊙
下　同所　五拾文◯　手さく

本三貫五百五拾文
役百弐拾文
見出八百五拾文
合四貫五百弐拾文

深井神七郎知行
但御夫馬免

下　松山はた　五百文●　ミ出拾五文◯　手さく
右之内半分あれ目
中　たかむろ　三百文⊙　ミ出五十文⊙　清二郎
下　にしおね　百八拾文⊙　ミ出六拾文⊙　手さく

本九百八拾文

ミ出百廿五文
合壱貫百五文
長坂十左衛門知行
下　まのあて六升まき　壱貫文⊙　ミ出百文⊙　甚すけ
上　同所のはた　壱貫六百文◯　ミ出百六拾文◯　弥へもん（付箋）「知行」
本弐貫六百文
見出弐百六拾文
合弐貫八百六拾文
真田源八郎殿知行
中　ふす水六升まき　壱貫文◯　ミ出百八十文◯　助さへもん
百弐拾文やく⊙
上　いつはい弐升五合まき　五百文◯　ミ出百五十文⊙　小七郎
中　まのあて六升五合まき　壱貫弐百文●　ミ出弐百文◯　太郎さへもん
上　同四升まき　八百文◯　ミ出百五十文◯　新兵へ
中　大ふけ四升まき　八百文◯　ミ出廿文◯　太郎左衛門
百弐拾文役◯
本四貫三百文

役二百四拾文
ミ出七百文
合五貫弐百四拾文
河原（綱家）左衛門尉知行
下々　はな水四升五合蒔　五百文◯　ミ出二百五十文●　源七郎
中　下つか五升まき　八百文◯　ミ出八十文◯　孫右衛門
百弐拾文やく◯
中　まのあて　六百文◯　ミ出百五十文◯　いち之丞
上　同所四升五合まき　壱貫文⊙　ミ出七十文◯　木島
百廿文役◯
上　同所六升まき　壱貫四百文◯　ミ出五十文◯　同人
百八拾文役◯
下　下つか　百弐拾文◯　ミ出拾文◯　よ左へもん
下　同所　百文◯　ミ出廿文◯　助さへもん
下　たかむ路　弐百文◯　ミ出三拾文◯　助へもん
中　てんはく　三百文◯　ミ出五拾文◯　藤ひやうへ
下　いぬこ原　百文◯　ミ出四十文◯　（カ）角へもん
下　同　百五十文⊙　ミ出五十文◯　同人

中　てんはくはた　五百文◯　ミ出百文◯　藤兵衛
上　まのあて四升まき　七百文◯　ミ出百七十文◯　木島
　百廿文役◯
本六貫四百七拾文
役五百四拾文
見出壱貫七拾文
合八貫八拾文
（真田昌幸室山之手殿）
京之御前御料所　但滝沢新右衛門尉分　すけ兵へ
小夫
上　うす庭四升五合まき　九百文⊙　ミ出二百廿文◯　よへもん（付箋）「知行」
中　同所五升まき　壱貫百文◯　ミ出五十文◯　よすけ（付箋）「知行」
下々　やつくら田三升五合まき　四百文◯　ミ出二百文◯　清へもん
下　同所のはた　四拾文◯　同人
本弐貫四百四十文
見出四百七拾文
合弐貫九百拾文

（綱家）
河原同心七郎へもん知行
中　ふす水はた　七百文⊙　ミ出百八十文◯　手さく
下　同所の田壱斗五升まき　弐貫四百文●　ミ出二百五十文◯　手さく
　百八拾文役⊙
下　同所　四百文◯　ミ出百文◯　手さく
本三貫五百文
役百八拾文
ミ出五百三拾文
合四貫弐百拾文
（綱家）
河原同心かひやうへ知行
下　たかむろ　百文⊙　ミ出八十文◯　惣助
下　同　百文⊙　ミ出二百文◯　同人
下　同　百五拾文◯　ミ出百五十文◯　さへもん
下　大さハ　百五十文◯　ミ出八十文◯　惣すけ
上　いやしき　七百文◯　ミ出七百文◯　かひやうへ
下　同所田六升まき　七百文◯　ミ出三百八十文◯　同人

上　たかむろやしき　三百文◯　ミ出百三十文◯　助へもん
中　同はた　五百文⊙　ミ出百廿文◯　善二郎
下　あらいさいけ　二百五拾文◯　ミ出三十文⊙　源へもん
中　あらいさいけ　百五拾文◯　ミ出三十文◯　源左衛門
上　もと町　二百五拾文◯　ミ出二百文◯　下総
下　たかむろ　百文◯　ミ出百文◯　助さへもん
下　てんはく　二百五拾文◯　ミ出百八十文◯　藤兵衛
下　あらいさいけはた　三百文◯　ミ出三十文◯　よすけ
下々　たかむろ仁升五合まき　四百文◯　ミ出七十文◯　手さく
下　同所三升五合まき　四百文◯　六拾文役⊙　ミ出二百文◯　神すけ

本四貫八百文
役六拾文
見出二貫六百八拾文
合七貫五百四拾文
宮崎弥十郎知行

中　大さハ四升まき　六百文◯　ミ出二百文◯　源さへもん

下　下つかのはた　四百文◯　ミ出五十文◯　弥十郎
下　下つか　百五拾文◯　ミ出廿五文◯　手さく「知行」(付箋)
上　別ほ四升五合まき　九百文◯　ミ出百五十文◯　左衛門三郎
下　下つか　百五拾文◯　ミ出三十文◯　手さく

本弐貫弐百文
見出四百五拾五文
合弐貫六百五拾五文
(編家)河原同心の
蔵島忠さへもん知行

中　たかむろ　弐百文◯　手さく
下　たかむろ　百文◯　忠さへもん
中　別ほ七升まき　壱貫弐百文◯　二百四十文やく◯　ミ出八十文◯　手さく

本壱貫五百文
役弐百四拾文
見出八拾文
合壱貫八百弐拾文

河原（綱家）同心新蔵《右衛門》知行

中上　別ほ六升まき
壹貫文⊙　　ミ出　二百文⊙　　源さへもん（付箋）「知行」
百弐拾文役⊙

本壹貫文

役百廿文

ミ出二百文

合壹貫三百二十文

斎藤左馬助知行

下　いし田五升まき
壹貫文○　　ミ出百文○　　藤五郎

中　うす庭四升五合まき
壹貫文○　　ミ出四十文○　　市のすけ

中　同壹斗まき
壹貫六百文○
弐百四拾文役○　　ミ出二百文○　　五郎へもん

中　同仁升五合まき
四百文⊙　　ミ出七十文○　　七へもん

中　まのあて仁升まき
五百文⊙　　ミ出百文○　　新へもん

下　藤さハ
二百文○　　ミ出三十文○　　こさへもん

下　同
二百文○　　ミ出五十文○　　五郎へもん

下　同
三十文○　　ミ出廿文○　　弥へもん

下　同
二百文○　　ミ出四十文○　　織部

下　藤さ八八升まき
壹貫六百文○　　又七郎（付箋）「知行」

下　同はた
四拾文○　　清へもん

上　はけた七升まき
壹貫四百文○
百弐拾文役○　　ミ出弐百文○　　まち田
清へもん

下　藤さハ
四百文○　　ミ出百文○　　木島

上　てんはくやしき
三百文○　　ミ出百五十文○　　藤五郎

中　やつくら城
二百文○　　ミ出六拾文○　　勘さへもん

中　やつくら城
三百文⊙　　ミ出四十文○　　源ひやうへ

上　まのあて四升まき
八百文○
百廿文やく○　　ミ出百文○　　きじま

本九貫九百七拾文

役四百八拾文

見出壹貫三百文

合拾壹貫七百五拾文

常田（道堯）同行知行

下　へつほ弐升五合蒔
五百文○　　兵助（付箋）「知行」

上　かに田五升蒔 八百文◯　役百廿文◯　見出三百五十文◯　神右衛門
下　同所 弐百文◯　同人
中　同所五升まき 八百文◯ 六拾文役◯　ミ出三百文◯　「□」(付箋破れ)(付箋下) 助右衛門
中　まなあて畑 百五拾文◯　ミ出四十文◯　惣兵衛
中　同所仁斗蒔 四貫文◯　役三百六拾文◯　ミ出六百文◯　手作
中　同所畑 四百文◯　ミ出八拾文◐　源六
下　下塚 百五拾文◯　見出五拾文◯　文六
下　同所はた 弐百文◯　見出廿文◯　源左衛門
中　同所はた 四百五拾文◯　見出七拾文◯　同人
下　同所 五拾文◯　三六
下　十二之前 五百文◯　見出百文◯　彦助　(付箋)「知行」
中　田中壱斗蒔 壱貫八百文◯　役弐百四十文◯　見出百六拾文◯　清右衛門
下　同所壱升まき 百五拾文◯　ミ出三拾文◯　惣右衛門
下　いぬこ原 百文◯　儀右衛門

本拾貫弐百五拾文　(付箋)「知行」
役七百八拾文
見出壱貫七百八拾文
合拾弐貫八百拾文
御北分亦村讃岐知行

下　西おね畑 百文◯　見出弐拾五文◯　手作
下　天白 百五拾文◯　見出弐拾文◯　手前
上　同所 弐百文◯　見出百文◯　居屋敷
上　同所 百五拾文◯　見出百五十文◯　小左衛門
中　同所 三百文⊙　ミ出三十文⊙　清右衛門
中　同所 三拾文◯　ミ出三十文◯　同人　(付箋)「知行」
中　同所 三百五拾文◯　見出四十文◯　小右衛門
中　同所 弐百五拾文◯　見出百六拾文⊙　清右衛門
下　同所 仁百文◯　ミ出百七拾文◯　道見
下　大沢 三百文◯　見出七拾文◯　半左衛門

下　天白百文◯　ミ出三十文◯　清右衛門
下　向たいら百五拾文◯　ミ出三十文◯　手作
下　かう沢三升まき四百五拾文◯　ミ出百廿文◯　同人
本弐貫七百三拾文
ミ出九百七拾五文
合三貫七百五文
坂口助三知行
中　ふとう三升五合まき六百文◯
六拾文役◯　見出百廿文◯　手作
中　同所五升まき八百文◯
百弐拾文役◯　見出弐百廿文◯　同人
上　へつほ四升五合まき八百文◯
百廿文役◯　見出百七拾文◯　市右衛門
本弐貫弐百文
役三百文
見出五百拾文
合三貫拾文

下　はたたかむ路合弐百文◯　ミ出四拾文◯　しふ沢新七郎
坂口惣左衛門知行
中　天白はた七百文◯　ミ出二百三十文◯　手作
下　同所はた三拾文◯　同
中　田中五升まき壱貫文◯
百廿文役◯　ミ出七十文◯　同
上　松山屋敷五百文◯　ミ出二百五十文◯　同
下　天白八拾文◯　ミ出五拾文◯　源兵衛「知行」(付箋)
中　同所三升五合まき六百文◯　ミ出百文◯　手作
下　大沢はた百五拾文◯　ミ出廿文◯　同「知行」(付箋)
下　天はく三升まき四百文◯　ミ出八拾文◯　同
下　同所八拾文◯　ミ出三十文◯　二右衛門
下　ふとう五弐百■拾文◯　ミ出四十文◯　手さく
本三貫七百九拾文
役百弐拾文
見出八百三拾文
合四貫七百四拾文

坂口善三知行

下 天田〔白カ〕畑 三拾文● 見出廿文〇 安右衛門
上 居屋しき 百文〇 ミ出二百三十文〇 手前 (付箋)「知行」
下 同所 三拾文〇 ミ出拾五文〇 手作 (付箋)「知行」
下 同所 四拾文〇 ミ出八拾文〇 安右衛門
下 松山はた 弐百三拾文〇 ミ出百五十文〇 手さく
下 同所 弐百文〇 ミ出百文〇 手さく(付箋)「知行」
下 下塚はた 百文〇 ミ出三十文〇 手さく
下 同所はた 弐百文〇 ミ出百文〇 手さく
下 田中弐升五合まき 四百文〇 ミ出八十文〇 手さく
下 天■田はた 三拾文〇 ミ出廿文〇 手作
下 久間久保八合まき 百文〇 安右衛門
下 てんはくはた 三拾文〇 ミ出廿文〇 手さく(付箋)「知行」
下 上まんはた 五拾文〇 ミ出百文〇 手さく(付箋)「知行」
下 てんはくのはた 百文〇 ミ出百文〇 同人 (付箋)「知行」
下 ふとう三升まき 五百文〇 役六拾文〇 ミ出四拾文〇 安右衛門

下 同所弐升まき 三百文〇 ミ出八拾文〇 文六
中 同所五升まき 八百文〇 ミ出弐百七十文〇 手さく
上 同所六升まき 壱貫弐百文〇 役百廿文〇 ミ出百文〇 手さく
中 てんはくはた 百文〇 ミ出百文〇 七左衛門
中 六角道はた 弐百文〇 ミ出三十文〇 弥右衛門

本四貫七百四拾文
役百八拾文
見出壱貫六百六拾五文
合六貫五百八拾五文

大日なた（方）の助四郎知行

下 つるの子たはた 百文〇 ミ出廿文〇 源右衛門
下 同所のはた 五百文〇 ミ出百十文〇 市之丞

本六百文
見出百三拾文
合七百三拾文

小林源左衛門知行

中　てんはく畑　百五拾文◯　ミ出八拾文◯　手さく
中　同所　八拾文◯　ミ出拾文◯　手さく
上　居屋敷　四百文◯　ミ出弐百廿文◯　手さく
下　大さわ　弐百文◯　ミ出七十文◯　手さく（付箋）「知行」
上　おもて木六升まき　壱貫文◯　役百廿文◯　ミ出三百文◯　手さく（付箋）「知行」
下　竹むろ弐升まき　三百文◯　ミ出八拾文◯　手さく
下　同所　三百文◯　ミ出八拾文◯　手さく（付箋）「知行」
下　下塚　百文◯　ミ出廿文◯　手さく（付箋）「知行」
（貼紙）「本六百五十文　本弐貫五百三拾文
見出三百文　見出八百六拾文
南之はた　」
合三貫三百九拾文
宮本与三兵衛知行
下　いぬこ原畠　弐百文◯　ミ出八十文◯　手作
中　同所之田壱升蒔　弐百文⊙　ミ出卅文◯　小七郎
中　同所之田三升五合まき　六百文⊙　ミ出百八拾文◯　小右衛門

本壱貫文
見出弐百九拾文
合壱貫弐百九拾文
堀口弥兵衛知行
下　そりはた　五拾文●　ミ出三十文◯　手作
中　そりた九升まき　壱貫七百文●　ミ出百八十文◯　源右衛門
中　道下五升まき　壱貫文◯　ミ出百文◯　縫丞
本弐貫七百五拾文
見出三百拾文
合三貫六拾文
北沢弥治右衛門知行
下　下塚畑　八拾文●　ミ出五十文◯　手作（付箋）「地（知）行」
中　ふとふ五升まき　八百文◯　ミ出二百五十文◯　手作（付箋）「地行」
本八百八拾文
見出三百文
合壱貫百八拾文
（付箋）「弥次□」

京之御前様御料所（真田昌幸室山之手殿）　小使御散吏新九郎 矢野儀へもん

中 上原之町屋敷 弐百四拾文○　ミ出六拾文○　角内
中 同所屋敷 六拾文⊙　不作　藤兵衛
中 同所屋敷 三百文⊙　与七郎
中 同所屋敷 弐百弐拾五文○　ミ出七拾五文⊙　助左衛門
中 同所屋敷 百五拾文○　ミ出五拾文○　仁介
中 同所屋敷 百五拾文○　ミ出五拾文○　助右衛門
中 同所 百五拾文○　ミ出五拾文⊙　源右衛門
中 同所仁間半 三百五拾文○　ミ出百廿五文⊙　三右衛門
中 同所 百五拾文○　ミ出五拾文○　丸山 同人
中 上原町やしき 五拾文○　ミ出五拾文○　河井半左衛門
中 同所やしき 百五拾文○　ミ出五十文○　与右衛門
中 同所やしき 百五拾文○　ミ出五十文○　源兵衛
中 同所屋しき 百五拾文○　百文ミ出（ママ）○　清右衛門
中 同所 弐百弐拾五文○　七拾五文ミ出（ママ）○　縫右衛門
中 同所 百五拾文○　ミ出五拾文○　源兵衛

中 同所 百五拾文○　ミ出五拾文○　泉十郎（付箋）「是ハ済被下候□□」
中 同所 百五拾文●　ミ出五拾文○　源五郎
中 同所 百五拾文○　ミ出五拾文○　又右衛門
中 同所 百五拾文○　ミ出五拾文○　新兵衛
中 上原町屋しき 百五拾文○　ミ出五拾文○　新七郎
中 同所 三百文○　ミ出百文○　筑後守
中 同所 百五拾文○　ミ出五十文○　甚左衛門
中 同所 八拾文○　ミ出八拾文⊙　道善
中 下町屋しき 百五拾文○　ミ出六拾文⊙　仁介
中 同所 八拾文○　ミ出三十文○　藤兵衛
中 同所 四百文○　ミ出百文○　善左衛門
中 同所 百五拾文○　ミ出五十文○　新左衛門
中 同所 三百文○　ミ出五百文○　金六（付箋）「知行」
中 同所 百五拾文○　ミ出五拾文○　四郎左衛門
中 町屋しき 百五拾文○　ミ出五拾文○　新六
中 同所 百五拾文○　ミ出五拾文○　御こ人てう

中　同所 百五拾文◯　ミ出五十文◯　仁介
中　同所 仁百廿四文◯　ミ出七十四文◯　忠左衛門
中　同所 弐百廿四文◯　ミ出七十四文◯　玄幡〔蕃〕
同所 三百文◯　ミ出百文◯　伝作
中　同所 弐百廿四文◯　ミ出七十四文◯　小左衛門
中　同所 百五拾文◯　ミ出五十文◯　かく内
中　原やしき 百五拾文◯　ミ出五十文◯　又兵衛
（付箋）「是不済申候」
中　同所 七十五文◯　ミ出廿四文◯　甚左衛門
中　同所 弐百廿五文◯　ミ出七十五文◯　名左衛門
中　同所 百五拾文◯　ミ出五十文◯　案右衛門
中　同所 百五拾文◯　ミ出五拾文◯　源介
中　同所 百五拾文◯　ミ出五拾文◯　右近右衛門
中　同所 三百文⊙　ミ出百文◯　半左衛門
中　同所 三百文⊙　ミ出百文◯　宗介
中　同所 百五拾文⊙　ミ出五十文◯　甚六
中　同所 百五拾文◯　ミ出五十文⊙　左近

中　同所 百五拾文◯　ミ出五十文⊙　源左衛門
中　原町 弐百廿四文⊙　ミ出七十五文◯　六助
中　同所 弐百廿四文⊙　ミ出七十五文◯　宮内丞
中　同所 弐百廿四文◯　見出七十五文◯　茂右衛門
中　同所屋しき仁間半 五百拾文◯　小左衛門

本九貫八百八拾九文
見出三貫五百文
合拾三貫三百八拾九文
山とうか（遠賀）甚四郎知行

中　石田五升五合まき 壱貫文◯ 役百廿文◯　ミ出百廿文⊙　手作
中　石田四升五合まき 七百文◯ 役百廿文◯　ミ出百廿文⊙　手さく
中　同所た弐升五合まき 四百文◯　ミ出百四十文⊙　同人
中　てんばく同所畑 弐百文●　ミ出八十文●　同人
上　同所屋しき 三百文◯　ミ出弐百文◯　同人
中　同所田壱升五合まき 三百文◯　ミ出五拾文⊙　同人

本弐貫九百文
役弐百四拾文
見出七百拾文
合四貫五百六拾文（三貫八百五拾文）
ミミミミミミ
大熊靫負尉知行

下 松山之畑 七拾文○ ミ出七十文○ 道慶
下 たかむろとかくしめん 百五十文○ ミ出三十文○ 善七
中 たなか弐升まき 四百文○ ミ出五十文⊙ 甚三
中 同所壱斗まき 壱貫七百五十文○ ミ出三百文○ 縫左衛門
中 あらい在け三升五合まき 六百文○ ミ出百五十文○ 新右衛門
上 うす庭八升まき 弐貫文○ ミ出百文○ 五郎右衛門
下 同所之畑 百文○ ミ出十文○ 左近
中 同所之田四升まき 七百五十文○ ミ出八十文○ 同人
中 同所四升五合まき 九百文⊙ ミ出三十文⊙ 甚助
上 真科屋敷 七百文○ ミ出廿文● 新四郎
下 かに田弐升五合まき 三百文○ ミ出百五十文● 和泉守

下 けかち畑 七拾文● ミ出十文⊙ 甚丞 （付箋）「下原孫左衛門」
下 同所畑 七拾文○ ミ出十文○ 市丞
下 同所はた 百五十文○ ミ出五十文○ 明宮
中 同所田四升五合まき 八百文○ ミ出弐百文○ 和泉守
中 つるの子田六升まき 九百文○ ミ出三百文○ 源右衛門
下 六かく堂 百五十文○ ミ出五十文○ 花岡
下 同所 五十文○ ミ出廿文○ 又介
中 いたいと畑 百八拾文○ ミ出四十文○ 五郎右衛門
下 天はく畑 六拾文○ 見出 喜（喜）助ミ
中 ぢやうまん畑 百八十文○ ミ出廿文○ 同人
中 天はく 弐百文○ ミ出八十文○ 白山寺へ
下 同所 五十文○ 喜助
中 同所屋敷 五百文○ 同人
下 いぬこ原 七十文○ 甚三
下 たかむろ畑 三百文○ ミ出百三十文○ 七助
中 山とうか畑 弐百五十文○ ミ出八十文○ 縫左衛門

中　真阧の畑　壱貫文◯　(付箋下)ミ出百五十文◯　三右衛門

「是ハ久助作りいへもん(カ)」(付箋)

上　いつなの前　五百文◯　ミ出弐百八十文◯　和泉守

下　いつなのまへ　弐百文◯　ミ出三十文◯　又介

下　かふちやしき　三百文◯　ミ出三十文◯　喜助

下　いぬこ原　十文◯　甚三

下　てんはく　百文◯　ミ出廿文◯　喜助

中　塚田三升五合まき　六百文◯　ミ出百五十文◯　上見　(付箋)「トいつも」

中　かに田四升まき　八百五十文◯　ミ出五十文◯　甚七郎

中　かすミ田五升まき　壱貫文◯　ミ出弐百五十文◯　又助

中　真阧四升蒔　七百文◯　ミ出百七十文◯　甚助

中　同所三升五合まき　七百文◯　ミ出五十文◯　市兵衛《とくへもん》

中　塚前三升五合まき　七百文◯
　役比(ママ)六十文　ミ出百文◯　和泉守

下　堂まい　弐百文◯　ミ出六拾文◯　甚四郎

下　同所　弐百文◯　ミ出六十文◯　源介

下　ぶす水　五十文◯　ミ出廿文◯　又助

下　同所石舟のきしん　百文◯　ミ出百三十文◯　与右衛門

下　同所はた　百七十文◯　ミ出百七十文◯　甚右衛門

下　同所　百文◯不作　蓮花院

下　こつらん畑　五百文◯　ミ出百五十文◯　又助

下　本宿うら　百五十文◯　又介

下　本そりはた　百文◯　ミ出弐百五十文◯　市兵衛失

上　へつふ五升蒔　壱貫弐百文◯　見出五十文◯　新七郎　(付箋)「トいつも」

中　同所四升まき　八百文◯　見出百五十文◯　■右衛門「五郎」(貼紙)

上　まなわて六升まき　壱貫六百文◯　■(見)(ミ)出百文◯　和泉

下　ふす水はた、白山寺へきしん　百五拾文◯　ミ出百文◯　七郎右衛門

本弐拾四貫三百八拾文
見出四貫五百文
合弐拾八貫八百八拾文
此内五貫七百八拾〔文脱〕　番匠和泉ニ被下候
村山彦兵衛知行

下　ふとうのはた　四百文◯　　甚内
中　真なわて　百文◯　ミ出廿文◯　専十郎
上　同所八升まきはた少あり　壱貫六百文◯　役弐百四十文◯　ミ出弐百五十文◯　丸山三右衛門（付箋）「知行」
上　下塚はた　壱貫文◯　ミ出三百五十文⊙　居屋敷
中　下塚弐升五合まき　四百文◯　ミ出百文◯　手さく
下　同所はた　四百文◯　ミ出百文◯　清右衛門
上　田中六升五合まき　壱貫六百文◯　役百八十文　ミ出百文◯　庄村七左衛門
中　てんはく三升まき田　五百文◯　ミ出百文◯　同人
下　同所壱斗蒔　壱貫文◯　ミ出七百文◯　小左衛門
中　地蔵堂はた　弐百文◯　ミ出三百文◯　小七郎（付箋）「知行」
中　同所畠　八拾文◯　ミ出五十文◯　善四郎（付箋）「知行」
中　同所はた　弐拾文◯　ミ出三十文◯　孫左衛門（付箋）「知行」

本七貫三百文
見出弐貫百文
役四百廿文

合九貫八百廿文

塩沢善左衛門知行

上　鶴子田弐升五合蒔　五百文◯　ミ出百文◯　手前（付箋）「知行」
中　同所之田畑三升まき　五百文◯　ミ出百文◯　同人
上　真科屋敷　百六拾文◯　見出四十文◯　弥七郎
上　同所屋敷　三百文◯　ミ出百文◯　孫七郎
上　つるの子田　三百文◯　ミ出三十文◯　新助

本壱貫七百六拾文
見出三百七拾文
合弐貫百三拾文

大畑与右衛門知行

中　大はた　五拾文◯　ミ出廿文◯　日向坊
中　同所　六拾文◯　ミ出三十文◯　与次郎
中　同所はた　百五拾文◯　ミ出百文◯　甚助
中　同所はた　七拾文◯　ミ出七十文◯　金六

下 七拾文○ ミ出八十文○ 源助
下 同所はた 百五拾文○ ミ出五十文○ 小左衛門
下 同所はた 百五拾文○ ミ出三十文○ 明覚
中 同所はた 三百文○ ミ出八十文 藤次郎
下 同所はた 百文○ 不作 ミ出三十文○ 大畑
下 同所はた 百文○ ミ出仁十文○ 清右衛門
下 大はた 百三拾文○ ミ出廿文○ 惣助
中 同所はた 百三拾文○ ミ出百廿文○ 日向坊
中 同所はた 弐百文○ ミ出百廿文○ 助右衛門
下 同所 百三十文○ ミ出四十文○ 源右衛門
下 同所 百四十文○ 見出五十文○ 弐惣右衛門
中 同所 百五十文○ 見出三十文○ 日向坊
中 同所 三百文○ ミ出五十文○ 仁惣右衛門
下 同所 田中島 百三十文○ ミ出三十文○ 市左衛門
中 同所 四十五文○ ミ出五文○ 新三郎
中 同所 六百文○ ミ出八十文○ 惣次郎

上 大畑屋敷 壱貫文○ ミ出五百文○ 井藤内膳
本四貫百五十五文
見出壱貫五百五十五文
合五貫七百拾文
右内百三十文不作
藤井殿内儀勘忍ふ（分）
上 真斟屋敷 弐貫文○ ミ出二百文○ 丸山 三右衛門
本弐貫文
見出弐百文
合弐貫弐百文
細工正右衛門知行
下 下塚三升まき 五百文○ ミ出五十文○ 甚右衛門
下 いつはいはた 九百五拾文○ ミ出四十文○ 与三右衛門
本壱貫四百五十文
ミ出九拾文
合壱貫五百四拾文

宮前六助知行

下　六かく堂
八拾文○　ミ出四十文○　弥二郎

中　富沢三升まき
六百文○
役六十文○　ミ出五十文○　久蔵　「知行」(付箋)

中　かに田三升まき
五百文○
役六十文○　ミ出四十文○　弥二郎「知行」(付箋)

上　はけた六升まき
壱貫■百文○
役百廿文○　ミ出二百五十文○　縫助　「知行」(付箋)

本弐貫弐百八拾文
役弐百四十文
見出三百八十文
合弐貫九百文

窪新七郎知行

上　塚田九升まき
壱貫六百文○
役百八十文○　ミ出四百文○　源介　「知行」(付箋)

下　下原畑
三百文○　ミ出廿文　専養

下　けかちはた
三百四十文○　ミ出百五十文○　忠助

中　真料はた
六百文○　ミ出五十文○　手作 新七郎

中　たか室畑
弐百文○　ミ出五十文○　縫殿丞

「た、しこれハ路のかわり哉

本三貫四拾文
役百八拾文
見出六百七拾文
合三貫八百九拾文

松井善九郎知行

下　上原畠
壱貫文○　ミ出五百文○　手作

上　まなあて四升まき
八百文○
役六十文○　ミ出百五十文○　同

中　同所のはた
八百文○　ミ出百七十文○　弐右衛門尉

下　同所之田三升五合まき
七百文○
役六十文○　見出百十文○　同人

本三貫三百文
役百弐拾文
見出九百三拾文
合四貫三百五拾文

十輪寺知行

下 熊窪九合蒔
九拾文◯ ミ出四十文◯ 手さく

下 くま窪はた
三百文◯ ミ出三十文◯ 助三

上 同所之田弐升蒔
弐百文◯ ミ出百文◯ 甚三

中 同所七升まき
壱貫四百文◯ ミ出七十文◯ 十輪寺

下 同所
仁百文◯ ミ出廿文◯ 助三

下 同所畠
百文◯ ミ出二十文◯ 甚六

下 同所はた
百文◯ ミ出二十文◯ 丹書取〔記〕

中 石田三升五合蒔
五百文◯ ミ出百五十文◯ 助右衛門尉

下 いぬこ原
五百文◯ ミ出百文◯ 源左衛門尉

上 吉須田五升五合蒔
壱貫弐百文◯◯
役六拾文◯◯ ミ出百四十文◯ 助右衛門

下 同所はた
百文◯ 丹書取〔記〕

きつす田之内
七拾文◯ 助右衛門

本四貫七百六拾文
役六拾文
見出六百七拾文

合五貫四百九拾文

木島又左衛門尉知行

中 まなあてはた
八百文◯ ミ出百文◯ 惣内

合九百文

（上田市）
真田之細工出雲知行

下 石原田九升まき
壱貫六百文◯
役百廿文◯ ミ出五十文◯ 源六

上 まなあて弐升まき
四百文◯ ミ出八十文◯ 源介

上 いつはい田四升蒔
八百文◯ ミ出百五十文◯ 小七郎

本弐貫八百文
役百廿文
ミ出弐百八十文

合三貫仁百文

中村専七郎知行
但御夫馬免

中 上原畠
壱貫文◯ ミ出三百文◯ 手作

中　同所四升まき　七百文○　ミ出百文○　同人
下　同所はた　七百文○　ミ出百文○　同人
本弐貫四百文
見出五百文
合弐貫九百文

竹内甚三知行

上　つるまきた五升蒔　壱貫文○
役百廿文○　ミ出八十文○　仁右衛門
中　うす庭四升まき　七百文○
役百廿文○　ミ出百文○　四郎右衛門（付箋）「知行」
中　同所四升まき　八百文○
役百廿文○　又右衛門
中　清水じり壱升五合まき　三百文○　ミ出廿文○　源四郎（付箋）「知行」
中　さかい田壱斗壱升まき　弐貫百文○
役仁百四十文○　ミ出百三十文⊙　新助
久兵衛
本四貫九百文
見出三百三拾文
役六百文

合五貫八百三拾文

大窪弥右衛門知行
但御夫馬免

中　藤沢四升まき　八百文○　ミ出七十文○　弥右衛門（付箋）「知行」
合八百七拾文

唐沢田左衛門知行

下　山遠岡畠　百五拾文○　ミ出五十文○　手作（付箋）「知行」
中　荒井在家三升まき　六百文○　ミ出五十文○　田左衛門
中　うす庭はた　弐百五十文○　ミ出五十文○　助左衛門
下　山遠岡　八拾文○　ミ出四十文○　田左衛門（付箋）「知行」
おもて■き
下　百六拾文○　ミ出三十文○　清右衛門（付箋）「知行」
下　同所畠　三百五十文○　ミ出百文○　田左衛門（付箋）「知行」
上　別保七升五合蒔　壱貫五百文○
役弐百四十文○　ミ出百文○　助右衛門
本三貫九十文
役弐百四十文

見出四百廿文
合三貫七百五拾文
真田之善心知行
下　山遠岡　弐百文○　ミ出三十文○　手作
本弐百文
見出三十文
合弐百三拾文
はうきおさ之知行
下　はけたのはた　百八拾文○　ミ出廿文○　縫左衛門（付箋）「知行」
上　同所壱升まき　弐百文○　ミ出三十文○　正泉
下　同所はた　百文○　ミ出三十文○　甚助（付箋）「知行」
下　おうさわ畠　三百五拾文○　ミ出百五十文○　市川善四郎
中　おもてき　弐百文○　ミ出十文○　三郎太郎
中　いつはい六升五合まき　七百文○　ミ出四百五十文○　甚四郎
本壱貫七百三十文

ミ出六百九拾文
合弐貫四百弐拾文
（真田信綱室）御北之分沢入市左衛門知行
下　下塚之畑　弐百五拾文○　安右衛門
下　同所之はた　三拾文○　ミ出廿文○　神七郎
中　新井在家壱升五合蒔　百文○　ミ出弐百文○　手作
中　あらい在家之はた　四百文○　ミ出二百五十文○　手作
下　しもつか畑　百文○　ミ出十文○　神七郎
下　同所之田七合蒔　百文○　ミ出廿文○　同人
上　たかむろのやしき　弐百文○　ミ出百文○　清右衛門
中　ふち沢弐升まき　四百文○　ミ出四十文○　手作
中　下原田六升まき　八百文○　ミ出四百文○　与左衛門
下　大さわ　百文○　甚七郎
本弐貫四百八拾文
見出壱貫四拾文
合三貫五百廿文

大窪与助知行
　但御夫馬免

下　おもて木のはた　九百文⊙　　孫右衛門（付箋）「地行」〔知、以下同〕

中　まなあてはた　弐貫文○　　市之丞

役弐百四十文○

本弐貫九百文

役仁百四拾文

合参貫百四拾文

右肥之茂右衛門知行

下　竜之宮田畑　弐百文●　ミ出百文○　善兵衛

下　つるの子田畑　三百文○　ミ出百文○　花岡おりべ

本五百文

ミ出弐百文

合七百文

小野庄左衛門知行

上　田中やしき　壱貫文○　ミ出二百四十文○　手作

中　同所田壱斗まき　壱貫七百五十文○　ミ出四百文○　同作

下　竹むろ畑　百文○　同作

下　同所はた　百八拾文○　同人

本三貫三拾文

見出六百四拾文

合三貫六百七拾文

二蔵田左衛門知行

上　大はたけ之田五升五合蒔　壱貫百文○　ミ出百文○　手作

役百廿文○

中　地蔵堂はた　五百文○　ミ出百文○　手作

上　まなあて弐升五合まき　四百五拾文○　ミ出五十文○　菅介

弐貫五拾文

見出二百五拾文

合弐貫三百文

松井忠助知行
　但御夫馬免

中　南はたけ　百五拾文○　見出五十文○　手さく

中　同所 三百文◯　見出百六拾文◯　同
中　同所 三拾文◯　見出十文◯　忠助
下　せきうへはた 仁百五拾文◯　ミ出八拾文◯　手さく
下　下原 三拾文◯　ミ出拾五文◯　手さく
中　へつほのた四升まき 七百文◯
　　役百廿文◯　ミ出百七十文◯　助右衛門
中　同所之田八升まき 壱貫百文◯
　　役百廿文◯　ミ出四百文◯　甚右衛門

弐貫五百六拾文
役仁百四拾文
見出八百八拾五文
合三貫六百八拾五文
宮坂与右衛門知行

(真田信綱室)
御北様之御料所小使蔵島
いたいと畠 合八百文◯　手前
下　郷沢畑 百文◯　ミ出五十文◯　筑後
中　同所田六升五合まき 九百文◯　ミ出三百文◯　善兵衛

百弐拾文やく◯
中　同所田七升まき 壱貫五百文◯
　　百廿文やく◯　ミ出廿文◯　主林芸 六助
中　同所田七升五合まき 壱貫三百文◯
　　百廿文役◯　ミ出五十文◯　同人知行 勘左衛門
中　郷沢田七升まき 壱貫文◯
　　百廿文役◯　ミ出三百五十文◯　六左衛門
下　同所畑 五百文◯　ミ出百五十文◯　蔵島
下　同所はた 六百五拾文◯　ミ出弐百文◯　同人
中　同所田八升まき 壱貫五百文◯　ミ出百文◯　是ハ御をん 同人（付箋）「地行」
下　同所田五升まき 壱貫文⊙　ミ出百文◯　是ハ林芸 善介
下　郷沢はた 百文◯　ミ出三十文◯　蔵助
中　同所田六升まき 壱貫弐百文⊙　見出百文◯　与右衛門（付箋）「地行」
下　同所之田三升まき 四百文◯　ミ出百五十文◯　蔵島御をん 善四郎（付箋）「ち行」
下　同所はた 百文◯　ミ出三十文◯　さぬき
中　同所田五升まき 七百文◯　ミ出三百文◯　与助
下　郷沢はた 五拾文◯　筑後

中 同所はた 四百文◯ ミ出百五十文◯ 六介（付箋）「地行」
下 同所はた 百五拾文◯ ミ出六十文◯ 清右衛門
下 同所之畑 百文◯ ミ出三十五文◯ 蔵島（付箋）「地行」
下 同所之畑 百文◯ ミ出七十文◯ 同人（付箋）「知行」
下 同所之はた 百三拾文◯ ミ出百文◯ 善兵衛（付箋）「知行」
上 同所之はた 五拾文◯ ミ出五十文◯ 筑後（付箋）「知行」
上 同所屋敷 弐百文◯ ミ出五十文◯ 同人（付箋）「地行」
下 同所はた 五百文◯ ミ出百三十文◯ 同人
上 同所屋敷 五拾文◯ ミ出三十文◯ 同人
中 上原町屋敷 百五拾文◯ ミ出五十文◯ 与右衛門
中 同所屋敷 百五拾文◯ ミ出五十文◯ 同人
中 同所屋敷 百五拾文◯ ミ出五十文◯ 松井
中 同所屋敷 百五拾文◯ ミ出五十文◯ 源助
中 同所屋敷 百五拾文◯ ミ出五十文◯ 筑後
中 同所屋敷 三百文◯ ミ出百文◯ 筑後

本拾三貫七百三拾文
四百八拾文やく

見出弐貫九百五拾五文
合拾七貫百六拾五文
同御北様（真田信綱室）御料所小吏曲尾（上田市）
与五右衛門

下 郷沢畑 仁百文◯ 藤七郎（付箋）「知行」
下 同所田八升蒔 壱貫弐百文◯ 役百廿文◯ ミ出弐百八十文◯ 与五右衛門
中 同所田四升蒔 六百文◯ ミ出弐百文◯ 同人（付箋）「知行」
下 同所はた 百文⊙ 同人
下 同所はた 弐百文◯ 見出百文◯ 勘左衛門
下 同所はた 弐百五拾文◯ 見出百十文◯ 与五右衛門
中 同所屋敷 百文◯ ミ出百文◯ 同人
中 同所屋敷 弐百文◯ ミ出弐百文◯ 助右衛門
下 同所はた 百文◯ ミ出百文◯ 与五右衛門
下 同所田四升蒔 六百文◯ ミ出百六十文◯ 案右衛門
中 郷沢田八升まき 壱貫仁百文◯ 役百廿文◯ ミ出三百文◯ 源左衛門
下 同所はた 七拾文◯ ミ出廿文 与五右衛門

下　同所之畑　六十文○　ミ出四十文○　右近衛門（付箋）「知行」
下　同所畑　百文○　ミ出八十文○　善四郎
下　同所畑　仁百五拾文○　ミ出五十文○　与五右衛門
下　同所はた　弐百文○　ミ出百十文○　七右衛門
下　同所はた　百文○　ミ出三十文○　助右衛門
下　同所はた　六十文○　ミ出七十文○　藤左衛門
下　同所はた　百三十文○　ミ出七十文○　善四郎（付箋）「知行」
中　同所た六升蒔　九百文○　役百廿文○　ミ出仁百三十文○　藤五郎（付箋）「知行」
中　かふ沢田七升五合蒔　壱貫文○　役百廿文○　ミ出三百文⊙　甚六　（付箋）「知行」
下　同所田四はふ蒔　百文○　ミ出四十文○　与五右衛門（付箋）「知行」
下　同所はた　三百文○　見出百廿文○　同人
下　同所畑　七十文○　見出仁十文○　藤七郎
中　同所田八升蒔　壱貫弐百文○　役百廿文○　見出三百文○　助右衛門
下　同所た壱升蒔　百文○　ミ出五十文○　与五右衛門

下　同所た五升蒔　八百文○　役百廿文○　ミ出百八十文○　新右衛門
下　同所壱斗七升蒔　壱貫五百文○　ミ出壱貫五百文○　是ハ御をん処　与五右衛門（付箋）「知行」
下　同所畑　五百文⊙　ミ出弐百文○　藤左衛門　●
下　同所畠　百五十文○　ミ出三十文○　善助　○

本拾弐貫三百四拾文
米弐升を百仁十つもりに
役七百弐拾文
見出四貫九百八拾文
合拾八貫四拾文

同御北様（真田信綱室）之御料所小使坂下治郎右衛門

下　上原畑　百五拾文○　手作
中　町屋敷　百五拾文○　ミ出五十文○　新五郎
中　同所屋敷　百五拾文○　ミ出五十文○　道全
中　同所屋敷　三百文○　ミ出百文○　木島
中　同所屋敷　百五拾文○　ミ出五十文○　都右衛門
中　同所屋敷　百五拾文○　ミ出五十文○　いもぢ
中　同所之畑　壱貫弐百文○　ミ出百五十文○　次郎右衛門

中　同所屋敷《はた》　百五拾文○　ミ出仁十文○　大蔵

中　同所畑　弐百文○　ミ出弐百文○　弥三郎

中　同所畑　百七拾文○　ミ出十文○　木島

中　同所はた　八拾文○　ミ出三十文○　又右衛門（付箋）「知行」

下　同所はた　八拾文○　弥三郎

下　同所はた　百八拾文○　ミ出四十文○　総七郎（付箋）「知行」

下　同所はた　百三拾文○　ミ出七十文○　源右衛門

本三貫弐百四十文

見出八百廿文

合四貫六拾文

壱本鋒源右衛門

上　別ぶ田六升蒔　壱貫弐百文○　役百仁十文○　ミ出弐百五十文○　三右衛門

下　大ふけ畑田なをし　五百文○　壱反役ひへ五升　源右衛門

下　同所田四升五合まき　九百文○　ミ出百文○　与五右衛門

中　同所之田弐升五合まき　三百文○　ミ出百八十文○　源右衛門

中　大ふけ五升まき　壱貫文○　見出百五十文○　手作

同所はた　五百五拾文○　役ひへ五升○　ミ出八十文○　居屋敷

念仏塚四升五合蒔　八百文○　役百廿文○　ミ出百文○　又右衛門（付箋）「知行」

本五貫弐百五拾文

役四百八十文　其内ひへ半表〔俵〕を役、弐百四十文ニ

見出八百六十文

合六貫五百九拾文　其内ひへ半俵を役弐百四十文ニ

池田甚次郎（綱重）知行

下　松山畑　百五十文○　ミ出十文⊙　助右衛門

中　同所田四升まき　七百文○　ミ出百文⊙　忠兵衛

下　同所畑　百文○　ミ出仁十文○　香才

中　同所田弐升まき　四百文○　ミ出三十文○　源右衛門

下　同所田壱升五合蒔　百五十文○　ミ出百文○　弥兵衛

下　大沢之畑　百廿文○　見出卅文○　新四郎

上　たかむろ三升蒔○　六百文○　見出百廿文○　源左衛門
下　おもて木畑　仁百廿文○　見出七十文○　総右衛門
下　おもて木畑　三百文○　見出百廿文○　惣左衛門
中　別府六升蒔　壱貫文○　見出四百文○　善左衛門（付箋）「知行」
下　下塚　百拾文○　見出百四十文○　藤兵衛
下　同所　七拾文○　見出卅文○　与左衛門
下　同所　百十文○　見出四十文○　弥兵衛
下　いぬこ原　仁百文○　見出百六十文⊙　源右衛門
下　てんはく　廿文⊙　見出二十文⊙　与七郎
下　ふしさわ三升蒔　三百文○　見出仁百六十文○　市之丞

本四貫五百五拾文
見出壱貫六百五十文
合六貫弐百文

松井源六知行　但御夫馬免

下　てんはく　百五拾文○　見出三十文⊙　手さく
中　まつい屋敷仁升蒔　三百文○　見出百文○　同

下　はた　百文○　見出六十文○　同
上　下原　四百五拾文○　見出仁百文○　居屋敷
上　別ぶ七升まき　壱貫四百文●　見出弐百八十文○　手さく
　役百廿文○

本弐貫四百文
役百弐拾文
見出六百七拾文
合三貫百九拾文

上　上原ノ町屋敷　合仁百四拾文○　東雲
　見出四拾文○

（真田信綱室）
御北様御料所小使権介

下　下塚畑　三百文○　新兵衛
下　同所畑　三百文○　新六
下　同所　百文○　見出廿文●　藤治郎
下　同所はた　四百文○　見出百文○　源右衛門
中　田中四升蒔　八百文○　安右衛門
上　同所四升蒔　八百文○　見出百文○　同人（付箋）「知行」

真田氏編

中 おもて木三升五合蒔 七百文◯ 見出七十文◯ 権介 〔付箋〕「知行」
下 地蔵堂 弐百文◯ 見出六十文◯ 角内
中 田中壱升五合蒔 三百文◯ 見出六十文◯ 源左衛門 〔付箋〕「知行」
本三貫九百文
見出四百拾文
合四貫三百拾文
日置五右衛門地〔知〕行
中 新井在家五升五合蒔 壱貫文◯ 見出弐百五十文◯ 彦右衛門
上 同所八升まき 弐貫文◯ 総右衛門
上 はけた壱斗三升蒔 仁貫八百文◯ 見出三百五十文◯ 市之丞
上 まなあて六升蒔 壱貫五百文◯ 役百廿文◯ 見出五十文◯ 与五左衛門
中 別府五升まき 六百廿文◯ 見出仁百九十文◯ 市之介
中 いつはい畑 三百五十文◯ 見出百文◯ 清水権助
本八貫弐百七拾文
見出壱貫四拾文
役百弐拾文

合九貫四百三拾文
かち（鍛冶）対馬守知行 （白紙付箋）
上 てんはく四升蒔 壱貫文◯ 見出五十文⊙ 手さく
下 同所はた 百文◯ 見出五十文⊙ 同
下 同所 三百文◯ 見出五十文◯ 同
下 大さわ畑 四百文⊙ 見出五十文◯ 手さく
下 同所 三百八文〔拾〕文◯ 見出九十文◯ 同
本弐貫百八拾文
見出弐百九拾文
合弐貫四百七拾文
上 まなあてはた 合九百五拾文◯ 右之見出百文、以上、 窪源七郎
御北分
大見山藤左衛門地〔知〕行
中 へつほ四升まき 七百文⊙ ミ出百文⊙ 手さく〔付箋〕「知行」
中 石原た六升五合蒔 壱貫弐百五十文◯ 見出仁百五十文⊙ 同
上 同所 百文⊙ 見出卅文⊙ 屋敷

下　大石畑
六百文⊙　見出仁百八十文⊙　手さく

本弐貫六百五十文

見出六百六十文

合三貫三百拾文

下　てんはく
合四百文○　以上、　（池田綱重）池甚同心　忠兵衛

（鍋引）
大かひき
藤右衛門知行

中　竹むろ四升まき
八百文○　ミ出百四十文○　手さく

中　同所九升まき
壱貫七百文○　ミ出三百文○　同

本弐貫五百文

見出四百四拾文

合弐貫九百四拾文

（綱茂）
木村渡右衛門知行

上　塚前田三升蒔
六百文○　見出百四十文○　源四郎（付箋）「知行」
役六拾文○

中　大はた
百文○　見出廿文○　甚助

上　さわまたき九升まき
弐貫文○　見出百文○　（付箋）「失跡」　（付箋下）新次郎
役弐百四十文●

上　あかた五升まき
九百文○　見出二百三十文○　七右衛門
役百廿文○

上　塚田六升まき
壱貫弐百文○　見出三百文○　（付箋）「失跡」　（付箋下）彦次郎
役百八十文○

中　同所之はた
四百文○　見出弐百文○　（付箋）「失跡」庭はき（付箋下）彦次郎（付箋）「知行」

上　いつはい五升まき
壱貫文○　見出二百五十文○　（白紙付箋）（付箋下）甚助

下　おもて木の畑
三百五十文○　見出百文○　甚右衛門尉

下　山ふし塚はた
三百文○　見出百文○　甚助　（付箋）「知行」

下　山ふし塚四升まき
四百文○　見出三百文○　初介　（付箋）「知行」

中　つるの子田五升まき
八百文○　見出百八十文○　市丞
役百廿文●

中　同所五升蒔
八百文○　見出百八十文○　（付箋）「失跡」　（付箋下）半之丞

中　同所壱升四合蒔
弐百五十文○　見出百文○　同人

上　同所やしき
弐百文○　ミ出八十文○　甚助

上　同所屋敷
弐百文○　ミ出八十文○　新次郎

下　つるの子田はた
七百五十文○　見出四百五十文○　半之丞

下　下くねはた　七百文○　見出百文○　同人

中　松葉田仁升五合まき　四百文◑　見出百八十文○　同人

中　前はたけ　四百文○　見出七十文○　甚助（付箋）「知行」

中　もちた三升五合蒔　六百文○　ミ出二百七十五文○　源四郎（付箋）「知行」

中　塚前畑　百五十文○　見出卅文○　源四郎（上の付箋）「知行」（下の付箋）「七兵衛知行分」

中　へつほ田七升五合まき　壱貫文●　見出四百文○　助三郎（付箋）「知行」

　役百廿文○

　本拾三貫五百文

　見出三貫八百六拾五文

　役七百仁十文

合拾八貫八拾五文

　長坂小伝次知行

下　山とうか壱升まき　百五十文○　見出四十文○　角右衛門（付箋）「知行」

下　山とうかのはた　八十文○　見出七十文○　手作り

　本弐百三十文

　見出百十文

合三百四拾文

黒坂七郎右衛門知行

下　いぬこ原はた　六拾文○　（付箋下）ミ出四十文○　与三右衛門

（付箋）「御さんし神五右衛門尉」

下　同所はた　百廿文○　新右衛門

下　上原はた　百五十文○　見出五十文○　甚右衛門

下　同所之畑　六十文○　（付箋）「小ふ之□」　手作り

下　同所之はた　百文○　見出五十文○　源左衛門尉

下　同所はた　百文○　ぬい右衛門尉

中　松山はた　弐百廿文○　見出百八十文○　彦右衛門尉

下　下塚はた　五十文○　見出三十文○　手作り

中　同所五升五合蒔　壱貫文○　見出弐百文○　助右衛門尉

下　下塚　五十文○　見出廿文○　道見

中　十二の前はたけ　弐百文○　見出五十文○　勘左衛門尉

中　ふとふおきの田三升まき　六百文○　見出五十文○　丹書記

下　下塚はた　弐百四十文○　見出五十文○　清右衛門

下　同所はた　弐百六十文○　見出百廿文○　柳又之　市助

本三貫弐百十文

見出七百四十文
合三貫九百五拾文
宮下作平知行
中　つるの子田四升五合まき　六百文○　見出三百文○　市之丞
下　桜木はた　六百文○　見出弐百文○　竒（ママ）馬
中　同所田四升五合まき　八百文○　見出百廿文○　二惣衛門
中　つるの子田弐升まき　四百文○　見出三十文○　四郎左衛門
役六十文○
中　大畠　三百文○　見出弐百文⊙　手作り
中　へつほ四升蒔　八百文○　見出百廿文⊙　与七郎「（付箋）知行」
中　本町之畑　七十五文○　見出廿五文○　手作
本三貫五百七十五文
役六十文
見出九百九百五文
合四貫六百卌文
戸隠免
中　はたしやうふ沢　三百文○　藤左衛門

下　同所四升蒔　五百文○　ミ出百四十文○　同人
下　同所壱斗五升蒔　壱貫七百文○　ミ出壱貫文○　同人「（付箋）知行」
下　同壱斗七升まき　弐貫文○　ミ出九百六十文○　同人
下　同所はた　弐百文○　ミ出弐百文⊙　同人
下　かうさわはた　百文○■　同人
中　かうさわ六升蒔　壱貫文○　見出弐百文○　藤左衛門
中　同所六升まき　壱貫文○　見出弐百文○　道秀
下　同所はた　仁十文○　あれ　藤左衛門
下　同所弐升まき　三百文●　見出七十文○　助右衛門
下　同所畑　百文○　見出廿文○　藤左衛門
下　天白　五百文○　庄村藤左衛門
本七貫七百弐拾文
見出弐貫七百九拾文
合拾貫五百拾文
樋口新三知行
下　下塚　弐百文○　甚左衛門尉

下　たなかのはた　百五拾文◯　見出五十文◯　道妙
中　おもてきのはた　弐百文◯　五郎右衛門尉
中　あらい在家　五百文◯　見出七十文◯　同人

本壱貫百五拾文
見出百廿文
合壱貫弐百七拾文
(追筆)「是ハ白山御祈念御そうし役」　禰宜甚助知行

下　天白のはた　弐百五十文◯　見出百五十文◯　手作
上　同所屋敷　仁百文◯　見出五十文◯　手作
下　同所はた　五十文◯　見出廿文◯　手作
下　同所はた　四十文◯　見出六十文◯　手作
中　同所三升五合蒔　三百五十文◯　見出三百文◯　同
下　同所はた　七十文◯　見出十文◯　同

本九百六拾文
見出五百九拾文
合壱貫五百五拾文
悪沢又右衛門尉知行

中　へつほ三升蒔　六百文◯　役六十文◯　見出八十文◯　手作(付箋)「知行」
下　田中島はた　弐百五十文◯　見出三十文◯　弥七郎
中　まのあてはた　百五十文◯　見出五十文◯　神介(付箋)「知行」
上　へつほ六升まき　壱貫文●　百廿文役◯　見出弐百八十文◯　文六
下　上原　百七十文◯　見出五十文◯　四郎左衛門尉
下　同所　三百文◯　見出五十文◯　いもじ(付箋)「知行」
中　内てはた　六百文◯　見出三十文◯　源右衛門(付箋)「知行」

本三貫七十文
見出五百七十文
合三貫六百四十文
金子知行

下　場所不知　百文◯　不作　善五郎
中　同　弐百五十文◯　見出五十文◯　禰津之ちく
下　同　百文◯　大蔵
下　宿うら　百三十文◯　見出廿文◯　善五郎

本五百八拾文
見出七拾文
合六百五拾文
宮崎志摩知行

中 おもて木畠 弐百五十文○ 見出百五十文⊙ 与三兵衛
上 屋敷そへ 弐百文○ 見出百文○ 甚右衛門尉
上 いやしき 七拾文○ 見出弐百文○ 与三兵衛
上 さかいた七升まき 壱貫七百文○ 見そ 助さへもん
下 山伏塚畠 弐拾五文○ 見出五文○ 四郎左衛門
中 やま伏塚四升蒔 八百文○ 見出八十文○ 次右衛門
百廿文役○
下 かにた三升蒔 四百文○ 見出百六十文○ 物兵衛
下 ちそうとう畠 弐百文○ 見出百廿文○ 惣四郎
上 大はたけ四升五合蒔 八百文○ 見出三百文○ 四郎左衛門
下 同所はた 五拾文○ 見出廿文○ 甚右衛門
本四貫四百九十五文
役百廿文

見出壱貫百三十五文
合五貫七百五十文
御北様（真田信綱室）御料所宮下源六知行

下 いぬこ原 百文○ 見出七十文○ 手作
下 同所 五十文○ 見出卅文○ 小三郎
本百五拾文
見出百文
合弐百五十文
御北（真田信綱室）御料所坂口与助知行

下 てんはく 弐十文○ 見出五十文○ 手作
下 同所 弐十文○ おこし（起）● 同人
下 屋敷てんはく 八拾文○ 見出百文○ 同人
下 同所畠 五十文○ 見出百文○ 同人
下 同所はた 卅五文○ 見出三十文○ 同人
下 同所 八十文○ 見出七十文○ 同人
下 同所 弐十文○ 荒地 同人

下 同所 弐十文◯ 同人

下 てんはく 五十文◯ 見出弐十文◯ 同人

下 同所はた 四十文⊙ 見出六十文◯ 同人

本四百拾五文

見出四百卅文

合八百四拾五文

(真田信綱室)
御きたさま分林慶知行 「知行」(付箋)

中 下塚之畠 四百文◯ 見出百卅文◯ 源左衛門尉

合五百卅文

御きた様分小吏宮島弐右衛門

中 あかい 四百文◯ 見出百文◯ 屋敷

下 いぬこ原 十文◯ 見出十文◯ 弐右衛門

下 同所はた 弐百五十文◯ 見出百文◯ 同人

中 藤沢四升まき 七百文⊙ 見出弐百文◯ 同人

下 (付箋破)下つかのはた 三百文◯ 見出百文◯ 同人

下 (付箋破)同所はた 弐百文◯ 見出百五十文◯ 小七郎

中 いぬこ原 四百文◯ 見出百八十文◯ 弐右衛門尉

下 しもつかはた 三十文◯ 同人

下 同所 六十文◯ 見出四十文◯ 同人

中 石田壱升五合まき 弐百文◯ 見出百文◯ 同人

本弐貫五百五拾文

見出九百八拾文

合参貫五百卅文

坂口善左衛門尉知行

下 あかいやしき 五百文◯ 見出弐百六十文◯ 善さへもん

中 松山 弐百文◯ 見出卅文◯ 手作

中 ふとう田弐升五合まき 五百文◯ 見出五十文◯ 手さく

本壱貫弐百文

見出参百四拾文

合壱貫五百四拾文 「是ハ母に被下候」(追筆)

丸山小七郎知行

まなあて
拾弐貫七百文○　見出五百文○　太郎左衛門
同所
八百文○　見出百廿文○　源助
へつほ
七百四拾文○　見出五十文○　市兵衛
柳田
九百文○　見出七十文○　賀兵衛
合拾五貫百四拾文
御きたさま（真田信綱室）分長谷寺（上田市）祈心
中　新井在家はた
七百文○　見出三百文○　道玄
中　同所はた
百文○　見出四十文○　勘右衛門
下　同所はた
百四拾文○　見出五十文○　新右衛門
中　同所弐升まき
三百文○　見出百文○　助右衛門
下　同所はた
百文○　見出三十文○　与右衛門尉
中　同所六升蒔
八百文○　見出四百文○　清右衛門尉
中　同所三升五合蒔
六百文○　見出百八十文○　新右衛門尉
上　同所三升五合蒔
六百文○　見出百七十文○　源左衛門尉
中　荒井在家はた
百五拾文○　見出百文○　清右衛門
本三貫四百九拾文

見出壱貫三百七拾文
合四貫八百六拾文
御北さま御料所　坂口与助知行
下　にしおねはた
合三百五拾文○　見出五拾文○　庄（村カ）林さぬき
（貼紙）「御北ふん」
下　天白
合二拾文○　見出百文○　清右衛門尉
下　くまくほ
合三百文○　見出三百文○　助三　是ハさぬき取
下　大さわはた
合百文○　源左衛門
（付箋）「御北ふん」
中　つるの子田屋しき
合壱貫文○　見出百五十文○　花岡織部
中　ふとう壱升まき
合弐百文○　見出三十文○　新右衛門尉
（付箋）「御北ふん」
下　たかむろはた
合百五拾文○　見出五十文○　管左衛門尉
下　あらい在家壱升まき
合百七拾文○　見出五十文○　道秀
本弐貫三百文
見出七百三拾文
合三貫三拾文
高梨内記知行

下　ちそうとうはた　百文○　見出四十文○　甚左衛門尉（付箋）「知行」

下　同所はた　百文○　見出四十文○　惣助（付箋）「知行」

下　そりはた　四百文○　見出弐百文○　勘四郎（付箋）「知行」

中　うちてはた　七百文○　見出百文○　甚三

中　石見屋しき　五百文○　見出弐百文○　きしん　開善寺

中　うすにわ六升まき　壱貫文○　百廿文役○　見出弐百文○　三郎左衛門尉

中　まなあて弐升五合まき　四百文○　六拾文役○　見出七十文○　甚左衛門

中　つるの子田畠　参貫五拾文○　見出七十文○　蔵島

中　桜はた　壱貫文●　見出四百五十文○　源五郎

役百廿文

見出弐貫五百文

合拾貫四百弐拾文

宮坂又右衛門尉知行

下　たかむろはた　五百文○　見出四百文○　又右衛門手作

上　同所はた　六百文○　見出弐百五十文○　居屋敷

上　たかむろ六升蒔　壱貫弐百文○　見出三百文○　手作

下　そりはた　七拾文○　見出五十文○　ちせん

下　へつほはた　三百文○　見出五十文○　助右衛門尉

中　さかい田四升五合まき　八百文○　見出弐百文●　出雲守

中　いたい　弐百文○　見出八十文○　ほ禰　又右衛門尉

中　同所はた　百五十文○　見出七十文○　与七郎

中　下塚弐升五合まき　四百文○　見出七十文○　手さく

下　おもて木はた　弐百文○　見出五十文○　手作り

本四貫四百弐拾文

見出壱貫六百弐拾文

合六貫四拾文

関口角左衛門尉（綱信）知行

中　下塚田五合蒔　七拾文○　見出四拾文○　甚内

中　たかむろ弐升蒔　三百文○　見出百文○　手作（付箋）「知行」

中　かま田弐升まき　三百八拾文○　見出五十文○　同

上　屋敷下原　三百五拾文○　見出八十文○　仁三右衛門尉

下　天白 三十文◯　見出廿文◯　甚助
下　同所 三百文◯　見出百七十文◯　源右衛門尉
下　大さわのはた 三十文◯　見出七十文◯　右近右衛門尉（付箋）「知行」
下　たかむろ 七十文◯　右近右衛門尉（付箋）「知行」
下　同所 百五十文◯　見出廿文◯　助三郎
下　たかむろはた 六十文◯　見出七十文◯　右近右衛門尉
中　同所五升まき 壱貫文◯ 六十文役◯　見出百文◯　三左衛門尉（付箋）「知行」
中　おもて木はた 弐百文◯　禰き 市助
中　同所はた 四百五十文◯　見出百文◯　二蔵
中　同所はた 百五十文◯　見出五十文◯　勘七郎
下　同所はた 仁十文◯　三郎太
中　おもてきのはた 四百文◯　見出五十文◯　手作り（付箋）「知行」
中　同所はた 弐百五十文◯　見出五十文◯　清右衛門（付箋）「知行」
上　あらい在家四升まき 八百文◯ 百廿文役◯　見出百文◯　五郎左衛門尉（付箋）「知行」
中　同所三升まき 六百文◯　見出百文◯　左衛門三郎

（付箋）「知行」
中　ふち沢弐升蒔 三百文◯　見出百文◯　手作り（付箋）「知行」
上　へつほ四升まき 八百文◯　見出弐百文◯　新兵衛（付箋）「知行」
下　同所はた 百五十文◯　見出廿文◯　市右衛門
中　田中島 弐百五拾文◯　ミ出三十文◯　弥七郎
上　ふちさわ三升まき 七百文◯　見出五十文◯　小左衛門
中　同所四升まき 八百文◯ 百廿文やく◯　見出百廿文◯　新四郎（付箋）「知行」
上　かに田四升まき 八百文◯ 百廿文やく◯　見出八十文◯　六左衛門尉
中　同所壱升五合まき 弐百文◯　見出百七十〔五〕文◯　二惣衛門尉（付箋）「知行」
下　いつな 百五十文◯　見出五十文◯　又兵衛（付箋）「知行」
下　同所 弐百文◯　あれち◯　かくさへもん
中　たかむろのはた 弐百五十文◯　見出七十文◯　郷左衛門
下　上原田はたともに 五百文◯　見出三百文◯　右近右衛門

本拾貫七百拾文
見出弐貫三百六拾文

役四百弐拾文

合拾三貫四百九拾文

春原惣左衛門知行

中　いつはい　七百文◯　ミ出三百文◯　丸山三右衛門

合壱貫文

番匠新兵衛知行

上　あらいさいけ五升まき　五百文◯　見出七百五十文◯　管右衛門尉

上　同所六升蒔　壱貫文◯　見出五百文◯　出雲守

中　同所壱升五合蒔　三百七十五文◯　同人

中　をもて木六升蒔　八百文◯　見出五百八十文◯　同人

上　たかむろ屋敷　三百文◯　見出百文◯　手さく

下　あらいさいけ壱升蒔　百文◯　見出八十文◯　出雲守

本三貫七十五文

見出弐貫十文

合五貫八十五文

（重春）鎌原知行

中　真阧三升五合まき　七百文◯　見出百五文◯　半右衛門

百廿文やく◯

中　六反田　六百文◯　見出百文◯　道西

中　いつはいはた　四百文◯　見出弐百文◯　ぬい右衛門

中　同所五升五合まき　八百文◯　見出三百文◯　応助

本弐貫五百文

見出七百五文　（付箋）「鎌原」

百廿文やく

合三貫三百廿五文

新井新左衛門知行

下　下塚はた　百五十文◯　見出五十文◯　手作

中　鎌田七升まき　壹貫四百文◯　見出百四十文◯　手作

役卅文◯

本壱貫五百五十文

見出弐百三十文

役卅文

合壱貫八百文　拾

山遠(岡)か与五右衛門知行

場所野帳ニ無御座候下塚田■蒔はた

中 壱貫文◯ 道円

下 下塚はた 三百文◯ 見出百四十文◯ 市助

中 田中五升まき 九百八十文◯ 見出百八十文◯ 小七郎

下 同所はた 弐百文◯ 見出卅文◯ 甚四郎(付箋)「知行」

下 十二ノはた 弐百文◯ 見出百廿文◯ 甚四郎

本弐貫六百八拾文

役見出四百七十文

合三貫百五拾文

青木加賀知行

下 面木はた 壱貫文◯ 見出五百五十文◯ 六右衛門(付箋)「知行」

中 松山屋敷 五百文◯ 見出百七十文◯ いち

下 ひやくをさ壱升五合蒔 百五十文◯ 見出百文◯ 市助

上 山伏塚四升まき 八百文⊙ 見出仁百文◯ 神六

下 いつはいはた 弐百五十文◯ 見出七十文◯ 小かね 源兵衛

下 いつはいのはた 八百文◯ 仁介

中 同所田三升まき 六百文◯ 見出百文◯ 源四郎

本四貫百文

見出壱貫百九十文

合五貫弐百九十文

山浦藤兵衛知行

上 てんはく四升五合まき 八百文◯ 見出弐百五十文◯ 手作(付箋)「知行」

下 ふとう三升まき 五百文◯ やく百廿文◯ 見出百文◯ 善五郎

上 同所屋敷 八百文◯ 見出四百文◯ 手作

中 はたなおし壱升五合まき 百廿文◯ 見出百五十文◯ 手作

下 てんはくひへ田壱升まき御料所 百廿文⊙ 此内百文不作 見出卅文◯ 手作

中 てんはく 弐百文◯ 見出百五十文◯ 手作

下 同所 百廿文◯ 見出三十文◯ 手作

池田甚郎(綱重)知行

本弐貫六百六拾文

見出壱貫百拾文
役百弐拾文
合三貫八百九拾文
(青木)加賀同心市左衛門尉知行
中 いつはいのはた 合壱貫文　清左衛門尉
以上、
(真田昌幸室山之手殿)京之御前様御料所小吏小金縫右衛門
下 下塚はた 弐百文○　見出四十文○　甚左衛門
上 田中三升五合蒔 八百文○　見出二百文○ たゝし不作　縫右衛門
上 うす庭三升まき 六百文○　見出百廿文○　善九郎
上 同所壱斗蒔 壱貫九百文○ 役百廿文○　見出四百五十文○　三郎右衛門尉
中 うす庭三升蒔 六百文○　見出百文○　弥右衛門
上 いつな屋敷 壱貫六百文○　見出三百卅文○　惣右衛門尉
上 真斟仁升蒔 四百文○　見出百文○　縫右衛門
上 向阿弥畠 三貫文○　見出五百文○　とさ分

本九貫百文
見出壱貫文八百四拾文
役百廿文
合拾壱貫六拾文
宮下新吉知行
下 大ふけはた 四百文○　見出百文○　助右衛門尉(付箋)「知行」
中 同所七升蒔 壱貫文○　見出百文○　惣右衛門尉
中 同所壱升まき 百五十文○　見出五十文○　道光
中 つか田壱斗三升まき 弐貫五百文○ 弐百四十文役○　見出百文○　新次郎
下 下塚はた 四百文○　見出百八十文○　六右衛門尉(付箋)「知行」
中 田中五升まき 七百文○ 百廿文役○　見出弐百文○　清二郎
下 しほからはた 弐百文○　不作　ぬしなし
中 口あき塚はた 壱貫七百文○　見出三百五十文○　新五右衛門尉(付箋)「知行」
中 同所はた 壱貫文○　見出百五十文○　助六 (付箋)「知行」

中　上原はた　三百文○　見出百文○　大蔵
中　同所のはた　百五十文○　見出五十文○　ぬいさへもん
下　同所はた　百五十文○　見出五十文○　善助
中　にし田壱斗壱升蒔　弐貫文○　見出三百文○　常見
下　竹むろ　五十文○　清右衛門
中　竹むろはた　三百文○　見出百五十文○　神左衛門尉
中　さかいた壱升五合まき　三百文○　見出四十五文○　小左衛門尉（付箋）「知行」
下　いつなはた　三百五十文○　仁介
下　同所はた　百二十文○　見出五十文○　善介
下　同所いせめん　四百五十文○　見出五十文○　金六

本十弐貫仁百三十文
見出弐貫廿五文
役三百六十文
合拾四貫六百拾五文
横沢善介知行

下　あかいのはた　三十文○　見出十文○　小七郎

下　てんはくの田はた　七百文○　見出百文○　同人
但右之内百文不作
上　ふとう四升まき　壱貫文○　小七郎

本壱貫七百三十文
見出百十文
合壱貫八百四十文
はい原金三知行

下　てんはく　合四百文○　不作
ほ禰安右衛門知行

上　やなきふち三升五合まき　六百文○　見出仁百文○　手作
合八百文　以上、
吉ます知行

上　いつはい三升まき　六百文○　見出百五十文○　助兵へ
中　へつふはた　六百文○　見出百文○　原之三衛門尉（付箋）「知行」

本壱貫弐百文
見出弐百五十文

合壱貫四百五十文
御小人藤右衛門知行
上　はけた三升蒔　六百文◯　見出百五十文◯　手作
中　つかた六升まき　壱貫三百文◯　見出百文◯　新助
役百廿文◯
本壱貫九百文
見出弐百五十文
役百廿文
合弐貫弐百七拾文
丸山三右衛門知行
下　下つかのはた　三百文◯　見出百五十文◯　宮しま　助右衛門尉
下　同所はた　百五十文◯　見出五十文◯　小七郎
本四百五拾文
見出弐百文
合六百五拾文
御力者知行

中　つるの子た六升まき　九百文◯　見出三百卅文◯　弥七郎（付箋）「知行」
下　下塚はた　六十文◯　見出廿文◯　甚五右衛門尉
本九百六拾文
見出三百五十文
合壱貫三百十文
作右衛門知行
下　大沢五升まき　壱貫弐百文◯　見出五十文◯　新兵衛
合壱貫弐百五拾文
河井新兵衛知行
中　塚田三升五合まき　六百文　見出百七十文　手作
下　下塚之はた　百文　見出六十文　同
中　口あけ塚五升蒔　八百文　見出二百五十文　同（付箋）「知行」
下　同所のはた　壱貫文　見出百文　同（付箋）「知行」
（付箋はがれ、挿み込み）「出し置申候」
下　たかむろ　三十文　見出卅文　ぬい右衛門
本弐貫五百卅文

見出六百拾文
合三貫百四拾文
羽尾兵部殿御里(料)う人知行
下　おもてき畑　百文　見出五十文　孫右衛門
下　田中島五升まき　八百文　見出百五十文　小左衛門（付箋）「知行」
本九百文
見出弐百文
合壱貫百文
うす庭六升まき　御前[redacted]《さま》御里う所小吏甚五右衛門
上　合壱貫文　百廿文やく　見出弐百五十文　かん三郎ふん　四郎右衛門尉（付箋）「知行」
京之御前様御料所（真田昌幸室山之手殿）　勘三郎分　小吏甚五右衛門
下　たかむろはた　合三百五拾文○　見出五十文○　三右衛門尉
下　てんはた　合仁十文○　山うら　藤兵衛
下　同所　合八百文○　見出三百文○　道慶
下　同所はた　合八拾文○　見出廿文○　藤兵衛

下　同はた　合百五拾文○　見出卅文○　かん三郎ふん　源右衛門尉
中　十弐　合九百五十文○　見出五十文○　又左衛門
下　下つか　合百文○　見出廿文○　源兵衛（付箋）「かん三郎分　坂口」
下　同所　合百文○　見出廿文○　甚内（付箋）「ひこ兵弟　かん三郎ふん」
中　内てはた　合壱貫六百文○　見出百文○　一乗坊（付箋）「御前さま御料□」
下　同所はた　合五十文○　甚五へもん
下　おもてき畑　合百五十文○　見出八十文○　三郎太郎（追筆）「御力者ふん」
上　同所九升五合蒔　合壱貫七百文○　百廿文役○　見出四百五十文○　甚四郎（付箋）「知行」
下　十仁の前　合百五十文○　見出廿文○　甚三（付箋）「勘三郎ふ□」
下　同所ひへ田　合三百五十文○　ほそ田　つしま
下　同所五合蒔　合百文○　見出十文○　同人
右已上御前様御りう所、合七貫百十文
下　たかむろはた　合四百文○　見出三百文○　小左衛門尉（付箋）「是ハ庄□の知行」

下　同所はた
合百文◯　見出百文◯　三郎太郎（付箋）「知行」

下　同所はた
合五百文◯　見出三百五十文◯　源兵衛（付箋）「知□」

上　つるまきた弐升まき
合四百文◯　見出百文◯　清右衛門尉（付箋）「知□」

（付箋）「小吏ぬい□」

下　同所はた
合百文◯　清右衛門尉（付箋）「知□」

上　まのあて四升まき
合八百文◯
百廿役◯　見出百廿文◯　（付箋）「新五郎
土佐分
小吏ぬい□
小七郎」

上　同所四升まき
合八百文◯
百廿か役◯　見出弐百文◯

上　ふとう弐升まき
合四百文◯　見出百文◯　道勝
（付箋）「是ハ庄村道勝
かん三郎ふん」

下　おもてきはた
合弐百五十文◯　見出六十文◯　助丞
（付箋）「是ハ矢□
真田之助」

下　同所はた
合百廿文◯　惣左衛門尉

下　おもて木はた
合四百文◯　見出百文◯　三右衛門尉（付箋）「知行」

下　同所はた
合四百文◯　見出百文◯　善左衛門尉（上の付箋）「知行」

下　同所はた
合百七拾文◯　（下の白箋）「矢野分」
善左衛門尉

上　ふち沢六升まき
合八百文◯
百廿文役◯　見出四百文◯　安右衛門尉
（付箋）「是ハ手前□」

上　いつはい五升蒔
合壱貫弐百文◯　見出百五十文◯　新左衛門尉
（付箋）「新井新知行」

下　うちてはた
合弐百文◯　見出廿文◯　木島
（付箋）「是ハ御北さま之（真田信綱室）
屋敷之□□」

下　下塚是ハ夫馬免はた
合五百文◯　見出百文◯　佐藤三郎
（付箋）「是ハ手□
ち□」

下　同所之はた竜善坊知行
合七拾文◯　甚右衛門尉

下　十仁のまい
合七十文◯　見出四十文◯　三右衛門尉
（付箋）「丸山□」

下　同所はた白山祈心か
合百文◯　見出三十文◯　十郎右衛門尉
（付箋）「白山□」

上　たなか弐升まき
合弐百五十文◯　見出弐百五十文◯　左藤三郎

上　田中壱斗まき
合壱貫九百四十文◯
右之内弐百文役◯　見出弐百五十文　滝沢六右衛門
小作七右衛門尉

中　山とうか七升まき
合壱貫文◯
百廿文役◯　見出四百文◯　善左衛門
（付箋）「矢野分あるハ
坂口孫さへ□」

下　にしおね横沢源介取
合弐百文◯　見出卅文◯　小七郎

下　天白
合百文◯　不作　与五右衛門尉（山遠岡）
（付箋）「山遠□」

大ふけ京御前■■《さま》御料所
下　合壱貫百文◯　見出弐百八十文◯　矢野藤次郎
弥治郎
（付箋）「是ハ矢野分
吏こさへもん」
おもて木はた御同分
下　合弐百四十文◯　見出弐百五十文◯
町田外記
（付箋）「是ハ□□
丸□□」
あかた七升蒔御同分
上　合壱貫四百文◯　見出弐百卅文◯
百廿文やく◯
三郎右衛門尉
（付箋）「とさふん
小吏ぬい」
所しれす■■■《宿うら》らのはた
下　合六百文◯　見出■《壱》貫文◯
安右衛門尉
知行
（付箋）「御夫馬免」
町うら之
下　合五十文◯
いもじ（付箋）「知行」
町うらはた
下　合六十文◯
小金弥右衛門尉
町屋敷
下　合弐百四十文◯　見出四十文◯
ぬいの丞
南はた
中　合六百五十文◯　見出三百文◯
源左衛門尉
（付箋）「小林是ハ手前
知行」
とく蔵やしき
上　合四百文◯　見出百五十文◯
又左衛門尉
熊窪五合まき
下　合五十文◯　見出四十文◯
又《いち》左衛門尉
（付箋）「是ハ手前
知行」
松山はた
下　合三百文◯　見出百廿文◯
滝沢六右衛門
（付箋）「是ハ手前」

天白はた
下　合百文◯　見出七十文◯
又《いち》左衛門尉知行か
しほから田弐升まき
下　合弐百文◯　見出百六十文◯
伝助知行か
源左衛門尉
（付箋）「是ハ御北ふん
小吏二□」
たかむろはた
下　合仁百五十文◯　見出廿文◯
佐藤三郎
合拾壱貫四百四文十文
外ニわき知行もあり
（真田昌幸室山之手殿）
京之御前様御料所　矢野分
たかむろはた
下　四百五十文◯　見出百文◯
ぬいさへもん
同所四升五合蒔
中　八百五十文◯　見出百五十文◯
百廿文役◯
同人
同所八合まき
下　五十文◯　見出七十文◯
三右衛門
同所はた
下　八十文◯　見出廿文◯
善次郎
本壱貫四百卅文
本百弐拾文役
見出三百四拾文
合壱貫八百九拾文

「（裏表紙付箋）文化十壱戌年□
（上田市）大日向村庄屋大熊
方江靫負分計り　」

「（同）
文政二卯年本家花岡
半蔵江写遣ス、
（上田市）下原村清水□
懇意ニ□（付カ）□
写し取、文化五□
申候、右元右衛門ハ八□□
七右衛門親也、但し権「七右衛門弟」□
新□　」

○竪帳。紙質・筆致からみて、末尾の付箋にあるように近世後期の写だが、「小県郡御図帳」の名で知られた検地帳は本帳の抄出本であり、最善本といえる。片方の丁を半分に折って反対側の丁に重ねた上で、「頼綱」黒印を押捺し割印としており、矢沢頼綱が奉行を務めたものと思われるが、近世後期に同印判を入手した経緯は不明である。内容年代は、天正八年二月十日に死去した真田信綱室御北様（高梨氏）、天正六年と七年の間に代替わりして活動を開始する大熊靫負尉の記載があることから、天正七年前後のものと思われる。各所に捺された筆軸印には黒く塗りつぶされたものや、墨点が付されたものがみられる。何らかの照合の痕跡とみられるため、その点も考慮して翻刻した。ただし後者については、捺し損じや単なる汚れとの区別が困難で、参考程度のものである。

天正八年（西紀一五八〇）

○三九　真田昌幸書状

○沼田市
雲谷寺文書

沼田《沼田市》へ遣之候目付、有御馳走、度々被差越候、御忠憤誠神
妙存候、然於于倉内《沼田城》御本意者、任御所望、高平《沼田市》之内雲谷寺
并門前屋敷可進置候、随而、和田屋鋪之内、貴僧近年御拘
之所、是者令披露可渡進之候、恐々謹言、

庚辰《天正八年》　　真田
　二月四日　昌幸（花押2）

（後欠）

○現状続紙、元折紙、楮紙、巻子装［一四・〇×第一紙四二・二、第二紙三〇・一］。宛所部分が破り取られている。「真田」は後筆ヵ。花押を避けるように署判が記されており、あらかじめ白紙に花押のみを据えた判紙を用いた可能性がある。

○四〇　武田家朱印状写

○もりおか歴史文化館所蔵
「参考諸家系図」六十一

　　定

一、下領《本》　　一、後閑跡《みなかみ町》　　一、禅昌寺分
一、間庭《みなかみ町》　　一、政所《同》　　一、小菅雅楽助分

対真田安房守《昌幸》如言上、小河城《みなかみ町》乗捕、堅固相抱之、於被抽忠
節者、右之領知速被相渡上、猶以可被宛行忠賞之旨、所被
仰出也、仍如件、

　天正八年二月廿四日朱印径二寸内ニ巻竜形アリ
　　　　　　　　　　真田安房守《昌幸》奉之
　　　小菅刑部少輔殿

○四一　武田家朱印状写　○もりおか歴史文化館所蔵「参考諸家系図」六十一

定

荷用斎(小川可遊斎)悔先非、当時被抽忠節者、彼身上別而可被引立之趣、所被仰出也、仍如件、

天正八年二月廿四日　真田安房守(昌幸)奉之

小菅刑部少輔殿

○四二　矢沢頼綱書状写　○もりおか歴史文化館所蔵「参考諸家系図」六十一

未申承候処、先日者御札令披読、御存分之旨、　上意致披露、如御望之御印判進之候、仍荷葉斎(小川可遊斎)御忠信ニ至者、御身体可被御引立之趣、御印判差越申候、依御返答候、早速可有御加勢候、委彼使可申達候条、不能重説候、恐々謹言、

(天正八年)二月廿八日　矢薩(矢沢)頼綱

小形(小菅刑部少輔)

御宿所

○四三　真田昌幸書状　○和歌山県高野町蓮華定院文書

尚、右之趣無相違様ニ可申付候、已上、

真田郷(上田市)之貴賎、於高野山宿坊之儀、如前々可為貴院候、恐々敬白、

真田安房守

(天正八年)庚辰

三月九日　昌幸（花押2）

蓮花定院

玉庵下

○切紙、斐紙、巻子装［一七・六×四八・〇］。

○四四　武田家朱印状写　○東京大学史料編纂所所蔵「別本歴代古案」十七

定

其地相抱可被忠節之旨候之条、任所望利根河西従荒牧上被（みなかみ町）
相渡候、河東之事者御紀明之上、望之地不可有異儀、然者
其地堅固可被相踏之事、肝要之趣、所被　仰出也、仍如件、
天正八年　　真田安房守（昌幸）奉之
三月十六日
荷葉斎（小川可遊斎）

○四五　真田昌幸書状写

○もりおか歴史文化館所蔵「参考諸家系図」六十一

御札披閲、仍荷葉斎（小川可遊斎）御当方可被抽忠節之旨蒙仰候、寔本望
満足候、然而我等誓句御所望候、案書可給候、相調可進候、
自然御出馬以前、従倉内（沼田城）向其地及行候者、御一左右次第御
加勢可申候、可御心安候、将亦荷葉斎知行方之儀承候、任
御所望御判形相調進之候、猶従吾妻可申候間、不能具候、
恐々謹言、
三月十六日（天正八年）　真田安房守
昌幸　据判
小菅刑部少輔殿
御報

○四六　武田勝頼書状写

○真田宝物館所蔵「真武内伝附録」二

真田（昌幸）所へ之注進状具披閲、抑至于沼田（沼田市）及行、得大利之由、
誠戦功無比類次第候、加勢等立遣之候間、弥属本意候様、
調略肝要至極候、毎事堅固之備専要候、安房守（真田昌幸）も指返候之
間、三日中可為帰城候、其心得尤候、恐々謹言、
閏三月卅日（天正八年）　勝頼（武田）（花押影）
矢沢薩摩守（頼綱）殿

○『信濃史料』十四巻は「矢沢頼忠氏所蔵」とするが、真田宝物館への寄贈分には見当たらない。享保十六年の上屋敷火事で焼失したとある。「竪状」と注記がある。花押影は後ろに日付と一括して書写されているが、写に「判」とある位置に移した。

○関連26　武田勝頼判物写

○もりおか歴史文化館所蔵「参考諸家系図」六十一

定

一、本領　　一、後閑(みなかみ町)　　一、禅昌寺分
一、間庭(みなかみ町)　　一、小菅雅楽助分

就可遊斎(小川)忠節之儀、自真田(昌幸)所覃密通之処、従最前馳走感入候、因茲右如此出置之条、弥忠節可為肝要者也、仍如件、

天正八年庚辰卯月二日　勝頼(武田)　御判

小菅刑部丞殿

追而、如此雖出置候、先判有所持之人者、以替地可補之、又々有被申掠旨者、重而聞届可被成下知也、

○参考16　「里見吉政戦功覚書」※

○館山市立博物館所蔵

一、北条陸奥守(氏照)手前引切候而より、八方(鉢形)北条安房守(氏邦)、上野之内泥田(沼、以下同)の城を相抱被申候、泥田之内ニ小川かゆうさい(可遊斎)

と申もの、八方へむほん(謀叛)をいたし、真田(昌幸)阿波守ニ付候而、武田勝頼へ身上引替申候ニ付而、八方(安房、以下同)安房守泥田仕置之ため泥田へ被参逗留被申候内、真田阿波守西上野之人数・信州さく(佐久)・ちいさかた(小県)の人数を以テ泥田へ四月八日(天正八年)に被打出、則後閑(みなかみ町)と申所ニとね(利根)川ニ大なる橋御座候、北条安房守より橋向におひた(夥)しくしほり(仕寄)を二重立られ候所を、真田自身のり懸られ候て、入替〳〵橋向をせめられ候て、終にしほりを一重真田へ取被申候、残而一重御座候、然共橋の此方に歴々衆物頭有なから、一さゝへ(支)もなくとられ候事、余見苦候間、若キ時分と申見兼候而、黒沢帯刀・富永勘解由左衛門・我等共ニ三人鑓三本にて、ついて懸り候て、しほり取返シ申候、三人の内に其場可然所ニ而、我等ハ手負申候、某廿九歳之年にて候、随分かせ(稼)き申候、敵と申も敵により申候、かたのこと(形之如)くはた(働)らき申候へハこそ取返シ申候、橋を越候時者、めし出しのことくに矢にも鉄炮にも当り、あるひハ手負・討死仕候、我等共に三人之者ハ不思議ニ敵・味方はれの前にて、

手前仕のけ《(退)》申候、ヶ様の巻物ハ末代迄之事ニ而候、尤後閑の橋、北条安房守方より二重しほりいたされ、其橋爪を此方より持申候処ニ、四月八日に真田安房乗懸、入替〳〵せめられ候へとも、黒沢帯刀・富永勘解由左衛門・我等三人にて、ほね《(骨)》を折候て、其持口存分に持堅、我等手負申候、是に数々物語候、此味方之橋爪に、歴々衆三百計候へ共、此橋へ参候衆、何茂死申候か、第二にハ手負申候、如何様すなを成儀無御座候、余り見苦候間、我等棟梁にて御座候つる、此儀一言も偽りにて無御座候、日本国之神も御照覧候へ、七代めうり《(冥利)》つきは《(尽果)》て可申候、偽にて無御座候事、

（略）

寛永五戊辰年二月九日　　吉政（花押）

里見内蔵丞

里見金平殿

同源四郎殿

天正八年（一五八〇）

○参考17「猪俣能登守覚書」※

○東京大学史料編纂所所蔵　猪俣家文書

一、沼田《(沼田市)》ニ而、甲斐国勝頼《(武田)》働之時分、能登守《(猪俣邦憲)》城主ニテ働之時分ハ勝頼之相手、勘解由左衛門《(富永)》ハ、こかん《(後閑、みなかみ町)》ノはし《(橋)》を持候て二日《(カ)》迄勝頼とせりあい《(競合)》ノ相手、手柄被仕候事、

○後閑橋の攻防にかけてここに収める。

○参考18「某覚書」※

○東京大学史料編纂所所蔵　猪俣家文書

一、ぬまた《(沼田市)》へ真田《(昌幸)》動申ニ、後閑《(みなかみ町)》のはしばにおゐて、やりあわせ申候、やりあわせ候事、真田伊豆《(信幸)》被存事、

○後閑橋の攻防にかけてここに収める。徳川家康を「大御所様」と記しており、慶長期の成立であろう。これより前の別の合戦の記述に、「我等共儀、あわの守馬廻ニをり申ニ付テ」とあり、記主は北条氏邦の馬廻であったことがわかる。

○関連27　北条氏邦判物写　○内閣文庫所蔵「加沢記」三

知行　北条右近分小中請職之地
薄根《白根、沼田市》之内、
拾貫文
以上、
右之地出し置候、小川《みなかみ町》静謐之上、可加恩候間、昼夜共ニ抽
粉骨可走廻候、若無詮打死仕候者、重類迄可為□候、如
何様相移小川可取詰者也、仍如件、
辰《天正八年》四月廿五日　氏邦《北条》判
塚本舎人助殿

○四七　真田昌幸書状　○新潟県村上市中沢家文書

今度任差図、猿ヶ京《みなかみ町》三之曲輪焼払之条、忠節無比類候、依
之為重恩、於荒牧《同》之内十貫文之所、出置者也、仍如件、
庚辰《天正八年》
五月四日　昌幸《真田》（花押2）
中沢半右衛門殿

○切紙、楮紙、巻子装［一四・一×三六・二］、地部裁断。花押も下端が裁断されている。筆跡やや違和感あり。写か。

○四八　真田昌幸判物　○新潟県村上市中沢家文書

今度其方以調略、猿京《みなかみ町》於本意者、任望恩田伊賀分之内五拾
貫文所、可出置者也、仍如件、
庚辰《天正八年》
五月六日　昌幸《真田》（花押2）
中沢半右衛門殿

○現状切紙、元折紙、楮紙、巻子装［一三・三×二一・三］。筆跡やや違和感あり。写か。

○参考19　「中沢甚兵衛覚書」※　○新潟県村上市中沢家文書

一、拙者親者、信玄《武田》御父子ニ罷在候、勝頼《武田》時分ニ、真田安《昌幸》
房守義、境目ニ依被仰付、拙者親を安房守軍へ被遣候、
勝頼滅亡□後、安房守所ニ罷在候、就其拙者も真田伊豆《信幸》
守所ニ罷在候、少之申分にて兄弟弐人相待《カ》、拙者をうち

ニ見と仕候を不存、罷通り処ニ出合、彼兄弟弐人ニ手を
おふせ申候へハ、彼親内々者上下弐人ニ而懸合参候を、
親をハ其場ニ而討、内之者ニハ手をおふせ候処ニさへ、
人を（カ）出故、則伊豆守前を立逃候事、

（略）

五月十五日　　中沢甚兵衛

○次の二ヶ条は大坂夏の記載で、夏の陣を「卯ノ御合戦」と記している。日付はたまたま五月だが、慶長二十年五月成立とは見なしがたい。なお大坂の陣では、本多豊後守（康紀）に仕えていたとあり、その間の事情は記されない。

○四九　真田昌幸判物

○高崎市　本多夏彦氏所蔵　須川森下家文書

定

（異筆）「須賀之内」（須川、みなかみ町）
拾貫文　　新屋敷
壱貫文　　布施（みなかみ町）
壱貫五百文　　高性寺分
五貫文　　今井垣戸
五貫文　　本領

以上、

今度其方以調略、猿京（みなかみ町）於本意者、可遊斎（小川）へ替地出、任望右
如此可出置者也、仍如件、

（天正八年）庚辰
五月六日　昌幸（真田）（花押）

森下又左衛門殿

○折紙、楮紙、巻子装。東京大学史料編纂所架蔵写真帳に拠った。

○五〇　武田勝頼書状

○国文学研究資料館所蔵　真田家文書

□両度飛脚候、各無帰参候、出陣□□至今日十五
日之間、無是非之□□遣候、近比由（油）断候、出陣之刻、
備之□□毎日可被申越候間、成下知候処、□□無其
間（験カ）、右者無曲候、兼日儀定候地利□□築之者、以夜継
日急普請、早□□出来之様、可被申付候、不可有疎略
候、□□（恐々カ）謹言、

（天正八年カ）
五月十二日　勝頼（武田）（花押）

真田(昌幸)安房守殿
山県(昌満)三郎右兵衛尉殿
小山田(昌成)備中守殿
内藤(昌月)大和守殿
春日(信達)弾正忠殿

○切紙、楮紙［二三・一×四三・二］。焼損により、天部が一～二文字分欠損し、裏打がほどこされている。明治に入って旧松代藩士堤俊詮が入手し献上したもので、もともと真田氏に伝来してきたものではない。普請している城郭は三枚橋城と思われる。

○五一　真田昌幸条目

○山形県　吉川金蔵氏所蔵文書

一、就当地(猿ヶ京城、みなかみ町)在城申付候、城近辺知行之儀、申届候処ニ、除相又(相俣、みなかみ町)、宮野村(みなかみ町)可借給之由、本望候、但倉内(沼田城)落居之上者、速可返進之事、
一、須川衆(みなかみ町)、今度抽忠節候十三人拘之地十三貫文之所、是も倉内の本意之上者、右同前之事、
一、貴所御自訴之儀、於拙夫聊不可存疎意候、以書付於被仰上者、随分馳走可申候事、
付、其方御同心・親類衆御佗言、是も涯分馳走可申候、
以上、

天正八庚辰年
五月十九日　(真田)真安
昌幸（花押2）
(小川)可遊斎

○竪紙。東京大学史料編纂所架蔵影写本に拠った。

○五二　真田昌幸条目写

○渋川市　鈴井正徳氏所蔵「沼田根元記」

法度
一、対地衆不致狼籍(藉)ニ被申付、可被加懇切事、
一、従二之曲輪内へ、地衆出入一切可被停止之事、
一、請取曲輪、各有相談、御番普請以下、無油断可被勤仕之、就中、竊大切ニ候之間、夜番肝要ニ可被入念之事、
一、喧嘩口論一切禁止之事、付、以贔屓・偏頗、不可徒党達之事、

一、敵地計策不可致油断候、但於被遣或使者或書状者、海野長門守(幸光)令談合、可被越差事、
一、在城衆、縦雖有如何様意恨、行方之儀無表裏、可被相談之事、
一、在城衆当番之刻者不覃是非、縦雖為非番、城外ニ不可他宿之事、
右之条々、於違犯之人、可有御過怠之旨、被　仰出者也、仍而如件、

天正八年庚辰五月廿三日　昌幸(真田)御判

『真田安房守』

海野長門守(幸光)殿
同能登守(輝幸)殿
金子美濃守(泰清)殿
渡部〔辺〕右近丞殿

○「寛文十庚戌年五月廿五日　謹記上」という奥書があり、鈴井本が「沼田根元記」のなかで、伝存最古の写本とみられる。「長国寺殿御事蹟稿」二にも写あり。細かい異同が多く、末尾に「此先切テ不見、谷勘十郎方に有之」と追筆がある。海野等が在番している城郭は、名胡桃城と思われる。

○五三　少将証文写　○真田宝物館所蔵「信綱寺殿御事跡稿」

一、戊年貢、永楽弐拾疋ニ相定被申候、為後日手形進之候、以上、

天正八年庚辰
六月十日　少将花押

蓮花院　参

○近世段階の所蔵は「松尾斎宮」。『信濃史料』十四巻は署判部を「少将（花押）」とするが、「信綱寺殿御事蹟稿」には「少将花押」とのみある。

○五四　武田家朱印状　○新潟県村上市中沢家文書

(竜朱印)

定

一、拾五貫文　高橋右近分
一、七貫文　小河平左衛門分
一、拾三貫文　青山主税助分
一、五貫文　唐品総四郎分内
一、町屋敷壱間　星野出羽守

有境目、別而走廻之条、沼田(沼田市)御本意之上、右如此可被宛行之趣、被　仰出者也、仍如件、

天正八年庚辰　真田安房守(昌幸)奉之
六月廿七日
中沢半右衛門尉

○竪紙、楮紙、巻子装〔三一・四×四五・五〕。

○五五　武田家朱印状　○高崎市 本多夏彦氏所蔵 須川森下家文書

(竜朱印)
定

弐拾貫文　大橋分
八貫文　内藤分
以上、

有境目、別而走廻之条、沼田(沼田市)御本意之上、右如此可被宛行之趣、被　仰出者也、仍如件、

天正八年庚辰　真田安房守(昌幸)奉之
六月廿七日
森下又左衛門尉

○竪紙、楮紙、巻子装。東京大学史料編纂所架蔵写真帳に拠った。

○五六　武田家朱印状写　○新潟県 細矢菊治氏所蔵文書

(竜朱印略影)
覚

一、拾弐貫文　石黒宮内少輔分
一、八貫文　小暮治部少輔分
一、拾三貫文　高野新左衛門尉分
一、七貫文　長井玄蕃允分

右、堺目別而走廻之条、沼田(沼田市)本意之上、右如此可被充行之
由、被仰出者也、仍如件、
天正八年庚辰
六月廿七日　真田(昌幸)安房守
奉之
田村角内

〇『群馬県史』資料編7より採録した。明らかな誤読は直した。

〇関連28　武田勝頼判物写　〇内閣文庫所蔵「加沢記」三

沼田(沼田市)へ数年雖相働、其方堅固相抱候条、年月相過候処ニ、
今度以忠節倉内(沼田城)之城明渡、殊に同苗(藤田)彦助・吉田新介等令追
放之由、委曲真田(昌幸)処より以真下(但馬守)令注進、神妙之儀ニ存候、
仍為忠賞、利根川東郡三百貫文之処、全可被知行候、猶依
戦功可被加重恩者也、仍如件、
天正八年庚辰六月晦日　勝頼(武田)御在判
藤田能登守(信吉)殿

〇この段階では藤田信吉はまだ武田氏に寝返っておらず、用土新六郎を称している。このままの正文が存在したとは考えられない。

〇関連29　武田家朱印状写　〇内閣文庫所蔵「加沢記」三

今度以忠節在所令退去、最前名胡桃(みなかみ町)江参陳(陣)、誠以神妙之至
ニ候、仍本領八拾貫文、今度之為忠賞、薄根(沼田市)之内廿貫文之
処、都合百貫文之地、被宛行也、猶依忠信而、(可脱カ)有御恩賞之
旨、被仰出者也、仍如件、
跡部大炊介(昌出)奉之
月　日(天正八年六月晦日カ)　勝頼(武田)御朱印
金子美濃守(泰清)殿
渡辺左近允ニ本領五十貫文・御加増十貫文、都合六拾貫文
被下置也、

〇月日記載を欠くが、内容そのものは信頼できると思われる。前後に書写されている文書（関連28・30）がいずれも天正八年六月晦日付であるため、同日付と考えておく。なお『戦国遺文　武田氏編』は同日付の金子泰清宛朱印状を載せるが、同書が典拠とする「加沢記」を含め、該当文書を見出すことは出来なかった。

○関連30　武田家朱印状写　○内閣文庫所蔵「加沢記」三

覚

三拾貫文　藤田彦助分

七貫文　吉田新介分

以上、

此度渡辺左近令同心、至沼田(沼田市)最前参陳(陣)、神妙ニ思召候、仍為本領沼田内後閑(みなかみ町)善昌寺分之処、右如此被下置候、猶依忠信、可有御重恩之旨、被仰出者也、仍如件、

天正八年庚辰六月晦日　御朱印
(武田)勝頼公
跡部大炊介(昌出)奉之

西尾市之丞殿

追而、如此雖出置、先判有所持之人者、以替地可被補之、又被申構有ハ、重而聞届可成下知者也、

○本文書は、検討を要する。

○五七　武田家朱印状　○東京都　真如苑所蔵文書

定

名胡桃(みなかみ町)三百貫之所、雖所望候、以忠節先判所持之人候間、無拠候、重而名所被聞届、為所望者右之地改替、速可被相渡之由、被　仰出者也、仍如件、

天正八年庚辰　真田安房守(昌幸)

七月朔日　(竜朱印)奉之

可遊斎(小川)

○竪紙。同日付の武田勝頼判物あり。吉川金蔵氏旧蔵。

○五八　武田家朱印状　○東京都　真如苑所蔵文書

定

就今度可遊斎(小川)忠信、一同忠勤神妙被思食候、仍河はけ(昭和村)之内六拾貫文之所、被宛行畢、猶依戦功可有御重恩之由、被仰出者也、仍如件、

天正八年庚辰　真田安房守(昌幸)

七月朔日（竜朱印）奉之

追而如此雖出置、先判有所持之人者、以替地可移之、又有被申掠者、重而聞届可成下知者也、

服部右衛門尉殿

○竪紙。吉川金蔵氏旧蔵。

○関連31　武田勝頼書状　○会津若松市　会津酒造歴史館所蔵文書

重而飛脚祝着候、如顕先書候、沼田（沼田市）城主無二当方へ可抽忠節之由候処、北条構表裏候条、其人数可有加勢之由、及催促候き、有真田（昌幸）談合、宜馳走肝要候、恐々謹言、

（天正八年）七月二日　（武田）勝頼（花押）

（小幡憲重）信竜斎

小幡（信真）上総介殿

○竪紙。横内折。

○関連32　武田勝頼書状　○山形県　吉川金蔵氏所蔵文書

翰札披閲、仍其表行之儀催促候間出勢候、重而一左右次第可令出馬候、畢竟備等宜為諫言祝着候、猶真田安房守（昌幸）可申候、恐々謹言、

（天正八年）八月五日　（武田）勝頼（花押）

（小川）可遊斎

（懸紙上書）「八月廿三日」

可遊斎　勝頼」

○竪紙。懸紙折封。懸紙上書に記された日付は、到来書（可遊斎が受け取った日付の書き込み）とみられる。東京大学史料編纂所架蔵影写本に拠った。

○五九　真田昌幸書状写　○西尾市岩瀬文庫所蔵「松代古文書写」

御懇札快然候、仍御亡父先年当方仰わ（あヵ）わせられ候処、又御しやきやう（舎兄）熊井土をもつて拙夫申談候、よしみ（好）御しつねん（失念）なく、今度無二御ちうしん（忠信）をぬき（抽）んてられ、その地のつと（乗取）れ相わた（渡）さるへき旨、御せひし（誓詞）に預り、誠にひるい（比類）なき次

第候、此上は無二申あはせ候、御身上之儀も御所望のこと
く、ちそう《駈走》せしむへく候、此所いさゝか御きしん《疑心》有へから
す候、そのため御さくい《作意》にまかせせひし《誓詞》相したゝめ《認》、まし《真下》
を方《但馬守カ》かんせん《眼前》におゐて、しんけつ《身血》をそめ《染》進之候、然上は
ひきつめ《引詰》られ候て、一両日中に御しゆひ《趣意》をあわせられ、御
ちうせつ《忠節》もつとも《尤》に候、のひ〳〵《延》に候ては、しせん《自然》時宜
ろけん《露顕》候へ者、貴殿御ため大せつ《切》に候、其御心得専用候、
井古田方明晩かならすおこし候へく候、てたて《行》のやうす《様子》直
に申あわすへく候、恐々謹言、
追而、蒙仰旨、ふかくおんミつ《隠密》せしめ候、可御心安候、但御
さくい《作意》に候間、当陣へ跡部尾張守《勝資》・土屋右衛門尉《昌恒》方被罷立候間、
両人に計申きかせ候、彼人も無二可被
申合旨候間、ひつきやう《畢竟》
其許の御　八月十七日《天正八年》　真安《真田》
と、の《調》いかんやう《肝要》候、
　　　　用新《用土新六郎》　　　昌幸（花押影2）
「《奥上書カ》　自名胡桃（みなかみ町）

用新
　御報　　　真安」

○関連33　武田勝頼書状写　○内閣文庫所蔵「諸州古文書」二十三

抑今度不慮之逆徒出来候処ニ、其方被入于念、別而仕置等
肝煎故、無異儀条、感入候、自今以後弥不可油断候、就中
生捕被指越候様子、具遂糺明候、委曲真田安房守《昌幸》可申候、
恐々謹言、
　九月廿一日《天正八年》　勝頼《武田》□（「勝頼」朱印影）
　　奥山大膳亮《吉兼》殿
○遠江国周知郡相月村十左衛門所蔵。

○六〇　武田勝頼書状写　○北沢正誠氏所蔵「真武内伝附録」一

白井《渋川市》長尾《憲景》取出之地乗崩、数多討取候由、心地能候、仍新田《由良国繁》《太田市》
之義如何也、聞度候、委細土屋右衛門尉《昌恒》可申越候、恐々謹
言、

(天正八年ヵ)九月廿三日　　　　(武田勝頼)信玄判「此名信玄自筆也、」

真田安房守(昌幸)殿

○東京大学史料編纂所架蔵謄写本に拠った。本文書は発給者を勝頼と修正する必要があるが、文言はさほど違和感を感じない。

○六一　武田家朱印状写　○真田宝物館所蔵「長国寺殿御事蹟稿」一

定

「竜ノ丸朱印」(竜朱印略影)

一、阿佐美隠謀則時言上、抽忠勤条、神妙被聞召、為堪忍分、名胡桃(みなかみ町)五拾貫文之所被宛行、猶依戦功可有御重恩者也、依而如件、

天正八年九月　　　真田阿(安)房守(昌幸)
奉之

金井外記

○「上州新田郡八木沼村金井善八相伝」とあり。「長国寺殿御事績稿」十二にも書写される。

○六二　武田家伝馬手形　○東京都　日本大学法学部所蔵　算所村国一大夫文書

彼拾三人、無異儀可令勘過者也、仍如件

(天正八年)辰
十月　(獅子朱印ヵ)(朱印)　　　加津野隠岐守(昌春)
奉之

(南木曽町)妻籠在番衆

○原本未確認。『五個荘町史』第二巻より採録した。

○関連34　武田勝頼判物写　○静嘉堂文庫所蔵「集古文書」タ

定

去秋至沼田(沼田市)出勢之砌、最前被属当家之条、倉内城(沼田城)本意、誠忠節無比類候、仍除上達之地、千貫文并(渋川市)根利・南雲・利根河東・沼田悉出置候、弥可被励忠勤儀、可為肝要候、猶可在真田安房守(昌幸)口上者也、仍如件、

天正八年十二月九日　(武田)勝頼(花押影)

藤田能登守(信吉)殿

○六三　武田家朱印状写　○東京大学史料編纂所所蔵「別本歴代古案」十七

定

一、私領分諸役御免許之事、

付、徐公用并職方御城普請事、

一、従当庚辰（天正八年）至壬午（天正十年十二月）之極月、上方出陣御赦免之事、

付、無拠御備有之者、可有参陣之事、

右条々、聊不可御相違之由、被　仰出者也、仍如件、

天正八年　真田安房守（昌幸）

十二月九日　奉之

可遊斎（小川）

○六四　武田家朱印状写　○群馬県立文書館蔵平形作太郎家文書

（竜朱印略影）

定

阿佐美隠岐謀則時言上、別而抽忠勤条神妙被思召候、武州御本意之上、一所可被宛行候、仍為堪忍分、名胡桃一方之内五拾貫文之所被下置候、猶依戦功可有御重恩之由、被仰出者也、仍如件、

天正八年庚寅

十二月九日　真田安房守（昌幸）奉之

平形某

○竪紙、楮紙［三七・四×三八・五］。宛所の様式が異様で、検討の余地が大きい。同文書群には永禄九年付三月二十九日で、同じく「平形某」に「沼田之庄なくるミの郷之内百貫文」を宛行う武田家朱印状写があるが、同年の段階で名胡桃宛行が約束されるとは考えがたく、こちらも検討を要する。内容が類似する六一号文書との比較検討のために敢えて掲げた。

○関連35　武田勝頼判物写　○もりおか歴史文化館所蔵「参考諸家系図」六十一

対真田安房守（昌幸）、従最前別而忠信無比類候、仍任先約之旨、右如此出置候、猶忠節戦功、可令重恩者也、仍如件、

天正八年庚辰十二月九日　勝頼（武田）居判ハカリ也

小菅刑部丞殿

○六五　武田家朱印状写　○内閣文庫所蔵「加沢記」三

定

藤田能登守(信吉)忠勤之節、凌難渋、致為飛脚往還、神妙被　思
召候、仍為忠賞、信州河北之内反町(松本市カ)分五拾貫文之処、被宛
行旨、被　仰出者也、仍如件、

天正八年庚辰十二月廿九日　御朱印

真田安房守(昌幸)奉之

真下但馬

○六六　諏訪神社棟札銘写　○上田市滝水寺所蔵

聖主天中天　迦陵頻伽声　　大夫加賀
同　出張衆

奉造立諏訪南宮末社一宇　大旦那矢沢薩摩守滋野綱頼(頼綱)
同　御息三拾郎頼幸(矢沢)

哀愍衆生者　我等今敬礼　　大工左衛門家次
新三郎

天正八庚辰極月晦日

○『信濃史料』十四巻より採録した。

○六七　諏訪神社棟札銘写　○上田市滝水寺所蔵「庫蔵記」

聖衆天中天迦陵頻伽声　　別当神宮寺盛吽代

（記号）合奉造立諏方南宮末社一宇　大檀那矢沢薩摩守綱頼御内(頼綱室根井氏)
御息三十郎頼幸(矢沢)

哀愍衆生故我等今敬礼　　神主　太夫加賀
大工　与左衛門家次
新三郎

時天正八庚辰年十二月晦日

○「滝宮再興棟札写」とあり。

天正九年（西紀一五八一）

○六八　武田勝頼判物

○真田宝物館所蔵
矢沢頼忠家文書

（懸紙上書）
「矢沢薩摩守殿　勝頼」

沼田（沼田市）城差構之刻、度々戦功、誠無比類候、彼表本意、併其
方挊故候、仍太刀一腰遣之候、向後弥可被励忠節儀、可為
肝要者也、仍如件、
（天正九年）二月十一日　勝頼（武田）（花押）
矢沢薩摩（頼綱）殿

○切紙、斐紙［一五・八×三六・二］。懸紙折封、斐紙［二八・三×一一・二］。

○関連36　武田勝頼書状写

○内閣文庫所蔵
「加沢記」三

其方以計策、彼者（沼田景義）於沼田（沼田市）於令生涯者、川西千貫文之処可宛
行候、猶真田安房守（昌幸）可申候、恐々謹言、
（天正九年）二月十二日　勝頼（武田）朱印
金子美濃守（泰清）殿

○六九　武田家朱印状写

○内閣文庫所蔵
「加沢記」三

定
其方知行信州奥郡曾利町（反町、松本市カ）分之事、従当辛巳（天正九年）〔至脱カ〕丁亥（天正十五年）七ヶ年之間、
郷々〔次〕之諸役一切有御免許之旨、被　仰出者也、仍如件、
真田安房守（昌幸）奉之
天正九年二月廿日　御朱印
真下但馬

○七〇　武田家朱印状

○山形県　吉川
金蔵氏所蔵文書

定

武州御静謐之上、千貫文之地可被下置之候、猶依忠節弥可
被引立身体之由、被　仰出者也、仍如件、
天正九年辛巳
(竜朱印)　　真田安房守(昌幸)
　　　　　　　奉之
二月廿一日「竜印判」
　　可遊斎(小川)

○竪紙。東京大学史料編纂所架蔵影写本に拠った。

○七一　真田昌幸判物写

○真田宝物館所蔵「長国寺殿御事蹟稿」十四

其地当春両城手ニ入候事、令大慶候、此上猶其元諸士等合
力相頼申候間、万端心合可致候段肝要ニ候、已上、
(天正九年カ)三月七日　(真田)昌幸
　　(幸光)海野長門守殿
　　吾妻諸士中

○「所蔵不知」とあり。日付について、「上野国吾妻記古集」は「十七日」とする(『群馬県史』資料編7による)。

○七二　真田昌幸書状写

○内閣文庫所蔵「新編会津風土記」六

(土屋昌恒)従土右雖御催促、被令啓札候、各被致参陣候間、有御支度、
来廿日御着府尤候、然而先日給候御使、早々返可申候処、
夫之儀不調故相留候、過半御落着候間、可御心易候、猶委
細面談之刻可申候、恐々謹言、
(天正九年)三月十日　昌幸(花押影2)
　　　　(真田)真安
(浦野民部右門尉)浦民
　　御宿所

○「浦野勝平所蔵」とあり。

○七三　武田家朱印状

○姫路市立城郭研究室寄託　熊谷家文書

(懸紙上書)「湯本三郎左(右)衛門尉」

定

彼三人、(草津町)草津湯治不可有異儀之由、被仰出者也、仍如件、
天正九年
　　　　真田安房守(昌幸)

卯月廿四日（竜朱印）奉之

湯本三郎左（右）衛門尉

○竪紙、楮紙［三二・六×四六・六］、懸紙折封。

○七四　武田勝頼条目

○真田宝物館所蔵　真田家文書

（竜朱印）条目

一、帰城之上、吾妻（岩櫃城、東吾妻町）用心普請、無疎略可被申付之事、

　付、中山（高山村）之事、

一、猿京（みなかみ町）用心普請仕置以下、入于念可被申付事、

　付、庭谷（甘楽町）自身計休息事、

一、沼田（沼田市）城普請仕置以下、厳重ニ可被申付、人夫之儀、当年者赦免候之間、自領主可被相雇事、

　付、九人衆事、

一、沼田知行割之模様、能々被聞届、各不恐怖様可策媒事、

一、二ヶ条之密計、無由〔油〕断調略専一候事、

一、佐竹（義重）奥州一統之由、其聞候、然者分国中往還、無異儀様可被相談事、

　付、会津（福島県会津若松市）表同前事、

一、当番衆之普請糾明事、

一、来調儀之支度、不可有由断事、

　付、沼田衆同前事、

一、後閑（みなかみ町）橋事、

一、庄内（利根荘）諸法度以下、自前々如定法、可被申付之事、

一、藤田（信吉）・可遊斎（小川）・渡辺（左近丞）居住地事、

一、一宮（貫前神社）御社領事、

　付、在口上、

一、野馬事、

一、早馬事、

　以上、

六月七日（天正九年）

真田安房守（昌幸）殿

○続紙［三二・○×一四〇・〇］。

○関連37　武田勝頼書状写

○渋川市　鈴井正徳氏所蔵「沼田根元記」

真田安房守（昌幸）帰城之間、染一筆申候、近日ハ関東中無珍儀候哉、有相替説者注進尤ニ候、仍弓十張遣之候、委細可有真田口上候、恐惶謹言、

六月七日（天正九年）『武田』勝頼御朱印

藤田能登守（信吉）殿

○関連38　武田家朱印状

○山形県　西条家文書

定

一、自今以後、領中御普請役御赦免事、

一、向後、其領分御検使之儀、可被閣之、但諸郷一統之御検地有之者、増分之内弐万疋者可為在城領、其外者有鉄炮加増、可被勤軍役事、

一、武州御本意之上、一所可被相渡之事、

沼田（沼田市）在城被　仰付候処ニ、速被及御請候、然上者城領等雖可被相渡候、彼表悉先忠之人ニ被宛行候条、無其儀候、然者、右三ケ条被任所望候、肝要者被得真田（昌幸）指図、彼地之御番・御普請等無疎略可被申付由、被　仰出者也、仍如件、

天正九年辛巳　六月廿一日（竜朱印）土屋右衛門尉（昌恒）奉之

西条治部少輔殿

○竪紙。東京大学史料編纂所架蔵写真帳「伊佐早謙採集文書」で校訂した。

○七五　真田昌幸判物写

○渋川市　鈴井正徳氏所蔵「沼田根元記」

先年不運〔動〕山乗執、剰河西へ被退之条、忠節無比類候、然而倉内（渋川市）本意之上ハ、望之地雖可相渡候、沼田（沼田市）過半藤田能登守（信吉）依忠鬱〔勲〕（沼田城）被下置候条、無是非候、武・上御本意之上、一所中（渋川市）成可出置候、先為堪忍分、於南雲之内、信州積弐拾貫文所

出置候者也、仍而如件、

天正九年辛巳　『甲州御奉書』

『真田安房守』

七月十日　（真田）昌幸御判

須田新左衛門殿

○「長国寺殿御事蹟稿」十二は「昌幸御朱印」とするが、昌幸の朱印使用開始は武田氏滅亡後である。同書では「上州勢多郡小暮村須田又八相伝」とあり。

○七六　真田昌幸朱印状写

○渋川市　鈴井正徳氏所蔵「沼田根元記」

（南雲、渋川市）ナクモ　石田主計佐殿

〃　同　平左衛門殿

〃　平原惣左衛門殿

（宮田、同）ミヤタ　狩野玄番〔蕃〕允殿

〃　須田新次郎殿

〃　同　与右衛門殿

〃　同　久次〔文カ〕郎殿

（津久田）ツクタ　同　甚丕〔丞〕殿

〃　狩野主水佐殿

ナクモ　持木藤右衛門殿

〃　新木主税佐殿

須田新左衛門・狩野左近助忠勤砌同意、川西へ被退条、忠節無比類候、然而倉内（沼田城）御本意之上ハ、一所ニ可相渡候とい（マヽ）ゑども、藤田能登守（信吉）方依忠信、（沼田脱カ）過半被下置候条、無料簡候、如何様武・上御本意之上、必一所申成可出置候、先為屋敷分、右拾壱人信州積五拾五貫文所出置候者也、仍而如件、

天正九年辛巳　（真田）昌幸御判

七月十日

○「此御判須田新左衛門所持仕候」「宮田組故拾一人分ヲ宮田ニ而所持」とあり。「長国寺殿御事蹟稿」十二は「昌幸御朱印」とするが、昌幸の朱印使用開始は武田氏滅亡後である。

○関連39　武田勝頼書状写

○彰考館所蔵「大竹・正木・岡本・秋山・鳥居・石野文書」

急度後□□、仍□（至カ）沼田（沼田市）出勢候、其人数百可□（然カ）□
指立候、畢竟真田安房守（昌幸）・跡部尾張守（勝資）得差図、無表裏走廻
候様ニ、可被加下知候、恐々謹言、
隙差合候間、以
朱印申候、
（天正九年カ）八月三日　（武田）勝頼□（「勝頼」朱印影）

○宛所を欠く。

○七七　真田昌幸感状写

○本間美術館所蔵　小野寺文書

海野能登（輝幸）成敗付而、為検使隠岐守（加津野昌春）指越候処、浦野周防与組
打之次第、乍不始儀感入候、猶可尽粉骨事、肝要候、恐々
謹言、
（天正九年）九月六日　（真田）昌幸（花押影2）
高橋桂介殿

○切紙、巻子装［一六・二×四六・二］。「秋田藩家蔵文書」二十四に写がある。「加沢記」などが記す海野兄弟討伐と日付があわず、文言も違和感が大きい。検討の余地がある。

○参考20　「神使御頭足之書」

○神長官守矢史料館所蔵　守矢家文書

明年神使御頭足事
外県介　権祝
外県宮付　禰宜
内県介　上原郷（茅野市）　はつれて神長勤、
内県宮付　春日郷（佐久市）
大県介　田沢郷（青木村）
大県宮付　矢沢郷（上田市）
天正九辛巳
十二月十三日
（守矢信真）神長官殿

天正十年（西紀一五八二）

○七八　真田昌幸書状　○山梨県韮崎市教育委員会所蔵文書

就于　上意（武田勝頼）令啓候、仍新御館（新府城、韮崎市）被移御居候之条、御分国中之
以人夫、御一普請可被成置候、依之、近習之方ニ候跡部十
郎左衛門方、其表為人夫御改被指遣候、御条目之趣有御得
心、来月十五日ニ御領中之人々も着府候様ニ、可被仰付候、
何も自家十間人足壱人宛被召寄候、軍役衆ニ者、人足之粮
米ヲ被申付候、水役之人足可被指立之由　上意候、御普請
日数三十日候、委曲跡十（跡部十郎左衛門尉）可被申候、恐々謹言、
（天正十年カ）正月廿二日　　昌幸（花押2）
真安（真田）

（後欠）

○竪紙、楮紙［二八・〇×三四・〇］。「長国寺殿御事蹟稿」三は「出浦右近助昌相伝」とする。従来は、「君山合偏」所収の写が使われてきた。通説では天正九年とされるが、素直に読めば勝頼が新府城に移って以後のものである。宛所を欠くが、近世出浦氏には吾妻郡国衆大戸浦野氏の家伝文書が伝来していたため、大戸浦野氏宛の可能性が高い。小林清吾氏旧蔵。

○七九　武田家朱印状写　○内閣文庫所蔵「加沢記」三

寺領之事
拾三貫文　　川戸村（東吾妻町）之内
右之（地脱）善導寺（東吾妻町）へ令寄附畢、尤如前々山林竹木如有来、不可有
相違者也、仍如件、
天正十年壬午正月廿八日　朱印
真田安房守（昌幸）奉之
善導寺

〇八〇　真田昌幸判物　〇真田宝物館所蔵 矢沢頼忠家文書

臼根之地（薄根、沼田市）、四拾貫文所被相残、其外者其方以眼力各令配当、
其地御番・当時御用ニ罷立候者共、可被召集者也、仍如件、

天正十年壬午
三月六日　昌幸（花押2）
真安（真田）
矢薩（矢沢頼綱）
御宿所

〇折紙、楮紙［二八・四×四〇・六］。

〇八一　真田昌幸書状　〇真田宝物館所蔵 矢沢頼忠家文書

其元被指置候牢人衆御扶持、御城米を以可被相渡候、然而
我等領所之内、何方成共牢人衆被出、其地人数不足無之様
ニ可被申付候、委細久助（正村）可申候、恐々謹言、

（天正十年）三月六日　昌幸（花押2）
真安（真田）
矢薩（矢沢頼綱）

〇折紙、楮紙［二八・五×四一・二］。

〇八二　真田昌幸感状写　〇渋川町 小野寺家文書

此度於長尾瀬ニ鑓下之高名無比類走廻、従矢沢薩摩守（頼綱）依注
進、為褒美一書染筆候、其地於相静者、急度可被引立候、
恐々謹言、

（天正十年カ）三月七日　昌幸（花押影2）
高橋桂介殿

〇切紙。東京大学史料編纂所架蔵影写本に拠った。「秋田藩家蔵文書」
二十四に写がある。検討の余地あり。

〇関連40　武田勝頼書状写※　〇版本「伊香保志」三

為改年之祝儀、太刀一腰到来、喜悦候、仍一振遣之候、表
祝詞計候、尚真田安房守（昌幸）可申候、恐々謹言、

（年未詳）正月十五日　勝頼（武田）［「勝頼」朱印影墨書］
存真（木暮）
「御朱ナリ」

〇竪紙。「木暮八郎所蔵」とあり。武田勝頼は天正十年三月十一日に
没する。以下、年未詳文書を収める。

○八三　武田勝頼書状写※　○真田宝物館所蔵「真武内伝附録」一

吾妻（岩櫃城、東吾妻町）無人之由候間、小田切安芸守（茂富）可相移之由、成下知候条、
在番衆加増之人数加催促、早々召寄彼番所可被補申候、尚
用心普請、弥無油断肝煎尤候、恐々謹言、

二月廿六日（年未詳）　勝頼（武田）□（「勝頼」朱印影）

矢沢薩摩守（頼綱）殿

○「竪状」とあり。享保十六年の上屋敷火事で焼失したという。朱印影は後ろに日付と一括して書写されているが、写に「朱印」とある位置に移した。

○参考21　「天正年中神長知行書上」　○神長官守矢史料館所蔵　守矢家文書

「天正年中（表書）
神長知行之書」
諏方郡中之神長（守矢信真）知行之分
一、拾貫六百文　千野（茅野市）
一、壱貫文　上原（同）
一、仁貫文　大和（諏訪市）
一、三貫文　田役
右三ヶ所ハ帳之書落也、
一、六百文　四月銭物忌役（物忌役銭カ）
一、壱貫文　七月宿銭
物東之宮公事より
一、五百文　右之宮公事
あきよの樽せん
一、六百文　あきよに　小坂
一、八百文　四神事之内　くりや
一、五貫文　三月一日御頭之郷
一、五貫文　湛之神事五郷
一、壱貫二百文　上大根四十八駄
一、五百文　秋（神カ）事湛神主五郷
一、壱貫文　精進屋神尾・岩波
右何も毎年所務、

信国中
山之外神長知行
一、三十壱貫文　伊那郡御園（伊那市）
一、三貫文　同郡北原（同）
一、三貫五百文　同山室（同）
一、拾貫文　筑麻郡新村（松本市）
一、五貫文　同郡二木（安曇野市）
一、〇拾六貫文　更科郡小島田（長野市）
一、七十五貫文　大略流蘆原成、　高井郡延得（徳）分（中野市）
一、三十貫文　同郡木島上下（木島平村）
一、十貫文　同郡飯山（飯山市）
一、廿貫文　水内郡新居（飯綱町）
一、拾貫文　同郡若槻（長野市）
一、五貫文　小県長窪（長和町）
右者所務地
一、百貫文　御判在之、　いな　ひろかいと
一、百貫文　御判在之、　筑麻平田郷（松本市）

伊那郡之内
一、拾貫文　とひかいと　松尾（小笠原信嶺）殿
一、五貫文　山ほら　同
一、壱貫文　常之
一、三貫文　片切（昌為）殿
二度ニ
一、合四貫三百文　松島殿
筑麻（摩）郡之内（松本市）
一、五貫文　中かハら　山家（左馬允）殿
一、三貫文　藤井（同）　同人
一、拾貫文　はい原（埴原、同）　穴山（信君）殿
佐久郡
一、五貫文岩村田　岩村田（佐久市）　阿江木（常林）殿
一、七貫文　祢、い（同）　耳取（大井民部助）殿

一、三貫文　よたとの（依田信蕃）

小県郡

一、五貫文　禰津殿（昌綱）

一、三貫文　浦野殿（源一郎）

一、二貫文　丸子殿（良存）

一、壱貫文　常田殿（道堯カ）

一、同　岩かと（門）

一、十貫文□けたう近年無之　海野殿（竜芳）

一、三貫文是もさらしなか　室賀殿（満正）

更科郡

一、五貫文　屋代殿（秀正）

一、五貫文庄内近年相違　禰津殿

一、三貫文　清野殿（満秀）

一、二貫文　縄島殿（豊後守）

一、三十貫文八重森当代相違　須田殿（信政）

一、二貫文　高梨殿　山田（高山村）ニ

一、五貫文同大方様とて　飯山之内

一、三貫文石ワたのやくせん　島津殿（泰忠）

（後欠カ）

○続紙、楮紙。「常田殿」の記述があることから採録した。武田時代のものと考えられるため、武田氏滅亡にかけてここに収める。

○八四　北条氏邦書状　○上田市立博物館所蔵文書

雖未申通候、啓達候、仍八崎（渋川市）長尾入道（憲景）江両度之御状披見、紙上之趣、誠簡要至極存候、今度甲府（武田勝頼）御仕合無是非候、然に氏直（北条）各御譜代之筋目付而、箕輪（高崎市）之各・和田（信業）先忠被成候、貴所江も自箕輪（内藤昌月）可有意見由候ツル間、如何ニモ最〔尤〕之段、令返答候、然処八崎江御状共令披見候間、此度申入候、氏直江御忠信此時相極候、恐々謹言、

（天正十年）三月十二日　氏邦（花押）

「安房守（北条）」（後筆カ）

真田殿（昌幸）

御宿所

○竪紙、横内折［二八・五×二六・〇］。「御事蹟稿」段階の所蔵は正村氏。差出の「安房守」は後筆とみられる。正村鐵夫氏旧蔵。

○八五　真田昌幸書状

○真田宝物館所蔵
矢沢頼忠家文書

年来別而御走廻、就中、今度倉内（沼田城）在番御奉公候条、海野領之内房山（上田市）為始、一跡千貫文之所進置者也、仍如件、

真田

（天正十年）三月十四日　昌幸（花押2）

矢沢薩摩守（頼綱）殿

同　三十郎（頼幸）殿

参

○折紙、楮紙［二九・六×四四・〇］。

○八六　真田昌幸判物

○姫路市立城郭研究室寄託　熊谷家文書

追而、若狭守一跡之儀者被官共ニ進置之候、以上、

有山中、別而可勲忠節之由候条、海野（東御市）之内小草野若狭守（隆吉）一跡進之置候、猶依戦功御望之領地可進之置者也、仍如件、

真田安房守

（天正十年）三月十四日　昌幸（花押2）

湯本三郎右衛門尉殿

○折紙、楮紙［二九・七×四四・〇］。

○関連41　矢野綱直書状写

○東京大学文学部所蔵
「覚上公御書集」六

度々被下御書候、過分奉存候、謹而拝見申候、仍而当表之様子、小田野源三郎（織田信房）殿当国安中（安中市）に在城被申、有彼地城々江之計策雖被申候、岩下（東吾妻町）・倉内（沼田城）・箕輪（高崎市）・倉加（賀）野（同）、何之地も未出仕不申候、此度当表江御出勢候者ハ、何茂其御国江可被申上候旨、令談合之由、申来候、此等之趣、可然之様可預御披露候、恐々謹言、

追而、爰元乱之体御座候間、御被申上、前々御加勢也共可然候、城介殿（織田信忠）者甲府（山梨県甲府市）在陣候、惣別何方も仕置もなく一

とをり被通候共、誠々《〔城カ〕》に上方衆廿、三拾宛置残、
ろうせき《(狼藉)》いたすのミ中来候、

矢野因幡守

(天正十年)三月廿一日　綱直

(政頼)栗林殿

○まだ信長に出仕していないという城郭は、岩下が真田昌幸、倉内(沼田城)が矢沢頼綱、箕輪が内藤昌月、倉加(賀)野が倉賀野(跡部)家吉を指すとみられる。

○参考22　「信長記」巻十五　○岡山大学池田家文庫所蔵

(天正十年)三月廿九日　御知行割被仰出次第、

覚

甲斐国　河尻与兵衛《(秀隆)》被下、但穴山《(信君)》本知分除之、
駿河国　家康《(徳川)》卿へ、
上野国　滝川左近《(一益)》被下、
信濃国　タカイ《(高井)》　ミノチ《(水内)》
サラシナ《(更級)》　ハジナ《(埴科)》四郡　森勝蔵《(長可)》被下、
川中島《(長野市)》表ニ在城候、今度励マシ先陣粉骨ニ付て、為御褒美被仰付、面目之至也、
同　キソ谷《(木曾)》　二郡　木曽《(義昌)》本知、
同　アツミ《(安曇)》　ツカマ《(筑摩)》　二郡　木曽新知に被下、
同　伊奈　一郡　毛利河内《(秀頼)》被下、
同　諏訪　一郡　河尻、穴山替地ニ被下、
同　チイサカタ《(小県)》　サク《(佐久)》　二郡　滝川左近被下、
已上十二郡、
岩村《(岐阜県恵那市)》　団平八《(忠正)》、今度粉骨に付て被下、
金山《(兼山、同可児市)》ニよなた島《(米田島、同八百津町)》　森乱《(成利)》被下、是又勝蔵忝之次第也、

○八七　真田昌幸判物写　○内閣文庫所蔵「加沢記」四

各以調略、室賀《(満正)》家中過半納得、令同意候条、寔以忠信之至
令感悦候、彼地本意ニ付而者、一所可宛行者也、仍如件、

天正十年壬午　四月三日　昌幸《(真田)》

別府若狭殿
加沢与七郎殿

○検討の余地あり。

○参考23　「信長記」巻十五　○岡山大学池田家文庫所蔵

（天正十年）四月三日　大ケ原（台ヶ原、山梨県北杜市）御立なされ、五町計御出候へ共、山あひより名山足そと見候て、富士之山かう〳〵と雪つもり、誠殊勝面白有様也、各見物、驚耳目申さるゝ、去而勝頼（武田）居城之甲州新府（同韮崎市）灰《クワイ》跡を御覧し、是より古府（同甲府市）に至而御参陣、武田館に　三位中将（織田信忠）殿御普請丈夫被仰付、仮《カリ》之御殿美々敷く相構、
信長（織田）公御陣を居させられ候キ、爰にて惟住五郎左衛門（丹羽長秀）・堀久太郎（秀政）・多賀新左衛門（貞能）御暇被下、くさ津（草津町）へ湯治仕候、

○真田昌幸が管轄していた吾妻郡が、織田氏の勢力下に入ったことが明確にわかる史料であるため、採録した。

○八八　織田信長黒印状写　○真田宝物館所蔵「長国寺殿御事蹟稿」四

馬一疋黒葦毛到来、懇志之至、特以馬形乗心以下無比類、別而自愛不斜候、将亦、於其面令馳走候由、尤可然候、弥可入情事専一候、猶滝川（一益）可申也、

（天正十年）四月六日　信長（黒印影、印文「天下布武」）

佐那田弾正（真田昌幸）とのへ

「（上包折懸上ニ）佐那田弾正とのへ　信長」

○「出浦右近助昌所蔵」とあり。

○八九　真田昌幸朱印状　○上田市山家神社文書

四阿山守之役并天箱之屋敷壱間、白山為造営令寄附之者也、仍如件、

壬午（天正十年）

六月十日　昌幸（真田）（朱印1、印文「道」）

宝蔵院

○折紙、楮紙［二八・八×四一・一］。

○参考24　「里見吉政戦功覚書」※　○館山市立博物館所蔵

一、是ハ上野の内泥《(沼、以下同)》田にての事、其時分ニ前橋《(前橋市)》より滝川儀大夫所へ加勢ニ参候、藤田能登《(信吉)》と滝川儀大夫と申分之事、我等儀大夫と能登との間之使をいたし候、能登ハ滝川《(一益)》殿上方へ御上りニ候間、我等へ泥田之城渡し返し可被下候由申候、儀大夫申分ハ、何れへ成共前橋より滝川指図次第ニ城渡シ可申候由、幾よりも被申張候て渡し不申候、就其儀大夫も我等ニ使を仕らせ被申候、能登も我等をこのミ候て才学《(才覚)》いたさせ候へ共、滝川方より沼田の城真田阿波守《(昌幸)》ニ出し被申候之間、六月十三日に西上野并さく《(佐久)》・ちいさかた《(小県)》の人数加勢として、真田阿波守泥田之城請取に被参候、其刻使をいたし候、其験に候之間、藤田能登所へ参候而、能登・同家中之者共ニ、むり《(無理)》にそなへ《(備)》を出させ、此上は迚も城の望も無之候間、のき《(退)》被申候而可然之由、しきり《(頻)》に我等申候而、そなへを出させ、其よりしてのかせ《(退)》申候、其場より乗返し参候処に、加勢之衆我等を討捕可申由候而、歩馬共に無際限乗向申候間、うへ田の中を乗渡し、石塚へ乗上ケ候て、我等事、里見右衛門尉と申者にて頃、儀大夫と藤田能登と出入ニ付而、我等致使候、侍ハ相互之儀ニ候間、むりにのけさせ申候、むたひ《(無体)》に何角被申候而、一鑓・一刀ハ其分にて候、其上ハ此内にて物主分之方と果し可申と、おひたゝ《(夥)》しくのゝ《(罵)》しり申に付而、聞分候而場所を済シ申候、物頭長根縫殿介と申仁ニ候、右之出入ニ付而、人を討不申候間、手前様子申晴候而より乗返し申候処へ、敵・味方のわけ立不申候内へ乗懸被申候而、よき者と出相随分ほね《(骨)》を折候て、敵も我等もいちあしに馬を出し、其上馬を乗捨、谷へ敵とひ申候、我等も敵も跡共にかけへとひこみ、其下ニ而、終に其もの打捕申候而より、本城へ参候処ニ、儀大夫一段満足被申候、此比のほね折さへ候に、今日之仕合無心元候之処、結構なる高名不及是非之由、ほうひ《(褒美)》の言葉にて候、今の様ニ存候事、

〇九〇　真田昌幸書状　〇真田宝物館所蔵　真田家文書所収恩田家文書

向後可被励忠勲之旨候間、本領可返進之候、先為堪忍分、
於信州上条(上田市)之内三拾貫文并沼田(沼田市)向発知之内拾五貫文進置候、
尚依忠節一所可渡進之候、恐々謹言、

天正十年壬午　真田
六月十二日　昌幸（花押2）
恩田伊賀守殿
参

〇現状切紙、元折紙カ、楮紙、巻子装［一三・二×四〇・六］。

〇九一　真田昌幸書状　〇真田宝物館所蔵　伏島家文書

今般任御指図、令出陣候条、於如存分ニ者、於領分之内、
千貫文之所可進置之候、万端御肝煎憑入候、恐々謹言、

天正十年壬午　真田
六月十六日　昌幸（花押2）
鎌原宮内少輔(重春)殿

〇折紙、楮紙［二九・三×四一・三］。

〇関連42　上杉景勝書状　〇東京都　萬葉荘文庫所蔵文書

先達書中遣候キ、定可相届候、近年者無拠之儘、世間次無
余儀候、然者此節先者身命抽粉骨、倉内(沼田城)之地於乗執者、別
而加恩賞可召使候、上条入道(宜順)差遣之間、万端彼舌頭次第、
可馳廻事肝要候、謹言、

(天正十年)六月十六日　景勝(上杉)（花押）
渡辺左近丞殿

〇竪紙、楮紙、軸装［三三・一×三九・九］。

〇九二　真田昌幸判物写　〇もりおか歴史文化館所蔵「参考諸家系図」六十一

近来之疎意、先非後悔、励忠節可有奉公之旨承候間、其方
身上之儀向後無疎略可令馳走候、然者近年被持来候知行不
可有相違候、仍如件、

天正十年壬午六月十七日　昌幸(真田)
秩父豊後守殿

○九三　真田昌幸書状　○姫路市立城郭研究室寄託　熊谷家文書

直談如申、早々吾妻着城(岩櫃城、東吾妻町)、堅固仕置任入候、仍竜善坊指置之地除之、西中条(中之条町)之地、先々為堪忍分進置之候、恐々謹言、

(天正十年)壬午
六月廿一日　昌幸(真田)［　］(朱印1、印文「道」)

湯本三郎右衛門尉殿

○折紙、楮紙［二九・二×四三・五］。

○関連43　上杉景勝朱印状　○米沢市上杉博物館所蔵　上杉家文書

沼田(沼田市)在城尤ニ候、并信州八幡松田(千曲市)一跡、但百卅貫文除、其外知行・同心共ニ出置者也、仍如件、

天正十年
六月廿九日　景勝(上杉)(朱印、印文「摩利支天・月天子・勝軍地蔵」)

遠山丹波守殿

○現状切紙、元折紙［一六・四×四四・六］。国宝「上杉家文書」とは別に収蔵されている。『新潟県史』資料編3より採録した。

○九四　北条家朱印状写　○真田宝物館所蔵「長国寺殿御事蹟稿」四

今度真田弾正忠(昌幸)為使参陣、神妙被思召候、仍於西上州小島(小鳥カ、高崎市)郷被遣候、弥可抽忠信旨、被仰出状如件、

天正十年壬午
七月九日［虎形朱印］　陸奥守(北条氏照)奉之
安房守(北条氏邦)

日置五右衛門尉殿

○印影は後ろに模写されており、北条氏「禄寿応穏」朱印と確認できる。「堤右兵衛俊詮所蔵」とあり。

○関連44　黒沢繁信書状写　○内閣文庫所蔵「甲斐国志」百二十一附録之三

一、昨日者、各為御代官、両三人被指越候、御忠節之至、則陳(陣)下江申上候間、定而安房守(北条氏邦)殿以御直書可被仰越候間、

御心安候、誠ニ自分ニおゐても満足忝奉存候、仍而知行方御朱印相調進之候、於此上者、一円ニ御忠信可然候、弥旁々御進退御取成可申候、然者、大手者(北条氏直)十二日うんの(海野)(東御市)へ被進御陳(陣)候、くに(国)衆真田(昌幸)・高坂(春日信達)・潮(塩)田其外信州衆十三頭者、十三日出仕候間、信州一返ニ被明御便候条、五三日之内、甲州江可為御着馬候、其以後之御陳(陣)庭承届ヶ次第可申入候間、御仕宅(度)候て、我々萩(荻)原(山梨県山梨市)江罷出候者、早々御出可然候、安房守殿御内儀之段、又我々存分之儀、御使衆直段(談)雖書申候、猶以抜書申候、恐々謹言、

尚以、御知行之かこいの御印判、昨日大途(北条氏直)江中上候、参着次第可進之候、御旗前にてハ大くつの事有之候、かこいもこやも何ニも罷成間敷候間、まへひろに中上候、

黒沢

(天正十年)七月十八日　　繁信書判

金山

各衆中

○「金山衆ハ在栗橋筋、熊野村百姓所蔵」とあり。

○九五　丸山綱茂書出写　○真田宝物館所蔵　真田家文書所収恩田家文書

向発知(沼田市)之内

壹貫百文　ゆふね　内匠助
壹貫六百文　同所　中発知分
九百五十文　同所　かちかいと
壹貫五百文　壱ちやうた
弐貫百文　こてさわ作
弐貫文　喜介分
弐貫文　唐品分
壹貫四百文　源さへもん作
壹貫七百文　太郎さへもん
壹貫七百文　（道清
藤へもん
丸(丸山)土

（天正十年）七月廿六日　綱茂判

恩田伊賀守殿

参

○現状切紙、楮紙、巻子装［一五・五×三九・九］。

○九六　北条家朱印状　○真田宝物館所蔵 矢沢頼忠家文書

此度真田（昌幸）依忠信、証人指上候、神妙被思召候、仍信州奥郡川東於井上（長野市）之内、千貫文遣之候、弥抛身命可走廻旨、被仰出状如件、

天正十年壬午

七月廿六日（朱印、印文「禄寿応穏」）

陸奥守（北条氏照）奉之

矢沢殿（頼綱）

○竪紙、楮紙［三一・二×五〇・五］。

○九七　北条家朱印状写　○真田宝物館所蔵「長国寺殿御事蹟稿」四

此度真田（昌幸）依忠信、証人指上候、神妙被思召候、仍信州奥郡川東於井上（長野市）之内、七百貫文遣之候、弥抛身命可走廻旨、被仰出状如件、

天正十年壬午

七月廿六日　虎形朱印

陸奥守（北条氏照）奉之

大熊殿（五郎左衛門尉）

○印影は後ろに模写されており、北条氏「禄寿応穏」朱印と確認できる。「大熊靫負貫謙所蔵」とあり。

○九八　上杉景勝朱印状写　○米沢市上杉博物館所蔵「景勝公御書」十三

今般加津野隠岐守（昌春）企逆意ニ付而、吾分一類引連取除候事、神妙之至候、因茲、為新地小幡弥左（光盛）知行分宛行候、弥可励忠功者也、仍如件、

天正十年

七月廿七日　御朱印（上杉景勝）

山田右近尉殿

○参考25　「里見吉政戦功覚書」※　○館山市立博物館所蔵

一、滝川（一益）上方へのほり被申候跡ニ而、小田原（北条氏直）衆人数信州へ打出し、其より川中島迄人数遣にて候、真田隠岐守（加津野昌春）山中巻（牧）島（長野市）と中城に乗込居申候処ニ、景勝（上杉）川中島へ打出候、其上大御所様（徳川家康）上のすわ（諏方）迄御馬出申候由、追々小田原氏直（北条）迄中来候間、山中之城より真田隠岐守引取可申ため、夜そなへ出申候、夜崩之事、信濃侍十三頭之中ニも先手真田阿波守（昌幸）、二番内藤大和（昌月）、三番小幡（信真）、四番安中（七郎三郎）、五番ニ和田（信業）、此衆を初として、十三頭八幡原（千曲市）にそなへを立候、其夜崩申候、我等あまり年寄にても無御座候へ共、万事ニ不構、安中方よりの使に小幡の手へ参、以来のためと存、其より乗返し安中方を尋候而、小幡の手へ見舞被申候様ニ才学（覚）いたし、其より内藤大和殿へも安中方同道申候処ニ、さりとては内藤殿御申候ハ、奇特なるよし（由）、安中殿へほうひ（褒美）の言葉にて候、其上はた（旗）本へ結構ニ被申上候ニ付而、安中方へ御はをり（羽織）・御腰物大小被遣候、内藤大和殿へ御鷹是も御腰物大小被為進之候、我等事、此一陣安中ニ被頼候故、罷立候、其時分我等者里見右衛門と申候、安中方被申候者、兎角右衛門心はせ依而、御ほうひニ預り候之由、別而喜悦被仕候、虎口の儀者、かりそめ（仮初）ニも大事之物ニ候、子共迄可相心得候事、

○九九　某幸朝判物　○中之条町田村家文書

別而奉公祝着之至ニ候、本分ニ少地之所をも指添可出置者也、

天正拾年壬午

八月七日　幸朝（花押）

田村千助殿

○巻子装。

○関連45　徳川家康書状写　○内閣文庫所蔵「古今消息集」五

急度令啓達候、仍今度結失（マヽ）忍田佐久郡并小県之人質之儀、

此方へ於御返者、可為本望候、左様ニ候ハヽ、御誓詞被懸
御意、其上拙者も以神名、彼等迎可進之候、然者、従信長（織田）
被進候御知行方之儀、聊以不可存相違候、其付而貴所江逆
意之者共、是非拙身出馬申、可遂御本意候、如此申談上、
已来疎略申間敷候、委細具御報待入存候、恐惶謹言、
（天正十年）八月九日　　徳川家康御書判
（義昌）木曾殿

○小県の人質の中に、真田幸綱室および真田弁丸（信繁）が含まれているため、採録した。

○一〇〇　真田弁丸（信繁）消息　○松代町河原家文書

かへす〳〵、御文かたしけなくそんし候、なにことも
〳〵、まかりかへり（罷帰）候て候へく候、
御ふミ（文）たまハり（給）候、なにより〳〵御うれしく存計候、仍
そこもと（其許）のき、しつか（静）に御さ候由、なにより〳〵御うれし
くそんし候、さてハわれら（我等）ことも、やかて〳〵、かへり（帰）さ
うにて候間（カ）、重々御こゝろやすくおほしめし候、かしく、

（木曾）きそより
（河原綱家）左衛門丞との　弁（真田信繁）

○竪紙ヵ。年紀を欠くが、天正十年のもの。前号にかけてここに収める。東京大学史料編纂所架蔵謄写本「河原文書」に拠った。

○一〇一　真田昌幸朱印状　○長野市 河原稔氏所蔵 宮下家文書

横築場其方ニ被仰付候間、於于向後者、無相違可申付候者
也、仍如件、
天正十年壬午
八月十八日　（真田）昌幸 □（朱印1、印文「道」）
宮下孫兵衛殿

○折紙、楮紙［二八・二×四三・三］。

○一〇二　真田昌幸判物写　○市立米沢図書館所蔵「鶴城叢書」十九

拾貫文　（東御市）海野之内

五拾貫文　本領　東条（長野市、以下同）之内
弐拾貫文　同　間（真）島之内
百貫文　福島之内
旧地在堪忍可走廻之由承候間、右如斯出置候、猶依忠勤、
一所可渡進候、弥戦功肝要ニ候、恐惶謹言、
天正十年壬申（午）
九月十一日　昌幸（真田）花押
町田外記殿

○「組外由緒書抄」中に書写される。なお町田外記については、元となる由緒書が確認できなかった。

○関連46　徳川家康書状　○千曲市教育委員会所蔵　屋代家文書

（懸紙上書）「八代左衛門尉殿　家康」
（端裏書）「（切封墨引）」
急度令申候、仍真田安房守（昌幸）此方へ令一味候間、自其方彼館へ行等、諸事御遠慮故候、其段即景勝（上杉）へも巨細申理候、然者敵之儀、今節悉可討果候間、可御心安候、尚令期後信之時候、恐々謹言、
（天正十年）九月十九日　家康（徳川）（花押）
八代左衛門尉殿（屋代秀正）

○切紙、斐紙［一一・五×三六・五］。

○一〇三　徳川家康書状写　○内閣文庫所蔵「譜牒余録後編」十七

此節房州（真田昌幸）被対当方へ被遂一味、可有御忠信旨預使札候、万事其方御取成故如此落著候、真（誠）以祝着此事候、弥以来之儀、無二御入魂可為本望候、将亦氏直（北条）於手切之働之儀、依田（信蕃）・曾禰（昌世）各被相談、可然様任入候、委曲相含使者口上候、恐々謹言、
「家康様」
（天正十年）九月廿八日　御書御判（徳川家康）
加津野隠岐守（昌春）殿

○御小姓組「真田善左衛門」所蔵とあり。

○一〇四　徳川家康書状写　○内閣文庫所蔵「譜牒余録後編」十七

急度以使者令申候、仍今則房州（真田昌幸）当方御一味之事、万々其方御才覚故候、弥別而御入魂可為快悦候、然者、為音信金子五十両進覧候、表一紙計候、猶以委細杉浦宗左衛門可申候、恐々謹言、

「家康様」
（天正十年）九月廿八日　御書御判（徳川家康）
加津野隠岐守（昌春）殿

○御小姓組「真田善左衛門」所蔵とあり。

○一〇五　大久保忠泰副状写　○内閣文庫所蔵「譜牒余録後編」十七

御使札令披見、本望之至候、仍安房守殿（真田昌幸）当方へ無二御入魂可被成候旨、御落着之儀、則致披露候処ニ、一段御祝著之由ニ候、此上者御身上之儀、何分ニも御如在被成間敷候旨候、就夫御誓句御判形（御直書）被進之候、弥貴殿以御馳走ヲ小田原（北条氏直）ニ向御手切之御行、依常（依田信蕃）・曾下（曾禰昌世）御調談被成、片時も急速ニ色立之御働等肝心存候、委曲者彼御使者口上ニ申含候条、不能具候、恐々謹言、

大久保新十郎
（天正十年）九月廿八日　忠康（泰）書判
加津野隠岐守（昌春）殿

○御小姓組「真田善左衛門」所蔵とあり。

○一〇六　徳川家康判物　○真田宝物館所蔵　矢沢誠敏家文書

（懸紙上書）「真田安房守殿　家康」

上州長野一跡、於甲州弐千貫文、諏方郡并当知行之事、右今度被遂御一味御忠信候間、所進置不可有相違、弥以此旨可被抽軍功者也、仍如件、

天正十年
九月廿八日　家康（徳川）（花押）
真田安房守殿（昌幸）

○竪紙、楮紙［三二・六×四四・八］。懸紙折封、楮紙［四四・二×

三一・七」。

○一〇七　徳川家康朱印状写

○真田宝物館所蔵「長国寺殿御事蹟稿」四

信州志賀一跡之改替、於遠州可相渡候、并遠州灰原(榛原)郡内
八幡島(静岡県吉田町)、甲・駿之内関甚五兵衛知行之事、
右今度真田房州(昌幸)一味之儀、其方以才覚落着之条、宛行之訖、
弥以此旨軍功専一之状如件、

天正十年
九月廿八日　東照宮　御朱印
大久保新十郎(忠泰)　奉之
日置五右衛門尉殿
「「上包折懸上ニ」日置五右衛門尉殿」

○「小諸侯牧野氏藩士太田彦右衛門所蔵」とあり。後ろに「福徳」朱印が模写される。

○一〇八　大久保忠泰副状写

○内閣文庫所蔵「譜牒余録後編」十七

尚々、手切之御働等、早速ニ被成候而尤候、自然敗北ニて者、
其曲有間敷候歟、此段房州(真田昌幸)へ可被仰入候、以上、

急度申入候、仍当方へ可有御一味由被仰候而、御使者被差
越候、如御存分御誓句御判形相調、則坂野弥三方へ渡置候、
今日弥三方可被罷帰候へ共、明日被罷帰候へ之由被　仰候
間、御使者御帰候迄遅々候半間、扨々申入候、急速手切之
御行可被成由被　仰候、委細者依右(依田信蕃)・曾下(曾禰昌世)へ申届候、具ニ
弥三方ヨリ可被申候間、不能一二候、恐々謹言、

大久保新十郎
(天正十年)九月廿九日　忠泰書判
加津野隠岐守(昌春)殿

○御小姓組「真田善左衛門」所蔵とあり。

〇一〇九　真田昌幸判物カ写　○真田宝物館所蔵「長国寺殿御事蹟稿」十三

年来奉公候間、玉泉寺（みなかみ町）分之内仁貫文之処出置候、壱貫四百
文者、改之上、従丸山土佐守（綱茂）所可請取者也、仍而如件、
天正十年壬午
十月三日　昌幸（真田）
山口掃部介殿

○「所蔵不知」とあり。

〇一一〇　真田昌幸判物　○東吾妻町浦野家文書

猶、中島於于本意者、一所可出候、以上、
此頃使者之奉公、誠以神妙之至候、因茲、於羽尾（長野原町）之内、為
屋敷分五貫文出置候、弥々向後当地之儀、三郎右衛門尉（湯本）方
令馳走候様ニ肝煎尤候、仍如件、
天正十年壬午
十月四日　昌幸（真田）（花押）
儀見斎（浦野）

○折紙。『群馬県史』資料編7をもとに、東京大学史料編纂所架蔵影写本で校訂した。

〇一一一　芝田康忠書状写　○内閣文庫所蔵「譜牒余録後編」十七

御懇札忝次第候、内々従此方可申入候処、相互御隠密之儀
候間、無其儀候、然者、今度貴殿以御才覚、真安（真田昌幸）被対家康（徳川）
ニ可有御一味旨蒙仰候、無類之御忠信候、不及家康之義（儀）者
申、於各ニ大慶不可過之候、弥其元如何計御肝煎、御手切
之行専一ニ候、如何様いる（ママ）諸余可申述候、猶向後相当之御
用等聊疎略不可存候、恐々謹言、
（天正十年）十月十日　柴七（芝田）
康忠書判
加隠（加津野昌春）
御報

○御小姓組「真田善左衛門」所蔵とあり。

○一一二　曾禰昌世・依田信蕃連署書状写

○内閣文庫所蔵「御感書」二

先日者以使者申達候処ニ、種々御馳走之由、誠以本望至極候、惣別今度之儀者、貴殿以御才覚、甲州(徳川家康)へ房州(真田昌幸)御一味ニ候、御忠節之段不浅候、何篇にも(御脱カ)身上追而可為御立身○、於我等ニ大慶此事候、去又御自訴等ニ毛頭不可有御気遣候、八幡大菩薩不可存無沙汰、然者、御手切為御談合、日五(日置五右衛門尉)御指越候、委申談候条、被聞召届、弥御才覚肝要候、此上御行被指急候相極候、恐々謹言、

（天正十年）
十月十日　　依右(依田)
　　　　　　　　信蕃書判
　　　　　　曾下(曾禰)
　　　　　　　　昌世書判

加隠(加津野昌春)
　御報

○従来「譜牒余録後編」十七に拠っていたが、同史料は本文を読み切れていない上、本史料と比較すると脱漏がある。なお「譜牒余録後編」では御小姓組「真田善左衛門」所蔵とあり。

○関連47　北条氏政書状

○埼玉県　金室道保氏所蔵文書

両通昨十日申刻参着、再往再返披見、先以肝要至極候、信州作(佐久)郡之面々、弥忠信を存詰、重証人進候歟、依之真田江(昌幸)集候人衆も、引散由専一候、子細者如共候へ、是非之弓矢之際候間、未来之不及勘、速可取成所、千言万句ニ候、倉内(沼田市)表・岩ひつ(櫃)表寄居(東吾妻町)之事、無余儀分別申候模様を者、始而承届候、是又何分ニ成共、以衆儀能々ニ糾明、当陣之吉事ニさへ成候者、抛未来之徳失、御取成専一候、尤如書面、譜代相伝之地ニ候共、当家滅亡ニ者、争可替候、塩味之前ニ候間、不及申立候、　一、真田模様、是又得心申候、右ニ如申、当陣之無異儀、専ニさへ成候者、未来之儀をハ不及勘候、　一、小幡(信真)判形調法、遂出仕、其上能御取成之由、令満足候、此度候間、何分ニも抛名利共ニ、為国家与無内外御走廻尤候、国家無相違候へハ、旁者其ニ随、何程成共

名利可立事、勿論之事ニ候、如何ニ当意結構からせ候共、国滅亡候へハ、旁者其ニ不随而不叶候、不及申候、　一、佐竹(義重)出張向館林(館林市)動候、無衆ニ候宇野・磯なと、為懸飛脚以下之事者不及申、由良(国繁)・長尾(顕長)堅固之防戦候、可御心易候、

一、礼物之儀ニ付而、始中終之書立、能々見届得心申候、我々者不是耳、兄弟之因与云、又為国与云、自余之者ニ者可替候、入耳儀をハ何ヶ度も可申候、又由〔油〕断候へ者、下々之者、無届耳ニ候条申事候、始中終心得申候、肝要至極ニ候、恐々謹言、

(天正十年)十月十一日　(北条)氏政（花押）

(北条氏邦)安房守殿

○続紙。

○参考26　「富永清兵衛覚書」※　○東京大学史料編纂所所蔵　猪俣家文書

西上野富永清兵衛覚

（略）

一、信濃之川中島真田(昌幸)城より、物見出候をおしこミ我等鑓仕候、首ハ取不申候、

但さゝ〔い脱ヵ〕かさ《こう》しやもと申候、

一、信濃あした(蘆田、立科町)・こやば(小屋場、三沢小屋、佐久市)へ働之時ハ高名仕候、為指手柄ニ而ハ無御座候つる、城主下野(依田信蕃)、

○天正壬午の乱時、真田昌幸が北条氏直を離叛した際の記述と思われるので、ここに収める。

○一一三　真田昌幸判物　○所蔵未詳文書

於其谷別而致奉公候間、折田(中之条町)之内重恩六拾貫文之所、出置者也、仍如件、

天正十壬午歳十月十二日　(真田)昌幸

小渕豊後守殿

○山口武夫氏論文に翻刻が掲載されているが、所蔵記載がない（『真田氏一門と家臣』岩田書院、一九四頁）。

○一一四　真田昌幸書状　○姫路市立城郭研究室寄託　熊谷家文書

今度有吾妻（岩櫃城、東吾妻町）、別而被懃奉公忠節候条、海野（東御市）之内若狭守（小草野隆吉）分之
内五拾貫、河中島之内寺尾（長野市）分并須田領之内五百貫、右如此
進置候、猶依戦功一所可相渡候、恐々謹言、
天正十年壬午
拾月十三日　昌幸（真田）（花押2）
湯本三郎右衛門尉殿

○折紙、楮紙、[二八・四×四四・六]。

○一一五　真田昌幸判物　○姫路市立城郭研究室寄託　熊谷家文書

年来拘来候知行・屋敷以下、如前々可出置候間、万端三郎（湯本）
右衛門尉請指図可走廻候、猶重恩之事者、羽尾（長野原町）改之上、何
ニも相当ニ可出置候条、伊勢山（上田市）へ令参上、可致訴訟者也、
仍如件、
天正十年壬午
十月十三日　昌幸（真田）（花押2）
喜右衛門尉

四郎左衛門尉
大蔵
弥七郎
勘解由
縫殿助
助右衛門尉
又六
与三右衛門尉
与左衛門尉
与二郎
新五郎
七郎左衛門尉
以上、

○折紙、楮紙[三二・三×四四・三]。

〇一一六　真田昌幸朱印状　〇姫路市立城郭研究室寄託　熊谷家文書

定

羽尾(長野原町)在城申付候上者、今度鎌原(重春)方西窪(嬬恋村)出置候、重恩之所者、
向後羽尾城普請可被申付者也、仍如件、
天正十年壬午
十月十四日　昌幸(真田)（朱印1、印文「道」）
湯本殿(三郎右衛門尉)

〇折紙、楮紙［二八・六×四五・三］、裏紙あり。

〇一一七　真田昌幸判物　〇中之条町　折田家文書

追而、小野子(渋川市)之内ニ而弐拾貫文可出候、以上、
別而奉公候条、尻高(高山村)領横尾之内おゐて、拾七貫所出置候、
猶依戦功一所可相渡者也、仍如件、
天正十年壬午
十月十九日　昌幸(真田)（花押2）
折田軍兵衛殿

〇折紙、楮紙［二九・四×四三・四］。

〇一一八　真田昌幸朱印状写　〇「上野国吾妻記」

於其元別而致奉公候条、弐貫文手子丸(東吾妻町)、四貫文宇津野、七
貫文寺原小山分、五貫文青屋、都合拾七(八)貫文之所出置候、
向後抽戦功於奉公、重て一所可相渡者也、
天正十年壬午十月十九日　昌幸(真田)御朱印
唐沢玄蕃殿

〇『群馬県史料集』第三巻に拠った。

〇関連48　北条氏直書状　〇大阪府　富田仙助氏所蔵文書

真田(昌幸)逆心不及是非候、兼覚之前ニ候間、佐久郡之為仕置、
始上総入道(北条綱成)五千余立遣候、於備者、可心安候、然者其表之
衆相談、向吾妻(岩櫃城、東吾妻町)へ動を成、此節無二走廻肝要候、委細安房(北条)

(氏邦)守可為演説候、恐々謹言、
十月廿二日(天正十年)　氏直(北条)（花押）
大戸入道殿(浦野真楽斎)

○竪紙。東京大学史料編纂所架蔵影写本に拠った。

○関連49　北条氏直書状　○真田宝物館寄託　禰津家文書

真田(昌幸)及手切、去十九向其在所相動処、留守衆堅固之防戦故、敵指行不致得之由、従小諸(小諸市)注進候、弥堅固之備致之様、可被申越候、猶以敵動之様子、節々注進候様、可被申越候、室賀(正武)如注進者、一切無衆、奥郡之者不相調由候、然上敗北不可有程候、恐々謹言、

十月廿二日(天正十年)　氏直(北条)（花押）
禰津宮内大輔(昌綱)殿

○折紙、楮紙［二九・九×四四・二］。

○関連50　北条氏直書状　○滋賀県田中文書

廿三日之注進状、今廿四日午刻参着、令披見候、然者、蘆田(依田信蕃)・真田(昌幸)令一同、伴野(佐久市)与小諸(小諸市)之間を打通相動由、無是非候、然共指行者致得間敷候、各油断有間敷候、雖無申迄候、近辺之味方中不力落様之備肝要候、必々手前計之備候者、不計凶事可出来候、得心尤候、敵之陣庭以下模様見届、幾度も注進尤候、猶人衆をも指越、一行存分候へ共、其表之模様然々与不聞得候間、無是非候、必々味方中不力落様之備肝要候、恐々謹言、

十月廿四日(天正十年)　氏直(北条)（花押）
上総入道殿(北条綱成)
垪和伊予守殿

○竪紙。東京大学史料編纂所架蔵影写本に拠った。

○一一九　真田昌幸室カ朱印状

○上田市　信綱寺文書

寺内門前供ニ、於向後者しよやく（諸役）御めん（免）被成候者也、為後日仍如件、

（天正十年）午拾月廿五日［朱印］（朱印3、印文「調銅」）

（信綱寺）新香寺

○折紙、楮紙、巻子装［二九・八×四二・八］。

○関連51　北条家朱印状

○真田宝物館寄託　禰津家文書

（懸紙上書）「禰津宮内大輔殿　」

此度真田（昌幸）就逆心、無二可被忠信由、感悦候、仍於海野領（東御市）之内、四千貫文進置候、弥可被相稼事専一候、仍如件、

天正十年壬午［十月廿］五日（朱印、印文「禄寿応穏」）

安房守（北条氏邦）奉之

禰津宮内大輔殿（昌綱）

○竪紙、楮紙［三二・一×五一・六］。懸紙折封［四一・八×三一・六］。

○関連52　北条家朱印状

○埼玉県立文書館所蔵　根岸浩太郎家文書

就真田（昌幸）動、内山地（佐久市）肝要之巷ニ候間、彼地へ早々相移、万端入精可走廻候、仍如件、

（天正十年）［十月廿］五日（朱印、印文「禄寿応穏」）

垪和伯耆守　奉之

猪俣能登守（邦憲）殿

○竪紙、楮紙［三〇・五×四〇・八］。

○一二〇　真田昌幸判物

○真田宝物館所蔵　真田家文書所収恩田家文書

別而可有忠節之之（衍）由候間、為新恩向発知（沼田市）之内五貫文、下南雲（渋川市）之内拾五貫文、右如此出置候、猶箕輪（高崎市）表至于本意者、必一所可相渡者也、仍如件、

天正十年壬午

十月廿八日　昌幸（真田）（花押2）

恩田伊加（賀）守殿

○現状切紙、元折紙ヵ、楮紙、巻子装［一四・五×三七・九］。

○一二一　真田昌幸書状　○神長官守矢史料館所蔵　守矢家文書

預示候、快然之至候、如御札之、其以来者不申通候、相応之子細可蒙仰候、仍於御神前有御祈念、御玉会・守被懸御意候、奉頂戴候、随而於当郡明神（諏訪大社上社、諏訪市）へ寄進之地蒙仰候、如御存知、当郡之儀境故、悉妨所之儀候間、当年之事者、申付候儀一切難叶候、如何様来春其落着談合可申候、何篇神慮之儀候条、不可存無沙汰候、委曲従常出（常田道堯ヵ）所可申候、恐々謹言、

（真田）真安

（天正十年）十一月十日　昌幸（花押2）

（守矢信真）神長官殿

御報

○竪紙、楮紙［三一・七×三七・四］。

○関連53　北条氏直感状　○渋川市須田家文書

去月廿七、沼田衆向津久田（渋川市）相動砌、及仕合押崩、敵一人討捕候、高名之至、神妙候、弥可走廻候也、

（天正十年）霜月十二日　（北条氏直）（花押）

須田勘丞とのへ

○切紙。

○関連54　北条氏直感状　○渋川市須田家文書

去月廿七、沼田衆向津久田（渋川市）相動砌、及仕合押崩、敵一人討捕候、高名之至、神妙候、弥可走廻候也、

（天正十年）霜月十二日　（北条氏直）（花押）

須田弥七郎とのへ

○切紙。

○関連55　北条氏直感状　○渋川市狩野勝次郎氏所蔵文書

去月廿七、沼田衆向津久田（渋川市）相動砌、及仕合押崩、敵二人討

捕候、高名之至、神妙候、弥可走廻候也、
（天正十年）霜月十二日　（北条氏直）（花押）
狩野大学助とのへ

○切紙。

○一二二　真田昌幸判物

○松代町 河原家文書

去忩劇之刻、別而抽忠節候間、必身上可引立候、当時明所
無之候、甲州於領中七十貫文所出置候、当表明所出来次第、
引替可相渡候、猶以戦功可為肝要者也、仍如件、
（天正十年）霜月廿四日　（真田）昌幸（花押）
（綱家）河原左衛門尉殿

○原本所在不明。『信濃史料』十五巻に拠った。

○一二三　真田昌幸朱印状

○真田宝物館所蔵 真田家文書所収恩田家文書

年来伊賀守（恩田）拘之伊加（賀）馬場有斜明、伊賀守へ可相渡者也、

天正十年壬午
十二月十六日［朱印］（朱印1、印文「道」）
（綱茂）丸山土佐守殿

○現状切紙、元折紙ヵ、巻子装［一四・〇×三八・四］。

○一二四　真田昌幸朱印状

○高崎市 本多夏彦氏所蔵 須川森下家文書

玉泉寺分、牢人衆ニ出置候処ニ、其方被相押之由候、各申
所至于実儀者、牢人衆へ無相違可付置者也、仍如件、
追而、（真田右馬允・大熊靫負尉）真右・大靫、
牢人衆もんとう（問答）の
所之由候、年来小菅所務
之所ニおゐてハ、真右・大靫尤候、
去又、（天正十年）壬十二月五日［朱印］（朱印1、印文「道」）
近年小菅於無計者、牢人衆ニ

付置可然候之由、真尺（斟酌）あるへく候、
丸山土佐守（綱茂）殿
（後筆）「森下又左衛門尉殿」

○折紙、楮紙、巻子装。東京大学史料編纂所架蔵写真帳に拠った。真田氏は東国で通用した三島暦を用いており、閏月の配置をめぐって京暦とずれがある。

○一一二五　真田昌幸判物写　○高崎市 清水家文書

定

此比別而致奉公候間、禰津（昌綱）領中村下野分三拾貫文・長瀬（上田市）之内五貫文并安野町屋敷壱間、右如此出置候、猶依戦功可令重恩者也、仍而如件、

天正十年壬午
閏十二月廿三日
昌幸（花押影2）
清水又右衛門殿

○一一二六　真田昌幸朱印状写　○長野市 河原稔氏所蔵 宮下家文書

定

年来別而致奉公候間、禰津（昌綱）領後藤知行三拾五貫文役銭共、海野内篠井（上田市）ニ而三貫文、国分寺（上田市）之内弐貫文、如此出置候、猶依戦功可令重恩者也、仍而如件、

追而、春原与三左衛門扣六貫文一跡如此申付候、以上、

天正十年壬午
壬　十二月廿三日　（真田）昌幸（花押2）（朱印1、印文「道」）
宮下孫兵衛殿

○折紙、楮紙［二九・三×四二・二］、裏紙あり。

○関連56　北条氏直判物　○山形県米沢市 北条家文書

原中尾郷（前橋市）
右之地、任望遣之候、此度於沼田（沼田市）表、竭粉骨可被走廻者也、
仍如件、

天正十年壬午
閏十二月廿四日　氏直（北条）（花押）
喜多条長門入道殿（北条高政）

〇折紙［三四・三×五一・三］。

〇関連57　北条氏邦朱印状　〇昭和村　原厚一氏所蔵文書

此度可致忠信由、しんみやう（神妙）ニ候、はたらき（働）しだい（次第）、大くるわ（曲輪）あいわたす（相渡）に付而者、馬上之者に十貫つゝ、かちしゆ（徒歩衆）ニ者三貫つゝ、いとい（糸井、昭和村）・もり下（同）・く屋（久屋、沼田市）・ぬます（同）之内をもつて、ふち（扶持）にすへしく候、いつれもあひたんち（相談）、きつそく（急速）ちうしん（忠信）もつとも（尤）に候、当地中山（高山村）、今夜ほん（本）意に候条、すくニくらうち（倉内）とりつめ（取詰）へく候、大て者なくもかいとうをほさせられ候、しんたい（進退）の儀者、のそミ（望）のことくひき立へき者也、仍如件、

（天正十年）
壬
極月廿四日（朱印、印文「翕邦把福」）

新木河内守殿
同大前殿
新木六郎兵衛殿
同千助殿
もろ田雅楽助殿
林出雲守殿
和田ぬき平左衛門尉殿
新木与兵衛尉殿
同与三衛門尉殿
同大学助殿
角田大前殿
新木七郎衛門尉殿
賀藤筑前守殿
同丹後守殿
藤井内匠助殿
もろた采女殿
新木弥十郎殿

つゝミ筑後守殿
新木雅楽助殿
宮沢甚左衛門尉殿
此外
弐百四人
（奥上書）「衆中」

○折紙。

天正十一年（西紀一五八三）

○関連58　北条氏政書状写

○東京大学史料編纂所所蔵「上杉文書」十一

任幸便呈一翰候、抑今度中山（高山村）地、其方兼而如演説、早々落居、誠感悦不少候、此上沼田（沼田市）口・吾妻（東吾妻町）表一途有之様、御稼可為肝要候、将又任現来一樽・一種進之候、恐々謹言、

（天正十一年）正月六日　（北条）氏政（花押影）

（長尾憲景）一井斎

○竪紙。

○関連59　北条氏邦判物写　○米沢市上杉博物館所蔵「歴代古案」四

一、本領尻高(高山村)之事、無相違進置上者、当地中山(高山村)有之而日夜共ニ相稼、春中可有本意事、
一、此上依忠信走廻者、〔ナシ〕新恩可進置事、
一、当地落着〔既美〕付而者、何分ニも家中衆、〔ナシ〕於相続者可合力候、
以上、
右、〔此度〕本意之事ニ候間、別而走廻肝要候、侘言不及助言儀候者也、仍如件、
正月(天正十一年)廿一〔五〕日　氏邦(北条)
尻高弥次郎殿

○「別本歴代古案」十七にも所収。異同を〔　〕で注記した。

○一二七　徳川家康書状写　○内閣文庫所蔵「御感書」二一

内々其表之儀、無心元候処ニ、竹(武)石(上田市)・丸子(同)・和田(長和町)・大門(同)・内村(上田市)・長窪(長和町)等企逆心之由、注進候、不及是非候、雪消候ハヽ、急度令出馬、凶徒等可遂対〔退〕治候、於時者可御心安候、猶大久保新十郎(忠泰)可申候、恐々謹言、
正月(天正十一年)廿四日　御書判(徳川家康)
加津野隠岐守(昌春)殿

○「譜牒余録後編」十七に御小姓組「真田善左衛門」所蔵として書写される。異同はほとんどないが、次号文書との関係を考慮して「御感書」より採録した。

○一二八　大久保忠泰副状写　○内閣文庫所蔵「御感書」二一

去十五日之御注進状得其意及披露候、仍竹石(上田市)・丸子(同)・和田(長和町)・大門(同)・内村(上田市)・長窪(長和町)令逆心之由、無是非次第ニ候、乍去、雪消候者、早速及御出馬、御対〔退〕治可被遂之旨候、〔候間カ〕其内御人数入候者、御一左右次第ニ可被差立之旨ニ候、伊那表其外人数之義〔儀〕被仰付候間、於様子者可被御心安候、随而房州(真田昌幸)御証人御老母(真田幸綱室河原氏)只今可被進候之旨被仰越候、先以不及御報候、御病気之由、殊ニ寒天之砌、無心元義〔儀〕候間、暖気迄御延慮候而も不苦之由申入候、然処ニ御病気御平喩〔癒〕之間、只今御進上可有之由、尤至極存候、縦御証人無之候共、一度被仰

合候上者、定而御無沙汰有之間敷候処ニ、如此ニ被仰越候事、一段御喜悦被成之旨ニ候、委曲口上ニ申含候条、期来悦候、恐々謹言、

正月廿四日（天正十一年）　大久保新十郎

忠泰書判

加隠（加津野昌春）

○「譜牒余録後編」十七に御小姓組「真田善左衛門」所蔵として書写される。「御感書」のほうが文意が通るため、こちらから採録した。

○一二九　真田昌幸感状　○上田市 金井家文書

今度向于丸子（上田市）及行候処、河南之者共出備候処、遂防戦、頭壱ツ被討之候条、戦功無比類候、向後弥可相励事肝要候者也、仍如件、

天正十一年癸未

正月廿七日　昌幸（真田）（花押2）

金井六郎殿

○折紙、楮紙、巻子装。『信濃史料』十五巻を元とし、長野県立歴史館所蔵写真で校訂した。花押を二度書きした形跡がみられ、本文の筆勢も弱い。あるいは写か。「長国寺殿御事蹟稿」十二は「本州小県郡御嶽堂村金井万蔵所蔵」とする。

○一三〇　真田昌幸感状　○上田市 飯島家文書

今度向于丸子（上田市）及行候処、河南之者共出備候処ニ、遂防戦、頭二ツ被討之候条、戦功無比類候、向後弥可相稼之事肝要候者也、仍如件、

天正十一年癸未

正月廿九日　昌幸（真田）（花押2）

飯島市之丞殿

○切紙、楮紙［一四・五×四二・七］。

○一三一　真田昌幸感状　○上田市立博物館保管 関口清造氏所蔵文書

今度向于丸子（上田市）及行候処、河南之者共出備候処、遂防戦、頭壱ッ被討之候条、戦功無比類候、向後弥可相稼事肝要候者也、仍如件、

天正十一年癸未

正月廿九日　昌幸（真田）（花押2）

宮下善七郎殿

○切紙、楮紙［一四・三×三九・八］。

○一三二　真田昌幸感状　○上田市 塩入家文書

今度向于丸子（上田市）及行候処、河南之者共出備□□（候処）、□（遂）防戦、頭壱□□合討、戦功無比類候、向後弥戦功可為肝要候者也、仍如件、

天正十一年癸未

正月廿九日　昌幸（真田）（花押2）

塩之入甚七郎殿

○現状切紙、元折紙、楮紙。全体的にかすれがひどい。『信濃史料』十五巻を元とし、長野県立歴史館所蔵写真で校訂した。

○一三三　真田昌幸感状写　○真田宝物館所蔵「長国寺殿御事蹟稿」十二

今度向于丸子（上田市）及行之処、河南之者共出備候砌、遂防戦、頭一ッ被討取之、誠戦功無比類候、向後弥戦功可為肝要候者也、

天正十一癸未年

正月廿九日　昌幸（真田）御花押

金井久内殿

○「岩下久馬貫布相伝」とあり。

○一三四　真田昌幸判物　○長野市 河原稔氏所蔵 宮下家文書

今度向于丸子（上田市）及行候処、河南之者共出備之処、遂防戦、頭壱ッ被討之候条、誠以戦功無比類候、向後弥戦功可為肝要候者也、仍如件、

（天正十一年）正月廿九日　昌幸（真田）（花押2）

宮下孫兵衛殿

○切紙、楮紙［一四・七×三七・四］。

〇一三五　大久保忠泰書状写　〇内閣文庫所蔵「御感書」二

御書中披見申候、仍房州（真田昌幸）より以使者御申、一々披露申候、其表之義（儀）、所々錯乱之条御苦労之段不及是非候、御人数之事、御先様被遣不及候、近々可有御出馬ニ相定候、其郡静謐不可有程候、将又房州御証人（真田幸綱室河原氏）之事、先木曽（義昌）へ御断之由尤之事ニ候、自是も被相副被差遣候間、可被御心安候、委ハ御使者へ申渡候間、早々申候、恐々謹言、

（天正十一年）二月九日　大久保新十郎
忠泰書判

加隠（加津野昌春）

〇「譜牒余録後編」十七に御小姓組「真田善左衛門」所蔵として書写される。「御感書」のほうが文意が通るため、こちらから採録した。

〇関連60　北条氏邦感状　〇昭和村　林厚一氏所蔵文書

去年十月廿八日、向倉内（沼田城）相動、於森下（昭和村）敵一人討捕、高名無比類候、弥可抽戦功者也、仍如件、

（天正十一年）未
二月十五日　（北条氏邦）（花押）

荒木主税助殿

〇切紙。

〇関連61　北条氏邦感状写　〇渋川市　玄棟院所蔵「上毛伝説雑記」六

去年十月廿八日、向倉内（沼田城）相慸（動）、於森下（昭和村）敵十人及討取候、自分も一人討留、高名無比類候、忠信存詰可為走廻、沼田（沼田市）本意之上者、一途可引立者也、仍如件、

未（天正十一年）二月十五日　氏邦判

北条安房守

「長井坂城代也」
須田加賀守殿

○関連62　北条芳林（高広）書状

○茨城県水戸市　江口正紀氏所蔵　北条家文書

急度令啓達候、抑去秋以光桂寺之東堂、御懇意之旨被仰越候、忝次第候、彼尊老御帰国之刻、愚意之趣具申達候き、定可為御演説候、然者、氏直《(北条)》去夏信・甲乱入、至于新府《(山梨県韮崎市)》家康《(徳川)》、二三月雖被及対陣候、南軍《(北条氏)》一途之無功作、被遂和睦退散、翌月至于当国、氏政《(北条)》・氏直父子出張、白井《(渋川市)》表ニ在陣、以勢遣中山《(高山村)》之地江相動、彼地以計策請取、一普請有之、被相拘候、然処、愚老父子《(北条芳林・高広)》ニ一人可令同陣之由、様々雖催促候、南方表裏之手刷存知之儀与云、殊当春　貴国関東可有御越山之由、信州貝津《(海津、長野市)》御陣之刻、従直山《(直江兼続)》同名能登守《(北条吉広)》所江御内意之旨候条、以彼是及手切候処、川西石倉《(前橋市)》之古地取立、愚老相拘候地江、正月十七氏政取懸、数日被手砕候、隔大河無所詮候間、千余篭置候人数無患打明候、然ニ今八日氏政父子越河、善養寺《(前橋市)》表在陣候、防戦堅固成置候条、無指行、郷損一理之動迄ニ候、就中新田《(太田市)》境五六ヶ所之地利者、于今手堅相拘候、可御心易候、将亦佐・結・宮《(佐竹・結城・宇都宮)》為後詰至于佐野《(栃木県佐野市)》・皆川《(同栃木市)》之間出張之由、三楽斎父子《(太田資正・梶原政景)》申越候、南陣漸可為退散之段、令風聞候、貴府《(上杉景勝)》・家康御甚深被仰合、信州過半被属御手之由、其聞候、弥以御肝要之至候、此節早速被遂御越山、当地於御出馬者、関左御静謐、謙信《(上杉)》様如御仕置不可有御相違候、愚老事、一度奉守　貴国可走廻之由、令逼塞候、万々於御油断者、不可有其曲候、畢竟御諷諫ニ相極候、巨細使者口状申達候、恐々謹言、

北安入《(北条高広)》

二月十九日《(天正十一年)》　芳林（花押）

上条殿《(宜順)》　参御宿所

○続紙、斐紙、巻子装［一一・八×九三・〇（第一紙五二・二、第二紙四〇・〇）］。

〇一三六　真田昌幸書状写　〇真田宝物館所蔵「長国寺殿御事蹟稿」六

一、三十貫文　諏方部之内（上田市、以下同）
一、拾貫文　武石之内
一、拾貫文　長瀬・塩河之内
　　以上、
右如此令寄附候、向後弥々於御神前、御祈念憑入候、恐々
謹言、
　天正十一年癸未　真田
　　三月八日　昌幸御花押
　広田（大夫）

〇「伊勢御師広田筑後正方所蔵」とあり。

〇一三七　徳川家康書状写　〇長野県立歴史館所蔵丸山史料「続旧記集」下

度々其元之様子被示越、得其意候、仍其表（佐久・小県郡）之残徒等、急度
為可申付出馬候、近日可令越山候間、於時在々可□打候、
聊御（油脱カ）断無之候、委細大久保新十郎（忠泰）可申候、恐々謹言、
　（天正十一年）三月十日　（徳川）家康御居判
　　真田安房守（昌幸）殿

〇一三八　真田昌幸判物写　〇長野県立歴史館所蔵丸山史料「雑文書集写」

拾貫文　諏方部内（上田市、以下同）
五貫文　上条之内
廿貫文　下塩尻之内 南かた
　合三拾五貫文、以上、
於向後、別而可致奉公之旨申候間、右如此出置候、弥忠懃
肝心之者也、仍如件、
天正十一年
　三月十二日　昌幸（花押影）
　　片岡□□（助兵衛殿カ）

○一三九　加津野昌春書状写

○米沢市上杉博物館所蔵「歴代古案」十四

境無事之儀付而、重而御札快然之至候、先書如申候、家康（徳川）
御出馬必然候、八幡大菩薩・訪〔諏〕方上下・愛宕・白山、余勢
無之候、雖然、越（上杉景勝）・遠（徳川家康）無御別条上者、下々之佞人、更不入
儀ニて候、然刻者、境之取合無所詮防戦ニて候、蒙仰筋目無
御表裏之由候条、爰許之儀者涯分馳走可申候、又越府（新潟県上越市）御前（上杉景勝）
之儀、可被入頼候間、先相互境之民、安居之御仕置専一ニ
候、右之趣、自清入（清野入道カ）も承候間、御談合尤候、委曲期来音候、
恐々謹言、

（天正十一年）三月十五日　昌春（花押影1）

加隠（加津野）

島淡（島津忠直）

御報

○『越佐史料』巻六は「羽前　登坂金右衛門氏所蔵文書」より採録するが、現在同文書は写も含め所在を確認できない。同書の翻刻は一部文意が通じにくいところがあり、「歴代古案」は花押も模写していることから、こちらより採録した。

○一四〇　加津野昌春判物写※

○西尾市岩瀬文庫所蔵「松代古文書写」

別而走廻奉公候条、於于五賀（五加、上田市）之内五貫文之所出置候、尚依
奉公可令重恩者也、

（年未詳）四月七日　昌春（加津野）（花押影1）

宮沢七郎兵衛殿

○花押型が前号と一致する。便宜ここに収める。

○関連63　徳川家康書状写

○高木村知久家文書

急度令申候、仍佐久・小県之逆心之好〔奴〕原為成敗、人数差遣
候間、其方人数之事、弥次郎（知久頼純）為物主、来一日二日ニ新府（山梨県韮崎市）迄
可被差立候、我々も至甲府（同甲府市）越山へ、負〔具〕可付〔申脱カ〕候、恐々謹言、

（天正十一年）三月廿一日　家康（徳川）（花押影）

知久七郎（頼氏）殿

○折紙。東京大学史料編纂所架蔵影写本に拠った。

○関連64　徳川家康書状写　○高木村 知久家文書

急度以飛札申候、然者佐久・小県両郡之逆心之好原（奴）為成敗、
人数指遣候、就其而、七郎（知久頼氏）ニハ依用所有之、甲府越山（山梨県甲府市）へ可
被参由、申越候間、人数をハ其方召連、先手江可被相向候、
猶至甲苻（府）、具ニ可申付候、早々かしく、
（天正十一年）三月廿一日　家康（徳川）（花押影）
知久弥次郎（頼純）殿

○折紙。東京大学史料編纂所架蔵影写本に拠った。

○関連65　直江兼続・狩野秀治連署書状写　○埼玉県立文書館所蔵 島津家文書

如御注進者、真田（昌幸）向虚空蔵山（上田市）相働之処、味方中備しとけな
く敗軍、不及是非次第候、然者、駒沢主税助打死、其時之
有様承、御当代之御はうし（芳志）忝存詰、一度一命ヲ御用ニ可立
之由、連々被申之旨人々申候キ、其首尾相たかハ（違）す、一身
之以打死ヲ数百人を相たすけ（助）候事、誠有間敷儀感涙流候、
御耳ニ立候へハ、別而不便之由、御諚ニ候、扨彼仁事者、
兼々之以分別御用ニ被立候間、無是非候、老父其外兄弟衆
かつ〳〵有之由ニ候間、重而、貴所御分別次第代職之儀を
可被仰越候、涯分可遂披露候、恐々謹言、
（天正十一年）三月廿一日　（狩野）狩讃　（秀治）彦伯判
（直江）直山　兼続判
（島津忠直）島淡　御報

○続紙。石垣信孝氏旧蔵文書。

○参考27　「室賀源七郎覚書」※　○長野県立歴史館所蔵 室賀家資料

覚

辰ノ年（天正八年）より酉ノ年（天正十三年）迄之内、惣別壱代之内、あしかるかんせ（足軽合戦）ん二合候事、

（略）

一、あきわはた（秋和端）て引請ニ参、三度返し、てきミ方（敵味方）之相間きわたち（上田市）候事、あいて（相手）ハ真田隠岐守（加津野昌春）殿、

（略）

以上拾五度有、此内ニ二度つゝあい候事三度有、是ヲ添へ候へバ、十八度かと覚、以上、

寅ノ二月十六日（天正十八年）　室賀源七郎（満俊）

何事も南無阿弥陀仏也、書之置候也、

○折紙、楮紙［三三・○×四四・○］。

○一四一　真田昌幸朱印状写

○中之条町　狩野氏所蔵　一場家文書

別而奉公候之条、壱貫四百文中条（中之条町）之内一日奉公明屋敷、壱貫文下男知行、七百文かわた知行、合参貫百文之処出置候、猶依奉公可加重恩者也、仍如件、

天正十一年癸未

三月廿六日　（貼紙）「□」（朱印影1、印文「道」）

源七郎（市場）殿

○切紙、本来は折紙カ、楮紙［一五・七×四一・四］。

○関連66　北条芳林（高広）条目写

○米沢市上杉博物館所蔵「歴代古案」十三

覚

一、両度之御書頂戴、過分之至奉欣喜候事、

一、御越山依御有無、御徳失之事、

付、上田（新潟県南魚沼市）於御着馬者、御迎可参事、

一、御進発之儀、佐・宮（佐竹義重）（宇都宮国綱）半途ニ有出張、被相待候事、

付、東口江如御先代（上杉謙信）御書之事、

一、南軍（北条氏）下総口仕置模様之事、

付、夏秋南衆上州へ重而出張之事、

一、沼田(沼田市)御仕置之事、
付、真田安房守(昌幸)南方(北条氏直)へ深手切之事、
一、新田(由良国繁)・館山〔林〕(長尾顕長)へ御計策之事、
一、当夏御進発於御遅者、以御勢遣、当地御仕置可被仰付之事、
付、大胡(前橋市)・山上(桐生市)・田留(多留、渋川市)・赤堀(太田市)備之事、
以上、

「輔広」　北条安芸入道

『天正十一』三月廿八日　　芳林(高広)

直江(兼続)殿

○関連67　北条氏直判物写　○兵庫県篠山町赤見家文書

中山(高山村)地衆
平刑〔形、以下同〕丹後守
同作右衛門
飯塚弥兵衛
同弥右衛門
林与十郎
平形玄番〔蕃〕
北林新五郎
平形新右衛門
小林右近
同助五郎
平形作右衛門
同五郎太郎
同九郎五郎
同弥五郎
平形七郎左衛門
尾沢半右衛門
養田六助
同市助
以上拾八人
沼田(沼田市)浪〔牢〕人

升田隼人
佐藤甚左衛門
小保方源之丞
大淵与左衛門
小呉早助
小保方源左衛門
以上六人
(同)上川田衆
武井藤右衛門
大弁六郎左衛門
服部新右衛門
大竹与三右衛門
同五郎左衛門
同新右衛門
藤塚甚三郎
同市之丞
大弁弥兵衛

鈴木右馬丞
佐目貝与兵衛
以上十一人
(同)下川田衆
星野三右衛門
田中源之丞
鈴木市之丞
平井新右衛門
留賀津(マヽ)戦之丞
同源四郎
今井源助
平井加兵衛
苗木新五郎
石上与十郎
笛木四郎太郎
平井弥藤五郎
以上十弐人

須川(みなかみ町)衆
新保吉之助
同八右衛門
奈良左近
宝苑坊
以上四人
合五拾七人
右之者共預置候、能々致指南、各可為走廻者也、仍如件、
(天正十一年)三月晦日　氏直(北条)御判在
赤見山城守殿
○東京大学史料編纂所架蔵謄写本に拠った。

○関連68　徳川家康書状写　○内閣文庫所蔵「武家事紀」三十二

急度以飛脚申上候、仍去月廿七日之御返書、委細等拝見仕候、三嶺之儀被為入金堀(掘)、本丸土居際迄依堀(掘)入申、彼城中之者トモ致迷惑、種々御侘(詫)言申上、更不能御許容、是非悉可被為干殺之由候、定落居不可有程存候、将又江北表へ差遣候越州之者トモ、一向無正体退散可仕候様子、如御書羽柴(秀吉)具被申越候、然者若州筋へ惟任(丹羽長秀)(住)被仰付、敦賀町(福井県敦賀市)其外所々放火之由、諸口如此之上、柴田(勝家)敗北無疑候、就中拙者儀、信州佐久・小県之残徒等為退治申付、至甲府(山梨県甲府市)致出馬候、追日如存分之静謐御座候間、御心安可被思召候、尚追々可得御意候間、可然様ニ御披露所仰候、恐々謹言、
(天正十一年)卯月三日　三河守(徳川)家康判
飯田半兵衛尉殿
○「折紙」とあり。

○参考28　「当代記」巻二　○内閣文庫所蔵

(天正十一年)四月、家康(徳川)公甲州江下給、暫甲府(山梨県甲府市)に令逗留給、去年令謀叛信州之小笠原右近大夫貞吉(貞慶)、諏方の祝(頼忠)、真田阿波守(昌幸)、保科弾正(正直)、其外何も令出仕、此時信州置目慥ならは、可為平均(安、以下同)物を、何の掟もなく、其儘被指置間、翌年秀吉(羽柴)公と鉾楯之

時、小笠原右近・真田阿波守已下令敵対、

○一四二　池田重安知行書立写

○群馬県立文書館寄託　黒岩初音家所蔵「吾妻記」

弐貫文　助左衛門　壱貫弐百文　留在家
六百文　一類《なんやくら》ひかひ　壱貫文　こ屋分
弐百文　新左衛門

天正十一年未卯月五日　　(池田)佐渡守
　　　　　　　　　　　　重安判
唐沢玄番〔蕃〕尉殿

○黒岩家本「吾妻記」は、『群馬県史料集』第三巻所収「上野国吾妻記」（中之条町木暮家本・沢渡温泉福田家本）と比べて記述分量が少なく、成立も享和元年と遅い。しかし所収文書の記述は、『群馬県史料集』よりも文意が通り、また校訂が可能であるため、黒岩家本所収文書はそちらから採録することとした。

○関連69　北条氏邦朱印状

○渋川市須田家文書

知行方之事、

七貫五百(文脱)　なましな(生品)(川場村)、
　以上、
右地出処、倉内(沼田城)本意者可為近日候、此度紅林南雲(渋川市)へ遣候、然者付添踞無々沙汰動、御番付而者有相違間敷候、無沙汰ニ付而者、有其曲間敷候者也、仍如件、

(天正十一年)未
卯月十日（朱印、印文「翕邦挹福」）　猪俣(邦憲)奉之
須田源介殿

○切紙。

○関連70　上杉景勝書状写

○米沢市上杉博物館所蔵「上杉定勝古案集」

自海津(長野市)如注進者、家康(徳川)甲府(山梨県甲府市)着陣、佐久・小県為仕置、至虚空蔵(上田市)山人数遣之由候条、当方之儀も近日無二出馬ニ令議定候、然者、其地之人数上倉治部太輔武主(元春)ニ相副、悉虚空蔵山へ可相移候、有遅之者不可有曲候、謹言、

卯月（天正十一年）十二日
右同人（岩井信能）へ

○関連71　上杉景勝書状写

○米沢市上杉博物館所蔵「景勝公御書」六

自海津（長野市）如注進者、真田（昌幸）海士渕（上田城）取立之由候条、可追払之由、何へも申遣候、然者、吾分検使ニ申付之旨、皆々へ露書中候之間、虚空蔵（上田市）へ罷越、諸侍中稼之程慥見届、一々ニ可申越候、大方之者於差越者、明鏡成儀有之間敷候与思、此節候間、吾分差遣候、別而可入念候、謹言、
卯月（天正十一年）十三日　景勝御居判
島津左京亮（義忠）殿

○関連72　直江兼続・狩野秀治連署消息

○埼玉県県立文書館所蔵　島津家文書

かいつ（海津）（長野市）よりちうしん（注進）のふんハ、さなた（真田）あまかふち（海士渕）（上田城）とりたて候よし候、四くん（郡）のかた〳〵、こと〳〵くこくうさう（虚空蔵）（上田市）へうちつき、おつはらふ（追払）へきむね、おほせいたし候、しかれハ、きしよ（貴所）けんし（検使）ニ　おほせつけられ候、べつしてきしよいしゆ（意趣）をあそはされ、つかわされ候間、その御心へ候て、みな〳〵かせき（稼）のほと、たしかニ御ミとゝけかんよう（肝要）ふニ候、此　御書をこくうさうへ御もち候て、こくうさうニて、みな〳〵のさふらい（侍衆）しゆへ、かくのことくおほせいたしニ候、御かせきのほと見可申と候て、　御書をさふらいしゆへ、ミせ可申よし御意候、少々のめし候ものニハ、わる口を申さるへきよし、　御意候、へつして御ねんを入られ尤ニ候、其方人さきニとばへられ候てハ、しかるへからす候、ミな〳〵のかせぎをミとゝけ候へとの　御意ニ候、其御心へよく〳〵かんよふニ候、そこもと地の衆、こと〳〵くめしつれられ尤ニ候、恐々謹言、
卯月（天正十一年）十三日
か讃（狩野）
彦伯（秀治）（花押）
直山（直江）

兼続（花押）

島左（島津義忠）
参

○竪紙、横内折［二八・二×四二・七］。石垣信孝氏旧蔵文書。

○関連73　徳川家康書状写　○下條村　龍嶽寺所蔵「下条文書写」

急度令申候、仍其表（上田城）普請以下、彼是以御辛労押計候、尚々
無油断専一候、委細小田切（茂富カ）・坂本（武兵衛カ）可申候、恐々謹言、
卯月（天正十一年）十三《あて》　家康（徳川）（花押影）
下条兵庫助殿（頼安）

○切紙カ。東京大学史料編纂所架蔵影写本で校訂した。

○関連74　徳川家康書状写　○下條村　龍嶽寺所蔵「下条文書写」

今度其表（上田城）普請諸事、被入精候由、大窪七郎右衛門尉（大久保忠世）申越候、
御辛労無是非候、尚以早速出来候様尤候、委曲重而可申候、
恐々謹言、
卯月十八日（天正十一年）　家康（徳川）（花押影）

下条兵庫助殿（頼安）

○切紙カ。東京大学史料編纂所架蔵影写本で校訂した。

○関連75　小笠原貞慶書状写　○みやこ町歴史民俗博物館寄託　福岡県立豊津高等学校錦陵同窓会所蔵　小笠原文庫「笠系大成」附録六

追而、仁科衆于今陣取之由尤候、是も用所候者、直爰元へ左右
次第に可被越候由、内々可被申候、森（大町市）之要害之儀、河・伊（細萱河内守・渋田見伊勢守）之領
候条、普請以下為横目、二木九左衛門・同六右衛門（満正）指遣候、
返々奥郡之衆景勝（上杉）へ色々申分有之由、内通共候、此由細河へも
可被申候、以上、
急度飛札祝着候、仍只今注進分者、景勝昨夜陣を被相延候、
如何様之模様候哉、無陣払敗軍之体由申来候、自方々注進
同前ニ候、今朝猿か峠（猿ヶ馬場峠）（千曲市）・八幡峠（同）両口へ人数指立候之条、定
見合、峠可放火候、次其元普請等毎日被入念、丈夫ニ出来
之由祝着候、在番之者共へも此体申度候、卜時元、真打（真田昌幸）・
佐久衆相談、河中島（長野市）へ働候者、其元ニも誰一頭差置、其方

なとハ爰元へ可召寄候、内々其心懸専用候、恐々謹言、

『按天正十二甲申年乎、』

卯月廿五（天正十一年）　貞慶（小笠原）御判（花押）右同

○『本書折紙御自筆』、「右犬甘氏知家蔵」とあり。宛所を欠くが、犬飼久知宛ヵ。

○一四三　真田昌幸朱印状　○新潟県　細矢菊治氏所蔵文書

今度之首尾□（於ヵ）相調者、於沼田（沼田市）知行望次第可□（相）渡候、当意之□（為）褒美、籾子五拾□（俵）可出置者也、仍□□（如件ヵ）、

四月廿六日（天正十一年ヵ）［印］（朱印1、印文「道」）

田村角内殿

○『群馬県史』資料編7より採録した。

○関連76　北条氏邦書状　○前橋市　奈良原家文書

先日以来、彼地江使被走廻之由、富永（政家）披露祝着候、此度申事成就候者、倉内（沼田市）鰍鉢形（埼玉県寄居町）歟、於何之地之内也共、望一所明神（赤城）寄進可申候、一入被相挊、畢竟常州兄弟（大胡高繁）御馳走候者、落着可申由、存詰候、恐々謹言、

五月十日（天正十一年）　氏邦（北条）（花押）

神主紀伊守殿

○竪切紙、楮紙。年次推定は、花押型による。

○一四四　真田昌幸朱印状　○姫路市立城郭研究室寄託　熊谷家文書

毎月、市中之月荷物五駄宛無異儀可通者也、仍如件、

天正十一年癸未

五月十三日［印］（朱印1、印文「道」）

湯三（湯本三郎右衛門尉）

○折紙、楮紙［三一・五×四四・六］。

○一四五　真田昌幸朱印状写　○松代町　河原家文書

□（谷ヵ）中へ南衆（北条氏）可及行之由［アキナシ］注進候哉、依之湯三（湯本三郎右衛門尉）吾妻（岩櫃城、東吾妻町）へ被相移之由肝要至極候、敵跡之被聞［様子脱］故［届］、早速可有御注進候、一左

右次第可令出陣、猶其地用心不可油油断候、恐々謹言、

(天正十一年)五月廿七日　(真田)昌幸［印］（朱印影1、印文「道」）

(湯本三郎右衛門尉)湯三

(河原綱家)河左

(奥上書カ)「河左

(鎌原重春)鎌宮　安房守

湯三　より　」

○折紙カ。原本所在不明。東京大学史料編纂所架蔵謄写本「河原文書」を底本とし、真田宝物館所蔵「長国寺殿御事蹟稿」十四所収の写（「綱徳相伝」）を用いて誤脱を［　］で補った。謄写本「河原文書」は河原綱徳編の「君山合偏」を底本としており、いずれも河原綱徳が、同時期に同じ文書を書写したものだが、後者が天部全体を破損しているのに対し、前者は冒頭三行の天部一文字程度が欠損するにとどまる。なお、謄写本「河原文書」は、宛所部分と奥上書または懸紙上書と思われる部分を重ねて書写しているが、翻刻に際し両者を分離した。上書とみられる箇所には横線が三本引かれており、切封の跡を示す可能性がある。『信濃史料』十六巻は「五月廿六日」付と「五月廿七日」付の二通を採録するが、同じ文書である。

○関連77　皆川広照書状写　○小田部好伸氏所蔵文書

(北条氏)南衆沼田(沼田市)之筋へ押向之段奉先達候キ、其已後新田(太田市)近辺ニ在馬仕模様、巷説之透昨日朔日今泉但馬守所迄及注進候キ、可預御披露候之段、相衆申候、定可被申上候、自家康(徳川)沼田之地南衆被相渡可被請取、于今ニ半途在陣之由候、雖然真(昌幸)田一円不承引、兎角之儀候由風聞、乍去果而者御事者不可被成候歟、此上於相替儀者、早速可奉注進候旨(間)奉省略候、恐惶謹言、

(天正十一年)六月二日　皆川山城守

広照判

(宇都宮国綱)宮

御館人々御中

○関連78　北条氏政書状写　○島原図書館松平文庫所蔵「古案敷写」

以鈴木申達候処、朝弥太(朝比奈泰勝)被指添、始中終御懇答、殊七月可被入御輿儀、猶以御儀定之旨被顕御状候間、愚拙歓喜何事歟可遂之候哉、心腹難尽筆紙候、就中五ヶ条蒙仰候、一々

御返答申述候、然ニ沼田（沼田市）・吾妻（岩櫃城、東吾妻町）急速可渡給由、弥御真実之
模様、氏直（北条）大慶、於拙者も忝候、委曲使を指添申入候間、
具御返答待入候、恐々謹言、
六月十一日（天正十一年）　氏政（北条）（花押影）
徳川殿（家康）
○竪切紙カ。

○関連79　北条氏邦判物　○名古屋大学文学部所蔵　角屋文書

近日者遠州御使衆（徳川家康）　公方御用付而、小諸（小諸市）へ往覆之処ニ、送
迎・宿以下、別而馳走之由、　御大途（北条氏直）御用候者、□□祝着
ニ候、沼田（沼田市）之義ニ候間、此度者尚頼候者也、仍如件、
六月十一日（天正十一年）　氏邦（北条）（花押）
佐藤源左衛門尉殿
同伊徳
此外
大勝手代衆
山大手代衆
○折紙。

○一四六　真田昌幸書状　○真田宝物館所蔵　矢沢頼忠家文書

定
沼田（沼田市）在城申付候間、為城領弐百貫文進之候、先臼根（薄根、同）之地百
貫文相渡候、其外之所令糺明、急度可進之候、恐々謹言、
安房守（真田）
天正十一年癸未
六月十七日　昌幸（花押2）
矢沢薩磨（摩）守殿（頼綱）
○折紙、斐紙［三六・〇×五八・〇］。

○関連80　古河公方足利家奉行人連署書状案　○「喜連川家文書案」二

一昨十八
糊付之書状、今廿日令披見候、然者為御兵談、去朔日小田原（神奈川県小田原市）
へ御参府之儀、先（段）御状被仰越候キ、其已後御出馬ニ御落

着候処、自遠州（徳川家康）御祝言御使者来着ニ付而、御出馬被相延候
様体、始中終仰（蒙）候、委細承届候、殊ニ沼田（沼田市）已下迄、急速ニ
御当方可有御本意由候哉、誠以（目出度）御肝要令存候、此上重而御
手透（被）御覧被合、可預御左右之由、尤令得其意候、仍連番衆
之外、不可致他言之段、是又令得其（存旨）意候、恐々謹言、

（天正十一年）六月廿日　　各々
奥州（北条氏照）

○東京大学史料編纂所架蔵謄写本に拠った。

○関連81　古河公方足利家奉行人連署書状案

○「喜連川家文書案」二

去三日之糊付之貴札、今五日到着、能々令披閲候、然者御
用有之而、従小田原様（北条氏直）御申候歟、御参府之段、蒙仰候、先
段粗承候キ、自遠州（徳川家康）御祝言之御落着、既当月中可被入御輿
之由、誠以目出度、御肝要令存候、北西如御存分成来候、■■（就中）
沼田属御本意候段、目出珍重候、。此上者東口御静謐不可有程候、将亦一両輩参府之儀、御

祝言時節候間、可着（差カ）合旨被仰越候、尤無御余儀存候、何篇
時節被御覧合、可預御左右候、委曲重而可申達候、恐々、

（天正十一年）七月五日　　各々
奥州（北条氏照）

○東京大学史料編纂所架蔵謄写本に拠った。

○一四七　真田昌幸判物写

○群馬県立文書館寄託　黒岩初音家所蔵「吾妻記」

今度抽相稼候、本意之上於須川原（みなかみ町）辻分一町畠之処相出候、
猶依戦功可加重恩者也、[仍如件]

未（天正十一年）七月十五日　昌幸（真田）[すへ判]
林弾左衛門殿へ

○文字の異同以外の脱漏を、「上野国吾妻記」（『群馬県史料集』第三巻）で補った。

○一四八　上杉景勝書状写

○真田宝物館所蔵「真武内伝附録」一

尚々、越山之模様、直江（兼続）所ヨリ可申候、以上、

雖未能書面馳一翰候、其地在城大儀無是非候、仍而真田安房守（昌幸）去年属当方、不経日相隔候条、如何様之存分候哉与不審千万候ッ、然者、北条安芸守（芳林）所ヨリ及使者候処、彼返答始中終之心底露候、慥聞届無拠候、向後之儀、無猶予於入魂者、毛頭不可有別儀候、此等之旨、能々相達尤候、尚使僧可有口上候、恐々謹言、

（天正十一年）七月十五日　景勝（上杉）（花押影）

矢沢薩摩守（頼綱）殿

○「横小半上四寸五分」とあり。享保十六年の上屋敷火事で焼失したという。花押影は後ろに日付と一括して書写されているが、写に「判」とある位置に移した。

○一四九　上杉景勝書状　○山形県　坂田邦男氏所蔵文書

尚々、矢沢（頼綱）・金子忠信（泰清）、是も連々其方稼故与感入候、委曲直江（兼続）可申候、以上、

越山之趣、先使ニ申出候キ、一昨十七新潟（新潟県新潟市）陣相払、昨三条（同三条市）之地着馬候、爰元五六日人馬休息、其上揚河（阿賀野川）越河、彼表五日中ニ作毛為薙可令入馬候、然間、越山之儀不可経時日候、其内弥東方手合之儀示置肝要候、将亦、自藤田（北条氏邦）所、倉内（沼田城）へ使差遣之処、矢沢・金子成敗之由、連々忠信之心底露顕、感悦候、今般者便書候間、急度以飛脚無比類候旨、可申越候、謹言、

（天正十一年）七月十九日　景勝（上杉）（花押）

北条弥五郎（高広）殿

同安芸入道（北条芳林）殿

○切紙［一五・二×四七・八］。

○一五〇　真田昌幸朱印状写　○長野県立歴史館所蔵丸山史料「白山文書」

如前々白山宮社領弐貫文令寄進候、弥可抽丹誠者也、

天正十一癸未年

八月十五日　昌幸（真田）朝臣（朱印影2）

白山大権現

禰宜

○竪紙。検討の余地あり。

○関連82　北条氏直判物　○渋川市　狩野元之助氏所蔵文書

其地長井坂(渋川市)堅固之由、并岩淵之城度々相動、殊防ニ付、侍少々差遣之段尤之至、次去月廿一日溝呂木(渋川市)之地之南雲大膳、於森下(昭和村)敵弐人打捕無比類働、注進之重而序之節感書可下候、此旨可申渡者也、仍如件、

八月十七日(天正十一年)　氏直(北条)（花押）

狩野隠岐守とのへ

○切紙ヵ。

○一五一　真田昌幸判物　○松代町　河原家文書

追而、同心之者、其方同前ニ有吾妻奉公候所、誠忠節無比類候、如何様相当之所可出候、弥致奉公候様ニ可申付候、以上、

去乱中之時分、吾妻(岩櫃城、東吾妻町)へ令馳参、別而致奉公候条、於于武石(上田市)之内三拾貫、於于甲州五拾貫文、右如此出置候、猶明所為出来者、一所可相渡候間、弥戦功肝要候者也、仍如件、

天正十一年癸未

九月十二日　昌幸(真田)（花押）

河原左衛門尉(綱家)殿

○原本所在不明。原本を調査したと思われる『信濃史料』十六巻を底本とし、東京大学史料編纂所架蔵謄写本「河原文書」で校訂した。

○一五二　真田昌幸判物　○真田宝物館所蔵　真田家文書所収出浦家文書

「(懸紙上書)出浦上総守殿　」

在所被退、当地御堪忍、誠御忠節之至、無是非次第候、本意於于遅延者、必一所渡可進之候、先為扶持分、於于武石(上田市)之内三拾貫文進置候、恐々謹言、

天正十一年癸未

九月十二日　昌幸(真田)（花押2）

出浦上総守(昌相)殿

○折紙、楮紙［二八・七×四三・二］。懸紙折封。「長国寺殿御事蹟稿」四に「出浦右近助昌相伝」とある。「出浦家文書」は、明治十七年に「真田家文書」に流入したが、本文書はそれとは別に流入した可能性が高い。

○関連83　酒井政辰書状写

○国文学研究資料館所蔵　本居家旧蔵紀伊続風土記編纂史料所収「藩中古文書」十二

其以来者節久不申承候、音絶覚外之至候、抑当国上州之儀者、無残所小田原(北条氏直)へ属御幕下候、名地候厩橋(前橋市)之儀も今度御出陣、翌日奥州様(北条氏照)奉憑御侘言仕候而、去月十八日出仕申候、北城(北条芳林)者城外へ罷出節、城之儀御請取、自廿一日至今日大御普請大方出来、漸明御隙候、上州之儀者沼田(沼田市)をハ従家康(徳川)可有御渡候御約束治定ニ候、一ヶ所も無残所候、佐野(宗綱)之儀ハ三千余貫之御礼銭毎年進上可申与御詫言申候得共、城ヲ罷下儀被仰付、于今未落着候、然共御詫言可被成様ニ申候、両皆川(広照)・壬生(義雄)・下妻(多賀谷重経)・下館(水谷勝俊)、各御詫言申、両皆川者過半落居由候、然ニ率爾之儀ニ候へ共、只今貴国之御模様種々申廻候、此時ニ候条、御忠信ニ極候、依御忠信、真里谷一跡ニ而も、大膳亮(正木憲時)一跡仁而も、可為御望次第候、ヶ様之儀、拙者自分計仁而不及申入候、御一類衆請御内儀申入候、奥州様成共、美濃守殿様(北条氏規)へ成共、御存分次第引付申、御望次第可有之候、千言万句於其国一ヶ所被乗取御忠信ニ極候、小田喜(千葉県大多喜町)歟、久留里(同君津市)歟、佐貫(同富津市)歟、三之間御塩味可有之候、此書札御披見之上、火中可有之候、両野州并常州衆ニ御赦免之御詫言不被申衆一人も無之候、悉当表者明御隙候、可然時分之間申達候、恐々謹言、

追啓、美濃守殿様へ
被為寄、御申可然候、

十月十一日(天正十一年)　左(酒井)　政辰判

左大(正木頼忠カ)　参御宿所

○正木源兵衛蔵。「本居家旧蔵紀伊続風土記編纂史料」は、従来「紀伊国古文書」と称した。

○一五三　真田昌幸朱印状　○上田市長井家文書

別而抽忠節、殊当地へ妻子引越堪忍、誠奉公之至無比類候、
因茲、為重恩竹石（武石、上田市）之内拾五貫文出置候、猶依忠節一所可出
置者也、仍如件、

天正十一年癸未
十月十三日　（真田）昌幸（朱印2）

長井権助殿

○参考29「神使御頭足之書」○神長官守矢史料館所蔵　守矢家文書

（天正十二年）甲申

（外県）介　（守矢信真）神長
（同）宮付　禰宜
（内県）介　（諏訪市）真志野
（同）宮付　（青木村）塩原
（大県）介　（飯田市）知久本郷
（同）宮付　（上田市）塩田

○天正十一年十二月作成のもの。

天正十二年（西紀一五八四）

○一五四　真田昌幸判物写

○みなかみ町　後閑縫殿之介家所蔵「沼田昔物語」

其方以工夫、白井（渋川市）衆谷中へ引入、悉討取之条、忠節之至無比類候、因茲、戸賀野（沼田市）之内五貫之所出置候者也、仍如件、

（天正十二年）
申ノ
正月十九日　（真田）昌幸御判

高橋右馬之丞殿

○後閑家本は奥に「天和二年壬戌六月中旬」とあり、古本と判断した。ふりがなについては略した。「長国寺殿御事蹟稿」五も「沼田昔物語」に拠るとし、「古今沼田記大同小異」とある。ただし「御事蹟稿」は冒頭部分を「以使」としており、意味が通じない。他にも異同が多く、日付を「九日」、宛所を「高橋右馬亮」とする。次号文書との関係から、十九日が正しかろう。

○一五五　真田昌幸判物写

○真田宝物館所蔵「長国寺殿御事蹟稿」十一

其方以計策、白井（渋川市）衆谷中へ引込、悉討取候条、誠忠節之至無比類候、因茲、本間右衛門抱廿貫文出置候、猶依戦功可令重恩者也、仍如件、

（天正十二年）
申正月十九日　（真田）昌幸判

長井主税助殿

追而、本間為後家分壱貫文之処可被指置候、

○所蔵注記を欠く。「長井四郎右衛門ガ子孫ノ家ニアルベシ」とのみ記される。

○一五六　真田昌幸朱印状

○東吾妻町　渡家文書

大柏木（東吾妻町）百姓等、彼地之寄居可指置候間、此比誰人許容候共、無相違可相返者也、仍如件、

（天正十二年）
申之
二月三日　（朱印2）

渡常陸守殿

○現状切紙、元折紙ヵ、楮紙［一四・三×四三・〇］。

○一五七　真田昌幸朱印状　○東吾妻町渡家文書

長門守知行百貫文之内、如此以前百姓可申付者也、仍如件、

（天正十二年）申之
二月三日（朱印2）

渡常陸守とのへ

○現状切紙、元折紙ヵ、楮紙［一四・三×四三・五］。

○一五八　真田昌幸朱印状　○真田宝物館所蔵　真田家文書所収恩田家文書

去比於于南雲（渋川市）右近助討死、誠忠節無是非候、然者、為堪忍
分壱貫五百文河波ふせ文之内相渡候者也、仍如件、

天正十弐年甲申
三月十一日　昌幸（朱印2）

右近助後家

○現状切紙、元折紙、楮紙、巻子装［一三・五×四〇・七］。

○関連84　上杉景勝書状写　○米沢市上杉博物館所蔵「歴代古案」十

対直江（兼続）如注進者、羽尾源六郎、去廿六丸岩（長野原町）之地乗入、仕置
堅固申付之由、肝要候、畢竟、須田（信政）・市川（信房）粉骨故与感入候、
乍此上、弥両人并吾分入念彼地持詰候様ニ可相稼事、千言
万句候、巨細直江可申越候、謹言、

（天正十二年）三月廿八日　（上杉）景勝

岩井備中守（信能）殿

○関連85　直江兼続書状写　○米沢市上杉博物館所蔵「歴代古案」十四

態御飛脚、則遂披露候、仍先達而以相浦主計助被　仰出候

三原之調儀、以御稼羽尾（長野原町）（源六郎）方本意、公私太〔大〕慶此事ニ候、雖新
中事候、物毎無御油断被入御精、御忠信之至、誠無比類被
思召候、乍此上、彼地如何共堅固被持詰候様、畢竟、貴殿
御分別ニ相極候、次ニ、千見（大町市）御番勢之儀、御断無御余儀候
へ共、自余ニ可被仰付方無之候条、乍御太義〔大儀〕、憑思召之段、
御諚候、御家中衆雖可為御苦労候、此度之儀候間、被応
御意尤候、然者丸岩（長野原町）之地御合力之儀、急度可申付候条、
可御心易候、将又、湯本三郎左〔右〕衛門御朱印相調進之候、如
何様ニも有御計策、可被引付候、其外之儀、御稼偏御手前
可有之候、猶期重説候、恐々謹言、

直江山城守

（天正十二年）卯月朔日　兼続

須田左衛門佐（信政）殿御報

○関連86　徳川家康書状　○千曲市教育委員会所蔵　屋代家文書

今般被属于当方幕下之段、忠信之至欣悦候、弥真田（昌幸）・依田（康国）
有談合、其表無由〔油〕断之様、御馳走肝要候、委細大久保七郎（忠世）
右衛門尉可申候、恐々謹言、

（天正十二年）卯月十二日　家康（徳川）（花押）

屋代左衛門佐（秀正）殿

○折紙［三二・二×五〇・二］。

○参考30「屋代秀正覚書」※　○長野県立歴史館所蔵　室賀家資料

一、村上儀〔義〕清中不合ニ成、甲斐ノ信玄（武田）はた下ニ成、勝頼（武田）
ほつらく（没落）已後、信濃山田（千曲市）住ス、其已後信長（織田）より信州軍代
ニ盛（森長可）庄蔵参候刻、屋代（秀正）・室賀（正武）を頼、かけかつ（上杉景勝）と取合、
いも（芋）川かんせん（合戦）是也、信長仕合ニ付而、庄蔵上方へ登、
其後も山田住ス、又其後、南方（北条氏）真田（昌幸）取まき、度々かつせ
んニ及、其刻かけかつへ心を合、けいりやく（計略）ニ南方真田
へ先付、其後かけかつへ付、山田より松城（海津城、長野市）へ城代ニそな
わり、本丸ニ村上（景国）、二ノ丸ニ屋代越中（秀正）、其後内々又家や（徳川）

す(家康)ニ心を合、松城を引切、山田へのき、同荒戸(荒砥、千曲市)へ引こもり候所ニ、かけかつ松城迄出馬有而、きひしくせめ候、其よりこくう蔵(虚空蔵、上田市)へ引のけ、こくう蔵ニ三四年居城有而、弥家やす様ニ心を合候へとも、真田道筋ニ居、引のけ候事難成ニ付、けいさくニしんのくミ、小室(小諸、小諸市)引取、家やす方ニ成、小室へ引取候、

小室より年、甲州□□へ至、武蔵本郷へ三年、其より甲州へ六年ニて候、

○竪紙、楮紙［三三・六×四四・〇］。慶長期の成立と思われる。

○参考31 「室賀源七郎覚書」※

○長野県立歴史館所蔵 室賀家資料

一、こくうさう山(虚空蔵、上田市)へ景勝(上杉)よせられ候時、をり下り、室賀兵部大夫(正武)・屋代越中守(秀正)と同心ニ而、てつほう(鉄砲)打、薬つき候内ハ弓ヲい候事、是ニハ多中分有、(後略)

○第一次上田合戦の後、書上の末尾に記されるが、室賀正武が存命していること、虚空蔵山籠城の話であることから、天正十二年四月の屋代秀正・室賀満俊上杉氏離叛時の話と思われる。

○一五九 矢沢頼綱書状写

○国文学研究資料館所蔵 本居家旧蔵紀伊続風土記編纂史料所収「藩中古文書」十二

態令啓候、仍阿久彦(阿久沢彦二郎)、南方(北条氏)へ被申寄之由及承候、若輩故歟、如此之擬、無是非次第ニ候、対旁々彼人無沙汰被申候共、指儀有間敷由存候、然而景勝(上杉)様去廿五日自信州御帰陣候、佐竹(義重)与被仰合候以筋目、近日御越山ニ候、御先衆蔵王堂(新潟県長岡市)迄御着之由、栗肥(栗林政頼)書状被申候条、上田(新潟県南魚沼市)迄屋形様(上杉景勝)就御着者、以使可申届候、其内堅固之御仕置肝要存候、恐々謹言、

(天正十二年)五月一日　　矢薩(矢沢)　頼綱判

横掃(横瀬成高)　御宿所

○正木源兵衛蔵。

○一六〇　徳川家奉行人連署状写

○国立国会図書館所蔵「並山日記」五

市川内（山梨県市川三郷町）蘆川高過分ニ候之間、引残渡申候処ニ、彼河原被相押之由不審候、望ニ付而ハ、去年渡申内高百貫文可被返候、右之蘆川可渡置者也、

（天正十二年）
申
七月廿六日

桜井（信忠）（黒印影、印文「□宝」）
以清斎（市川元松）（黒印影、印文「竜」）
石四右（石原昌明）（黒印影、印文「結」）
玄随斎（工藤喜盛）（黒印影）

真田殿（昌幸）
代官衆

○八代郡市川上野郷一瀬重左衛門所蔵の旨記される。

○関連87　岩井信能書状写

○東京大学文学部所蔵「覚上公御書集」十

羽尾殿（源六郎）御在所筋被成御調儀候、有御同心、様々御稼之様子、湯図書（湯本図書）御雑談承之候、無比類存候、此段御陣江以飛脚注進可申候、謹言、

猶々、今度御稼共無比類存計候、以上、

（天正十二年カ）
九月十二日　岩民（岩井）
信能

浦民（浦野民部右衛門尉）
御宿所

○一六一　真田昌幸朱印状

○長野市松代町河原家文書

追而、商人之外者、出合成共不可有之候、堅可相改候、以上、

□候、商人相改、市左衛門尉手形次第可被□□（通者カ）也、仍如件、

天正十二年甲申

拾月七日（朱印）

□□〔湯本カ〕三郎右衛門尉殿

河原（綱家）左衛門尉殿

○折紙ヵ。原本所在不明。『群馬県史』資料編7・『信濃史料』十六巻を参照しつつ、東京大学史料編纂所架蔵謄写本「河原文書」で校訂した。なお月の数字「拾」は『群馬県史』においてのみ判読されている。

○一六二　真田昌幸朱印状写

○中之条町　狩野氏所蔵　一場家文書

吾妻（東吾妻町）問屋之事、不可有御相違候之条、如前々可申付之由

御意候者也、仍如件、

天正十二年甲申

竜善坊

極月十六日（朱印影1、印文「道」）奉之

市場右京進殿

○折紙、楮紙［二九・〇×三七・〇］。

天正十三年（西紀一五八五）

○一六三　浦野重俊書状　○群馬県立文書館所蔵 浦野安孫家文書

以丹波守方、ほそかや之儀、引得地ニ被成度之由、様々蒙
仰候、内々斟酌ニ存候得共、任御望預置申候、向後用所も
候者、可頼入候、早々恐々謹言、
（後筆カ）「天正十三乙酉」
五月六日　重俊（花押）
（後筆カ）「浦野右衛門尉」
大乗院
　参

○折紙、斐紙［三一・六×四四・八］。重俊のこの時期の動静は確定できないが、子孫が真田氏に仕えているため、採録した。上野で活動している氏族だが、右衛門尉という官途は、小県浦野氏が用いたものである。

○関連88　太田道誉（資正）書状写　○小田部好伸氏所蔵文書

御貴札拝披畏入候、氏直（北条）有長陣、直ニ沼田（沼田市）江勢遣之由、無
是非奉存候、従下総筋、無何与申来分者、沼田之地、南衆（北条氏）
被詰取由候、雖無申迄候、来秋先手之御調儀極候、具今泉
方可被申上候、可預御心得候、恐惶謹言、
（天正十三年カ）六月三日　（太田）三楽斎
　道誉判
（宇都宮国綱）宮
　人々御中

○一六四　直江兼続書状写　○館山市立博物館所蔵　恩田家文書

当城（山形県鶴岡市）大宝寺就在番、為堪忍分当所務五拾俵宛之所、自河村
彦左衛門方請取可申者也、
（天正十三年）六月六日　（直江）兼続印判
恩田越前守

本井孫七郎殿
同　新十郎殿
栢井市左衛門殿
石井主水介殿
恩田弥三殿
同　大との介殿

○折紙一紙に別文書とともに書写される。この時期、直江兼続の印判使用は確認できないため、花押と思われる。

○一六五　真田昌幸朱印状

○真田宝物館所蔵
矢沢頼忠家文書

乗馬衆
島甚九郎
同半之丞
吉沢源兵衛
南条弥左衛門尉
海瀬文之丞
足軽衆東松本（上田市）
林勘左衛門尉
同藤二郎
坂本与三左衛門尉
たはさま与助
松沢彦二郎
上原勘右衛門尉
長沼又右衛門尉
塩入甚三
内河十左衛門尉
竹鼻六右衛門尉
伊藤半之丞
平井源之丞

右之衆同心ニ申付候間、向後被催人衆、一手役奉公可為肝要者也、仍如件、

天正十三年乙酉
六月廿一日（朱印2）

矢沢三拾郎(頼幸)殿

○折紙、楮紙［二九・二×四二・七］。『信濃史料』十六巻は信幸朱印状と誤る。

○一六六　真田弁丸（信繁）判物　○千曲市 諏訪家文書

向後別而可有奉公之由候条、左衛門尉(屋代秀正)殿如判形出置候、本領廿貫文、本意おゐてハ為重恩拾貫文、場所之儀者、令糺明必可相渡候、弥戦功可為肝要候、恐々謹言、

天正十三乙酉

六月廿八日　弁(真田信繁)（花押1）

諏方久三殿

○折紙、楮紙［二八・四×四三・三］。

○一六七　真田昌幸朱印状写　○清水一岳氏所蔵文書

別而奉公候之条、松本(上田市)内七貫文、此外於于境(坂井、上田市)八貫文、合拾五貫文出置候、猶依戦功可令重恩者也、仍而如件、

天正十三年乙酉

七月十二日　御朱判也

清水又右衛門殿

○一六八　真田昌幸朱印状写　○真田宝物館所蔵「長国寺殿御事蹟稿」十二

別而致奉公候之条、松本(上田市)内七貫文、此外於于境(坂井、上田市)八貫文、合拾五貫文出置候、猶依戦功可令重恩者也、仍如件、

天正十三乙酉

七月十二日　御朱印

塩入弥兵衛殿

○「塩入長左衛門所蔵」とあり。

○一六九　真田昌幸朱印状写　○塩尻村　成沢伍一郎氏所蔵「百合叢志」文書之部四

別而致奉公候条、松本(上田市)内七貫文、此外於于境(坂井、上田市)六貫文、合拾三貫文出置候、猶依戦功可令重恩者也、仍如件、

天正十三乙酉
七月十二日 『昌幸侯大ノ御朱印』（朱印略影、朱印2ヵ）
宮下太兵衛殿

○『二折』と注記。折紙ヵ。『海野町宮下氏所持』とあり。東京大学史料編纂所架蔵謄写本に拠った。「百合叢志」文書之部二、「長国寺殿御事蹟稿」十二にも書写されるが、本史料がもっとも朱印や形態の情報が詳しい。「百合叢志」文書之部二は『海野町喜三郎所持』、「長国寺殿御事蹟稿」十二は「宮下五郎衛門所蔵」とする。

○一七〇　上杉景勝起請文案

○米沢市上杉博物館所蔵　上杉家文書

誓詞案文

一、今般被復先忠之上者、蹤跡〔縦雖ヵ〕手違之、無臆意可加悃意之事、

一、敵於相動者、手前之儀者不及申、沼田・吾妻表後詰不可有油断事、

一、自今以後、如何様之表裏出来候共、幾度も令糺明、不相替可加芳意事、

一、於当国知行之儀、須田相模守（満親）申付、可宛行事、
付、家中之者共、自訴同意之事、

一、沼田（利根郡）・吾妻・小県郡、
付、坂木庄（坂城町）内知行、不可有相違事、

一、佐久郡・甲州於両所一郡并上州長野一跡可出置事、

一、屋代（秀正）一跡、右同前之事、

一、根津（禰津昌綱）身上、宜相計事、

一、春松大夫義（儀）ニ付而、自上方（羽柴秀吉）理候共、無二当方忠信之上者、無子細様ニ可成置事、

以上、

右条々於偽者、

神名

（天正十三年）七月十五日　景勝（上杉）（花押）

真田安房守（昌幸）殿

○続紙［三五・〇×第一紙四五・〇、第二紙二五・五］。

〇一七一　真田昌幸朱印状写　〇上田市金井家文書

別而致奉公候条、原郷（上田市）之内拾四貫文、此外於于五加（同）拾弐貫
文、合弐拾六貫文出置候、猶依戦功［　　　］［スレテ不見］［　　］［者也］、仍
如件、
天正十三年乙酉　［御朱印］
七月十六日
金井六郎殿

〇切紙、楮紙。長野県立歴史館所蔵写真で校訂したが、痛みが酷く、印影も確認できない。あるいは写か。「長国寺殿御事蹟稿」十二に「金井万蔵所蔵」として書写される。判読不能箇所については、同史料の記載を［　］で注記した。

〇一七二　真田昌幸ヵ朱印状写　〇真田宝物館所蔵「長国寺殿御事蹟稿」十二

別而番匠被致奉公候之条、為重恩三貫文出置候之者也、仍
如件、
天正拾三年乙酉
八月十六日　御朱印
大工左京進殿

〇「増沢藤右衛門成富相伝」とあり。

〇関連89　上杉景勝書状　〇茨城県佐藤亀之介氏所蔵文書

急度申届候、仍而須田相模守（満親）如注進者、佐久・諏方両郡之
人数、禰津（東御市）近辺陣取之由候、好ケ節候条、各十五以前、六
十以後与被申付、須田相模守一左右次第、急度参陣軍功専
一候、雖勿論候、近来勇健此辰候、猶追々可申越候、恐々
謹言、
八月廿六日（天正十三年）　景勝（上杉）（花押）
井上源六郎殿
市川治部少輔（信房）殿
夜交左近助（昌国）殿
西条治部少輔殿
寺尾伝左衛門尉殿

大室源二郎殿
綱島豊後守殿
小田切左馬助殿
保科豊後守殿
清野左衛門佐殿
栗田可休斎

○折紙。東京大学史料編纂所架蔵影写本に拠った。

○関連90　須田満親書状写　○米沢市上杉博物館所蔵「歴代古案」十四

尚々、今般凶徒可討果之由候、明日早天ニ及後詰候間、今日中ニ打振之御着待入候、以上、

今日真田(昌幸)被参御味方候使衆到来、則板佐(板屋光胤)指添、貴府(春日山城、新潟県上越市)進上候、依之、佐久・甲州之人数相催働、禰津(東御市)表陳(陣)取候、後詰之儀、頻而被申越候、長沼(長野市)・飯山(飯山市)・栗田衆(長野市)、貴府江被召寄、無衆候間、其許相残所被仰付、今日中、当地(海津城、同)御着待入候、為其申述候、恐々謹言、

八月廿六日(天正十三年)『須田相模守也』　満親（花押影）

馬場左近殿　参

○一七三　須田満親書状　○真田宝物館所蔵矢沢頼忠家文書

尚々、其元昼夜御苦労察入候、御稼之段并ニ御証人被指越候、則貴府申達候、以上、

雖未申通候、一翰令啓候、今度為御証人御幼若之方(真田信繁カ)越御申、痛入存候、於于其口御稼之由、無是非次第ニ候、先日曲尾(上田市)筋江助勢申候喜、重而今日人数指遣候、御用等無御隔心可被仰談候、洪水路次不自由故、吾等遅参所存之外ニ候、何様以面談可申承候、恐々謹言、

須田相模守

八月廿九日(天正十三年)　満親（花押）

矢沢三十郎(頼幸)殿

御宿所

○折紙、楮紙［二六・七×四〇・二］、裏紙あり。

○参考32　第一次上田合戦図　○上智大学中澤研究室所蔵文書

信州上田初之真田陣絵図

守旗之事　宿城三本之旗

相図之簷猿之事　三梃相図之鉄炮

地下伏之事　芦野薮之中伏兵

避鋭気撃惰帰事　日ヲ晩スル平立

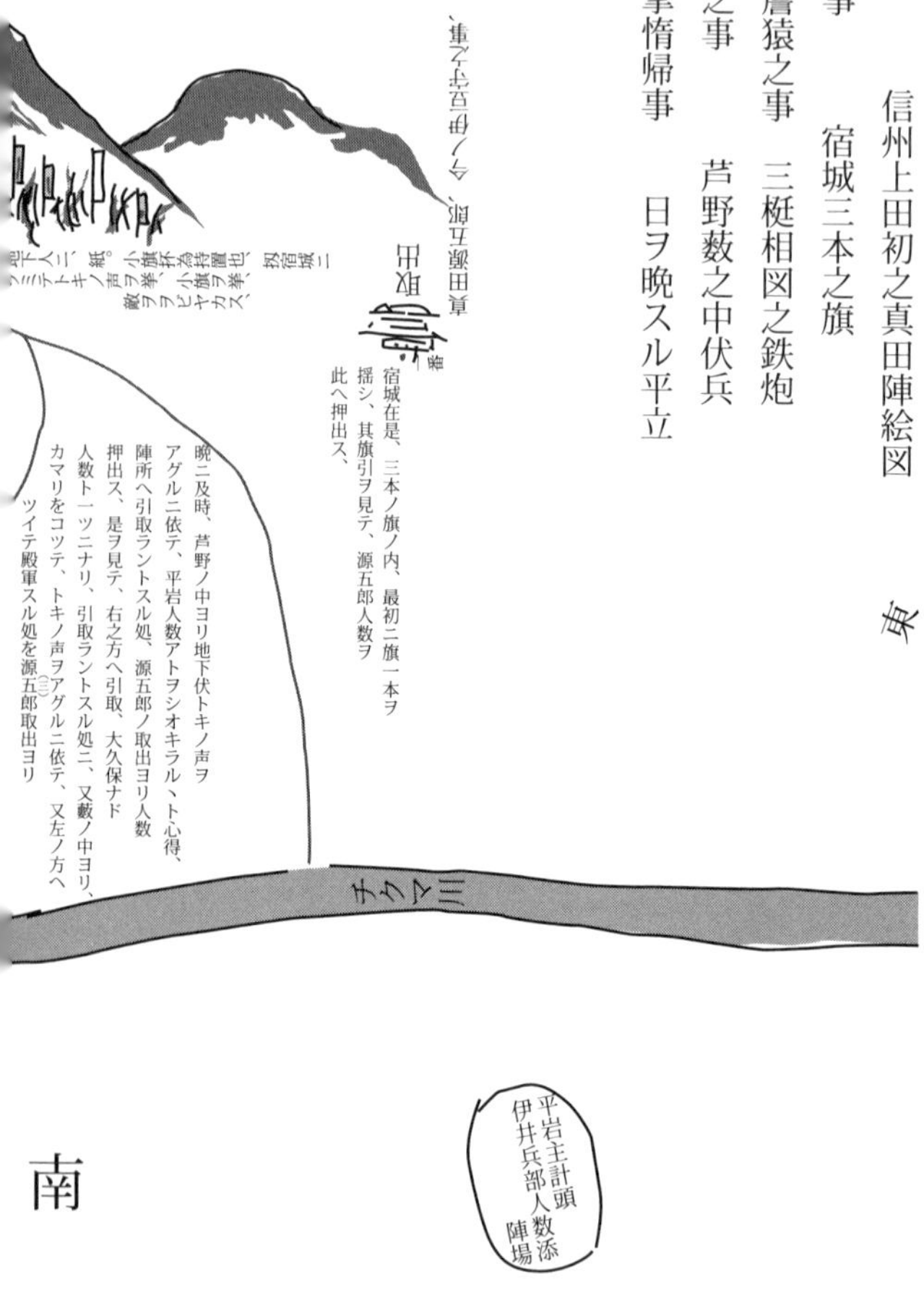
東
真田源五郎、今ノ伊豆守之事、
取出
一番
宿城在是、三本ノ旗ノ内、最初ニ旗一本ヲ揺シ、其旗引ヲ見テ、源五郎人数ヲ此へ押出ス、
地下人ニ、紙。小旗杯為持置也、扨宿城ニ
ノミテトキノ声ヲ挙、小旗ヲ挙、
敵ヲヲビヤカス、
晩ニ及時、芦野ノ中ヨリ地下伏トキノ声ヲアグルニ依テ、平岩人数アトヲシオキラル、ト心得、陣所へ引取ラントスル処、源五郎ノ取出ヨリ人数押出ス、是ヲ見テ、右之方へ引取、大久保ナド人数ト一ツニナリ、引取ラントスル処ニ、又藪ノ中ヨリ、カマリをコッテ、トキノ声ヲアグルニ依テ、又左ノ方へツイテ殿軍スル処を源五郎(三)取出ヨリ
チクマ川
平岩主計頭
伊井兵部人数添
陣場
南

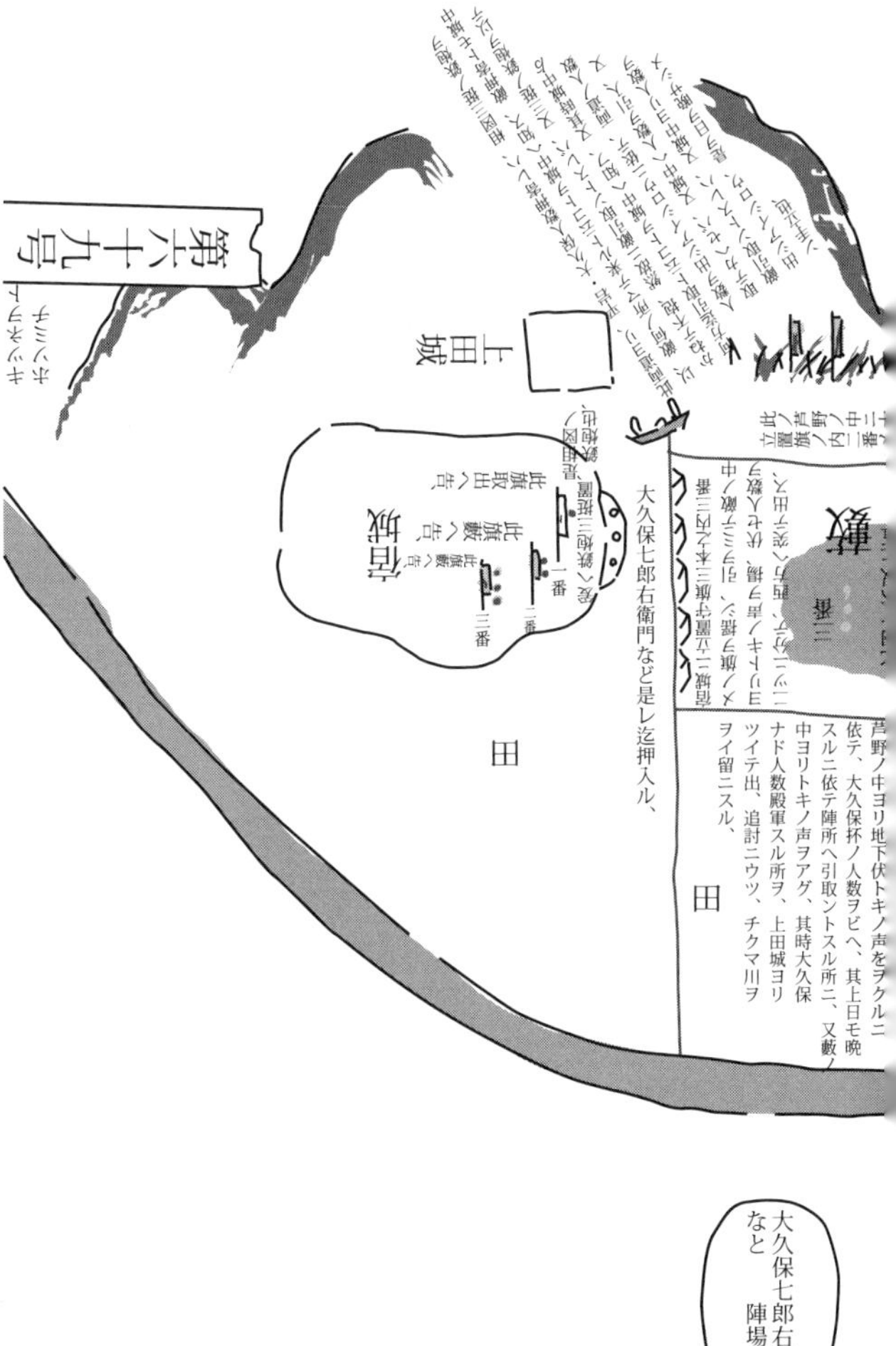
第六十九号
上田城
大久保七郎右衛門など是レ迄押入ル、
田
田
芦野ノ中ヨリ地下伏トキノ声をヲクルニ依テ、大久保抔ノ人数ヲビヘ、其上日モ晩スルニ依テ陣所へ引取ントスル所ニ、又藪ノ中ヨリトキノ声ヲアグ、其時大久保ナド人数殿軍スル所ヲ、上田城ヨリツイテ出、追討ニウツ、チクマ川ヲヲイ留ニスル、
大久保七郎右衛門など 陣場

○二紙継［三八×五六］。徳川方本陣の位置を神川東ではなく、千曲川南と誤っているが、用いられている用語は戦国期のものであり、「信州上田初之真田陣」「真田源五〔三〕郎、今ノ伊豆守ノ事也」とあることから、第二次上田合戦以後成立と思われる。徳川方を敵と呼んでいるものの、地理関係を誤っているから、真田氏の主家であった上杉氏作成と推定されている。なおこの地図の注記の一部が大平喜間多氏収集絵図（真田宝物館所蔵）注記の原文と思われる。

○参考33 「室賀源七郎覚書」※　○長野県立歴史館所蔵　室賀家資料

一、上田《(上田市)》城町中破候時、やり《(鑓)》合、つき合候事、
一、か丶河《(神川)》迄をしつけられ候時、返し、大久保七郎《(忠世)》右衛門尉殿と言ヲ申替候事、
一、小根山《(尾野山、上田市)》ニててをい《(手負)》、すて丶をき《(捨置)》候所ヲ、我等はしり出、引懸させ、引取候事、其時ハ則時ニ二度合候事、
一、市平と中者、手をい候時、はしり出、この代迄をしこ《(押込)》ミ候事、
一、岡部弥二郎《(長盛)》殿かんせん《(合戦)》之時、わきやり《(脇鑓)》いれ候事、

○一七四　真田昌幸感状　○上田市金井家文書

今度向于青木《(青木村)》及行候処、加賀河《(神川)》東之者共出備候処、遂防戦、頸壱ツ被討之候条、戦功度々無比類候、向後弥可相励事肝要候者也、仍如件、

天正十三年乙酉
　壬八月三日　昌幸《(真田)》（花押）
　　金井六郎殿

○折紙、楮紙、巻子装。長野県立歴史館所蔵『信濃史料』収集写真に拠った。花押を二度書きした形跡がみられ、本文の筆勢も弱い。あるいは写か。「長国寺殿御事蹟稿」十二は「金井万蔵所蔵」とする。

○一七五　真田信幸書状　○真田宝物館所蔵　真田家文書所収恩田家文書

芳札披見、仍従遠州《(徳川氏)》出勢候間、去二日於国分寺《(上田市)》遂一戦、千三百余討捕、備任存分候、然者、南衆《(北条氏)》其表へ可相動之由於必然者、堅固之備任入候、恐々謹言、

壬《(天正十三年)》八月十三日　信幸《(真田)》（花押1）

(奥上書)
「下豊(下沼田豊前守)
恩伊(恩田伊賀守)　源三郎
小甚(小暮甚之丞)
恩越(恩田越前守)
発三(発知三河守)」

○現状切紙、元折紙ヵ、楮紙、巻子装［一三・五×四〇・七］。

○関連91　上杉景勝書状　○三重県松阪町　松本秀業氏所蔵文書

其以来音絶無心元候、殊南衆(北条氏)・佐野(宗綱)之衆出張之听得候、各防戦如何、定而可為御勝利由、令察候、然者越中表之儀、去月中旬秀吉(羽柴)出馬、彼国不累日一変、去六日被納馬候、然間於上口弓箭之備明隙候、其上信州真田(昌幸)復先忠之条、其表自越山外、可費士力義無之候、連々如申届味方中、有相談好ケ節御一左右待入之由、新田(太田市)衆中可被申達事、専一候、謹言、

閏八月廿日(天正十三年)　景勝(上杉)（花押）

赤堀左馬助殿

○竪紙。東京大学史料編纂所架蔵影写本に拠った。

○関連92　徳川家康書状　○東京市　渥美義路氏所蔵文書

急度申候、仍各小県へ被出陣、鳥居彦右衛門尉(元忠)・大久保七郎右衛門尉(忠世)・平岩七之助(親吉)令相談、一同行専一候、敵幸之所へ引出候間、此度根切肝要候、一刻も被差急出陣尤候、不可有由(油)断候、恐々謹言、

後八月廿日(天正十三年)　家康(徳川)（花押）

小笠原掃部大夫(信嶺)殿
松岡右衛門佐(貞利)殿
下条牛千世(康長)殿
飯島辰千代殿
大島新助殿

○現状切紙ヵ。東京大学史料編纂所架蔵影写本に拠った。

○参考34　上田原丸子表陣絵図

○岡部家旧蔵文書

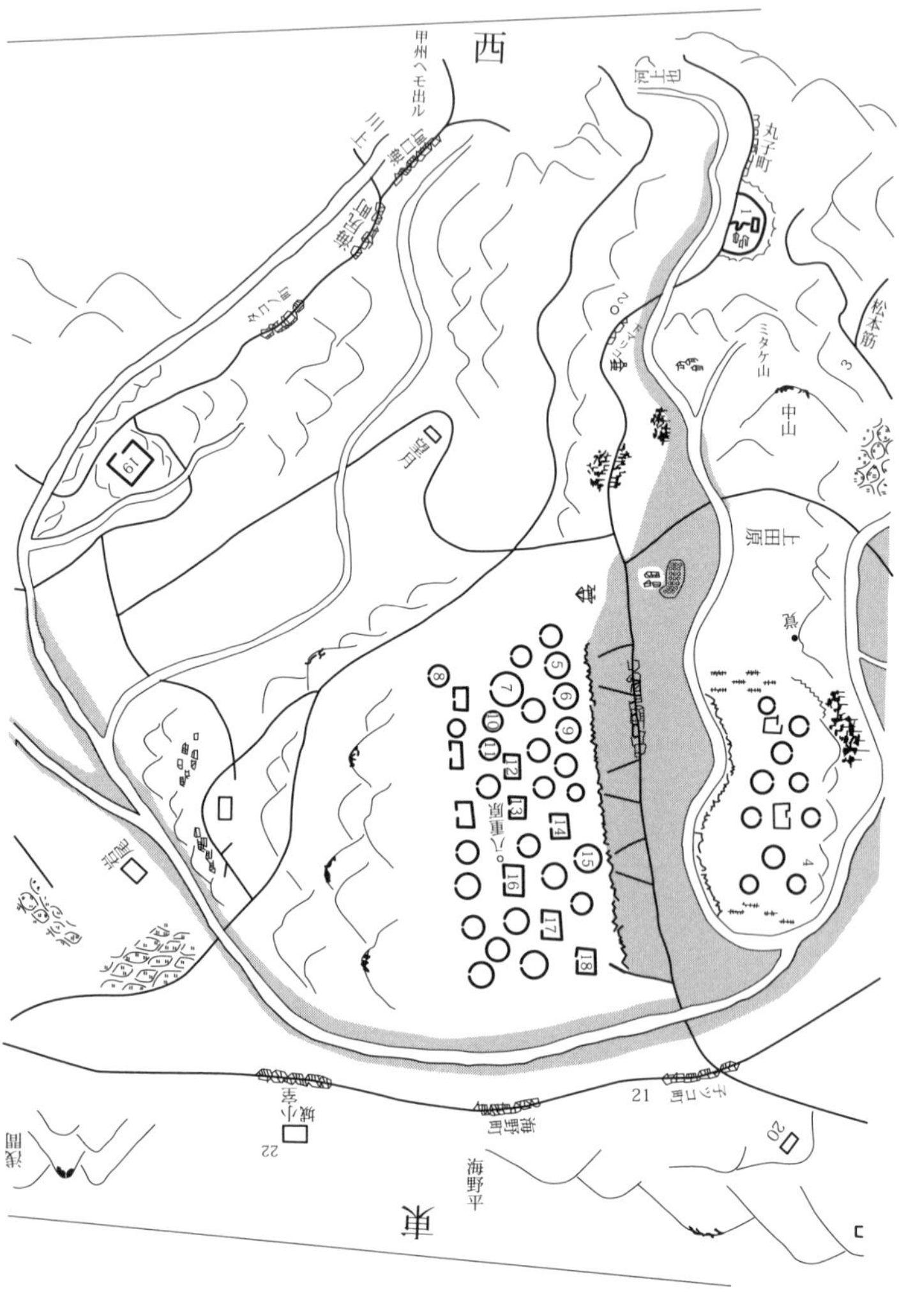

(以下、細字のため地図上では算用数字に置き換えた文字を列挙する)

1 丸子城(上田市)

2 ○是ニ而脇又市者頭ニテ勝利也、此時岡部弥次郎(長盛)加勢ニテ働名誉有、広瀬敵少勢也ト積ル、

3 法福寺越、此道ヨリ諏訪(諏訪市)、或ハ松本(松本市)出ル、

4 尾野山(上田市) 真田(昌幸)八千ニ而是ヘ出、対陣、上田(同)ヨリ二里、

5 小笠原掃部大夫(信嶺)

6 井伊兵部(直政)相備松岡

7 保科弾正(正直)

8 兵部同心一条衆

9 訪諏(諏方頼忠)(ママ)衆

10 兵部同心山県衆

11 兵部同心土屋衆

12 鳥井(鳥居元忠)彦右衛門

13 菅沼小大膳(定利)

14 大久保七郎(忠世)右衛門

15 芦田(依田康国)

---

16 岡部弥次郎(長盛)

17 平岩七之助(親吉)

18 柴田七九郎(康忠)

19 カツマカソリ 家康(徳川)公御衆

20 真田左衛門佐(信繁)置、于時十八歳、子ツカ城、

21 ○根子味方坂広メ下リ能故、子ツコノ瀬ニテ、三日ニ一度宛迫合也、是ヘ出向士太〔大〕将ハ、柴田七九郎・三枝平右衛門(昌吉)、迫合ノ時ニ真田方ヨリハ川ヲ越働懸ル、味方ヨリハ越立不成、後レノ後ナレハ如此、

22 真田方ニテハナシ、芦田下総守

○本絵図は近世成立のものだが、「三河物語」における丸子合戦の経過を読み解く上で、記載される地名が重要であるため、掲出した。ただし、信繁の第一次上田合戦参陣については、なお検討を要す。原本は所在不明で、野田市史編さん委員会(第一次)が昭和四十年頃撮影した写真が残る。『野田市史』資料編中世2をもとに翻刻した。

○関連93　徳川家康感状　○岡部家旧蔵文書

今度於丸子(上田市)表、自身手砕動之儀感入候、殊其方家中之者共、無比類之由、是又神妙候、即首尾合者等感状遣候、弥無由(油)断軍忠専一候、尚村上弥右衛門尉(勝重)可申候、恐々謹言、

(天正十三年)後八月廿六日　家康(徳川)（花押）

岡部弥次郎(長盛)殿

○切紙。関東大震災で焼失し、コロタイプ版のみ残る。

○関連94　徳川家康感状　○岡部家旧蔵文書

今度於丸子(上田市)表懸合之処、即最前鑓合之(ママ)無比類之旨、尤以神妙也、弥可励戦功之状如件、

天正十三年

後八月廿六日　家康(徳川)御書判

大塚兵右衛門尉殿

○原本は関東大震災で焼失か。『岸和田藩志上』口絵写真に拠った。

○関連95　徳川家康感状写　○兵庫県織田家文書

今度於丸子(上田市)表懸合之処、無比類弓仕之条、太以神妙也、弥可励軍功之状如件、

天正十三年

後八月廿六日　家康(徳川)（花押）

稲垣善三殿

○原本は関東大震災で焼失。切紙ヵ。東京大学史料編纂所架蔵影写本に拠った。

○関連96　徳川家康感状　○千葉県浜名氏所蔵文書

今度於丸子(上田市)表懸合之処、最前鑓合無比類之条、太以神妙也、弥可励軍功之状如件、

天正十三年

後八月廿六日　家康(徳川)（花押）

大井又五郎殿

○切紙、楮紙、巻子装［三一・五×四〇・七］。「譜牒余録後編」二十は「稲葉出羽守組　川勝十郎右衛門家来　本間善助」と所蔵注記。

○関連97　徳川家康感状写　○内閣文庫所蔵「武家事紀」三十二

今度於丸子(上田市)表懸合之処ニ、合鐙之条、其方一心之覚悟勝諸手神妙之至也、弥可励軍功之状如件、

天正十三乙酉
後八月廿六日　家康(徳川)判

小鹿又五郎殿「是ハ駿河衆」

○以下七通、「岡部家中七人へ御感状」とあり。成立の早い「武家事紀」より採録した。

○関連98　徳川家康感状写　○内閣文庫所蔵「武家事紀」三十二

今度於丸子(上田市)表懸合之処ニ、鐙脇之弓尤以神妙之至也、弥可励軍功之状如件、

天正十三乙酉
後八月廿六日　家康(徳川)判

奥山新六郎殿「是ハ遠州衆」

○関連99　徳川家康感状写　○内閣文庫所蔵「武家事紀」三十二

今度於丸子(上田市)表懸合之処、即於鐙下遂高名之条、尤以神妙也、弥可励軍功之状如件、

天正十三乙酉
後八月廿六日　家康(徳川)判

所藤内(具勝)殿「是ハ駿州衆」

○「譜牒余録」二十五所収の写に、「右者、私祖父所藤内、於丸子表懸合御座候時分、真田内柳沢采女と申者討捕申候ニ付、従権現様御感状頂戴仕候、井伊掃部頭内所藤内」と注記がある。

○関連100　徳川家康感状写　○内閣文庫所蔵「武家事紀」三十二

今度於丸子(上田市)表懸合之処ニ、殊更場中之高名、其心懸一入勝而尤以神妙也、弥可励軍功之状如件、

天正十三乙酉
後八月廿六日　家康(徳川)

近藤平太殿「是ハ甲斐国衆」

○**関連101** 徳川家康感状写 ○内閣文庫所蔵「武家事紀」三十二

今度於丸子(上田市)表懸合之処、於崩際遂高名之条、尤以神妙也、
弥可励軍功之状如件、

天正十三乙酉
後八月廿六日 家康(徳川)判
内藤久五郎殿「甲斐国衆」

○**関連102** 徳川家康感状写 ○内閣文庫所蔵「武家事紀」三十二

今度於丸子(上田市)表懸合之処、於崩際遂高名之条、尤以神妙也、
弥可励軍功之状如件、

天正十三乙酉
後八月廿六日 家康(徳川)判
向山久内殿「甲斐国衆」

○**関連103** 徳川家康感状写 ○内閣文庫所蔵「武家事紀」三十二

今度於丸子(上田市)表懸合之処、殊ニ打留之高名、其方抽而一入之
心懸、尤以神妙也、弥可励軍功之状如件、

天正拾三年乙酉
後八月廿六日 家康(徳川)判
笛吹十助殿「甲斐国衆」

○**参考35** 植松宗忠御目見願 ○静岡県富士市植松家文書

乍恐植松宗忠系図書を以申上候、
□祖父植松右近源□康法名万休全心居士□(紋カ)三階菱、賤モ
清和之流之由一通之験有之、
(略)
一、信州於真田(上田市)表ニ岡部内膳正(長盛)様御与下植松弥蔵鐺下之高
名之義、乍恐
権現様(徳川家康)御存知被為成候段、美濃守(岡部宣勝)様も御存知之事、場
証人横田甚右衛門(尹松)、
(略)
右之趣、祖父・伯父(植松右近・弥蔵)共ニ御存知之者ニ御座候間、御目見江

中度奉願候、以上、

寛文元年

二月日　植松小右衛門

宗忠

進上　仲与左衛門殿　御申上

○植松弥蔵は右近の子、宗忠の伯父とある。『小泉次大夫用水史料』より採録した。

○関連104　徳川家康感状写　○内閣文庫所蔵「譜牒余録」三十四

今度於丸子河原（上田市）、被官人金沢杉千代敵陳〔陣〕前江押詰、頸一討捕之由、粉骨之至候、弥可励軍忠之旨、可申聞之状如件、

天正十三年

後八月廿八日　家康（徳川）　御居判

大久保（忠世）七郎右衛門尉殿

○関連105　徳川家康感状写　○内閣文庫所蔵「譜牒余録」三十四

今度於丸子河原（上田市）、被官人松井孫一郎敵陳〔陣〕へ押詰、頸一討捕之由、粉骨之至候、弥可励戦功之旨、可申聞之状如件、

天正十三年

後八月廿八日　家康（徳川）　御居判

大久保（忠世）七郎右衛門尉殿

○「武徳編年集成」および「御感書」は、「御朱印」とするが、疑問。

○関連106　徳川家康感状写　○内閣文庫所蔵「御感書」三

今度於丸子河原（上田市）、敵陣前江押詰、頸一討捕之由、粉骨無比類候、弥可励戦功之状如件、

天正十三年

後八月廿八日　御名乗御書判（徳川家康）

海野弥吉とのへ

○「朝野旧聞裒藁」二百十九は「貞享書上」より写を引用する。「譜牒余録」四十一は、「松平日向守家来海野十郎兵衛」と所蔵注記。ただし「譜牒余録」は発給者を別注のような形で記しているため、成立年代未詳ではあるが「御感書」より採録した。

○関連107　徳川家康感状写　○東京大学史料編纂所所蔵立花家臣旧臣文書所収大沢家文書

今度於丸子(上田市)河原、敵陣前へ押詰、頸一討捕之由、粉骨無比
類候、弥可励戦忠之状如件、
天正十三年
　後八月廿八日　家康(徳川)（花押影）
　　　大沢勘兵衛尉とのへ

○切紙。

○関連108　徳川家康書状　○滋賀県 木俣家文書

今度於其表、動已下昼夜之辛労察之候、弥無由〔油〕断様専一候、
恐々謹言、
(天正十三年)壬八月廿八日　家康(徳川)（花押）
井伊兵部少輔(直政)
　同心中

○切紙ヵ。東京大学史料編纂所架蔵影写本に拠った。「御感書」三に「井伊掃部頭家来　木俣清左衛門、信州伊奈郡高藤（高遠ヵ）口ノ節」と注記あり。

○関連109　徳川家康書状　○長野県立歴史館所蔵　室賀家資料

(懸紙上書)「屋代左衛門尉尉〔衍〕殿　」
今度其方被入情〔精〕、殊家中之者共、動已下無比類之由、大久
保七郎右衛門尉(忠世)かたより申越候、御辛労察入候、尚々無由〔油〕
断様肝要候、委細内藤四郎左衛門尉(信成)・大久保次右衛門尉(忠佐)可
申候、恐々謹言、
(天正十三年)壬八月廿八日　家康(徳川)（花押）
　屋代左衛門尉殿(秀正)

○折紙、楮紙〔三三・一×五一・〇〕。懸紙折封、楮紙〔三〇・五×四三・八〕。花押は本文と同墨にみえる。

○関連110　徳川家康書状写　○内閣文庫所蔵「御感書」三

今度於禰津口(東御市)、敵多被討捕、殊生取已下迄被入情〔精〕、粉骨之

旨、寔御辛労令察候、弥無由(油)断候様肝要候、委細内藤四郎(信成)左衛門尉・大久保次右衛門尉(忠佐)可申候、恐々謹言、

(天正十三年)壬八月廿八日　家康御書判

松平源十郎(依田康国)殿

○「甲府殿家来　竹田忠兵衛出之」とあり。「朝野旧聞裒藁」二百十九は「貞享書上」より写を引用するが、家康を神格化した表記となっているため「御感書」より採録した。

○関連111　徳川家康書状写

○福島県　斎藤幸元氏所蔵　保科家文書

其表昼夜之御辛労令察候、尚々無由(油)断之様肝要候、内藤四(信成)郎左衛門尉・大久保次右衛門尉(忠佐)差遣候間、委細可申候、恐々謹言、

(天正十三年)後八月廿八日　家康(徳川)（花押影）

保科弾正忠(正直)殿

○『信濃史料』十六巻に拠った。「新編会津風土記」二にも書写されるが、こちらのほうが文意が通る。字配りのみ「新編会津風土記」に拠った。同書には「西郷頼母所蔵」とあり。

○関連112　結城晴朝書状写

○東京大学文学部所蔵「覚上公御書集」十一

先月廿日之御状今日到着、披閲快然之至候、抑於越中秀吉(羽柴)御調談、北国表平均被明御隙之由、肝要此事候、然而、初秋南衆(北条氏)出勢、皆川領張陣、因茲、義重(佐竹)被打出、催諸味方可出備所存候処、佐野(栃木県佐野市)表江移于不経日居陣退陣候、是又失行候、義重事者于今半途于在陣、国綱(宇都宮)居城宇都宮(栃木県宇都宮市)無抱候間、新地被取立候、然者、北条安房守(氏邦)沼田(沼田市)表江打出候処、彼在城者防戦丈夫、剰敵陣取越切所陣取候上、進退不分明候、就之、御助成之由、此刻不残可打果候間、上州之儀此度可為御治掌候間、有御越山、関左速御取扱専用に候、到于其儀者、味方中相談、可及御手合候、将又、遠・参衆(徳川氏)、真田(昌幸)所江被駈候処馳向、弐千余討取候由、誠心地好次第候、彼是好ヶ之時節候条、御出勢之儀者無申迄候、互委曲者以使者可申定候間、期其節候、恐々謹言、

(天正十三年)九月四日　晴朝（花押影）

結城

山内(上杉景勝)殿

○一七六　上杉景勝書状　○真田宝物館所蔵 矢沢頼忠家文書

対直江(兼続)書面之趣披見、仍而当表備逐日任素意之条、可心安候、次息三十郎(矢沢頼幸)参陣、別而走廻候間、喜悦候、雖不及申、帰馬之内、其元弥堅固之用心専一候、謹言、

九月五日(天正十三年カ)　景勝(上杉)（花押）

矢沢薩摩守(頼綱)殿

○竪紙、楮紙［三一・三×四二・〇］。横内折。

○一七七　上杉景勝書状　○真田宝物館寄託 禰津家文書

(懸紙上書)「(切封墨引)　禰津宮内大輔殿　従長沼(長野市)（切封墨引）」

今般真田安房守(昌幸)令同心、復先忠之条、感悦不浅候、因茲、使者到来快然候、於巨細者、同名靱負(禰津)尉可有口裏候、恐々謹言、

九月五日(天正十三年)　景勝(上杉)（花押）

禰津宮内太輔(昌綱)殿

○竪紙、楮紙［二八・八×三九・三］、懸紙折封［二六・二×四〇・七］。

○関連113　上杉氏憲書状　○愛知県 大道寺家文書

就森下(昭和村)之地居模候、至于其地披露御馬、則彼地打落之由、可然御仕合肝要至極候、依之以脚力申入候、御取成尤候、然者無際限御陣労令推察候、何様祇而以使可申候、恐々謹言、

九月八日(天正十三年)　氏憲(上杉)（花押）

大道寺駿河守(政繁)殿

○竪紙。名古屋温故会絵葉書に拠った。

○関連114　北条氏直書状　○東京国立博物館所蔵文書

書面之趣、一々得心候、然者其地為仕置、疾雖可令出勢候、遠州衆(徳川氏)於信州真田(昌幸)与対陣、沼田(沼田市)表へ之手合頻ニ所望候間、令出馬、森下(昭和村)城不移時日責落、楯籠候敵数百人切掛、其上

向沼田城押詰陣取、越国境・奥境迄、在々所々不残一宇、沼田庄打散、明隙候、此上遠州衆へ立使候条、依彼返答、直ニ其表へ可令出馬候、其半之仕置、何分ニも堅固ニ可被申付候、万乙無心元道理有之而、人衆所望ニ付者、出馬以前為加勢、一手も二手も可遣候、存分重而以糊付可被申越候、恐々謹言、

猶以、不及申候へ共、畢竟其方稼ニ相極候、

九月八日(天正十三年)　氏直(北条)（花押）

原豊前守殿(胤長)

○竪紙。

○滋賀県　南部晋氏所蔵文書

○参考36　「北爪右馬助覚書」※

（略）

御尋ニ付而申上候、

一、小田はら(原)(北条氏)よりくらうち(倉内、沼田城)へ御はたらき之時、森下(昭和村)の城せめおとし被成候時、くひ一ツ取申候、請人かゝ(加賀)ニおり被申候いのまた(猪俣邦憲)能登・とミなかけいさ(富永勘解由左衛門)へもん被存候事、

一、ぬまた(沼田)おかわ(小川、みなかみ町)ニて、くひ一ツ取申事、請人越前ニ罷有おゝこし(大越弁之助)へんの助・いのまた能登・とミなかけいさへもん被存候事、

一、くらうちかわは(川場、川場村)へのはたらき(働)の時、くひ一ツ取申事、請人秋本越中かゝ(抱)いニ候、小川主水存候、上泉主水存候へ共、老しに(死)被申候、

一、くらうちとはりきわ(戸張際)ニて、くひ一ツ取申候事、請人三川様ニ罷有候本郷越前・岡谷はやと(隼人)被存候事、

（略）

已上、

くひかす(首数)　卅九此内いけとり(生捕)一ツ

八月三日(年未詳)

○東京大学史料編纂所架蔵影写本に拠った。森下城落城の記事にかけて、ここに収める。

○参考37「桜井武兵衛覚書」※

○神奈川県立歴史博物館所蔵　桜井家文書

我等はしりめぐり《走廻》之覚書

（略）

一、沼田之森下《昭和村》ニ而、藤田大学・我等《桜井武兵衛》弐人、壱番のりヲいたし、城ヲおとし申候事、

（略）

此外人なミニしゆび《首尾》ヲ合候事、度々多御座候へとも、不申上候、

九月廿五日《年未詳》　　桜井武兵衛

○森下城落城の記事にかけて、ここに収める。「桜井家文書」には、もう一点（年未詳）九月十九日付で、武兵衛の花押が入った軍功覚書が残されており、そちらのほうが成立が早い。本来ならそちらから採録すべきだが、森下城攻めの記事についてはほぼ同文である上、森下城攻略の記載がないため、こちらを採録した。なお桜井武兵衛は、寛永八年に没している。

○参考38「清水正花覚書写」※

○高崎市　清水家文書

一、上州沼田《沼田市》之城取出窪田《同》之城責候時、敵之持将父子両人共ニ討捕、其時三ヶ処手負、当地ニ而藤田大学頭ニ御預置、看病被申候、何も存候覚事、

（略）

一、上州沼田之城、星名曲輪ニ而遺合、我等手使者為心得之ニ候、又御尋も候ハヽ、御感状様子可申候、只今之御黒印、御感知行之証文共ニ候、人御見セ有間鋪候、尤興《具》ク申付候、以上、

十二月三日《年未詳》　　正花《清水》黒印

○沼田城攻めの記事にかけて、ここに収める。

○関連115　常福寺善誉書状写

○米沢市上杉博物館所蔵「諸士来状」

雖未能面拝候、一翰令啓候、然者、去比室兵《室賀正武》依逆心生害之

段、定可被及聞召候、就之、妻子(室賀久太夫)等被及自害候ッ、愚僧走入、以教訓某寺へ懐取申候、太勝御味于今相抱候而、門前置申候、及承候得者、就彼仁別而御肝煎、殊更御身煩候後ニ而、被入御情候、近辺之御抱介尤令存候、一刻も御拵ニ而、房州(真田昌幸)侘言〔詫〕可然存候、か様候而御訴訟被成候者、則渡申度候間、其砌走書可被懸御意候、委曲一輪斎申渡候、定可被申上候間、令閣筆候、恐惶謹言、

追而、左道候得共、樽壱荷令進候、

(天正十三年カ)九月十日　常福寺
善誉判

(栗田)可休斎
御宿所

○室賀正武暗殺は天正十二年七月七日とされるが、翌十三年七月、昌幸の明確な徳川氏離叛以後のほうが整合性が高い。常福寺は上田城の西に接する諏訪部芳泉寺の旧称である。

○関連116　北条氏政感状写　○東京市　堤常次郎氏所蔵文書

去廿四日、真田津久田(渋川市)表相動、及一戦、頸三百余、下沼田豊前守生捕、恐悦至候、殊其方子鷲王丸(吉里)拾四歳ニ而頸三ツ、同武取(前カ)無抬動、仍猩々皮羽織被□分走廻不可勝計候、□一領糸毛遣之、弥々抽粉骨走廻、可為忠信者也、仍如件、

(天正十三年)九月十一日　氏政(北条)(花押影)

吉里備前守殿

○切紙。東京大学史料編纂所架蔵影写本に拠った。

○関連117　徳川家康感状写　○内閣文庫所蔵「御感書」三

今度於丸子(上田市)河原、致先懸、尽粉骨之〔ナシ〕処〔所〕無比類働、甚以神妙之至也、弥可被抽軍忠者也、仍如件、

天正十三年
九月十一日　家康(徳川)〔御判〕

松井与兵衛尉(宗直)との

○「記録御用所本古文書」は九月十七日付とするが、十一日付とするものが大半である。ここでは、同書より成立の早い「貞享書上」をもととした「譜牒余録」や、「武徳編年集成」が十一日付であるこ

とから、そちらを採録することとした。ただし「譜牒余録」は家康の署判が日付の左に記されており、原型が崩れていると判断されるため、「御感書」を底本とし、「貞享書上」から引用する「朝野旧聞裒藁」で異同を［ ］で補った。

○関連118 北条氏照書状 ○尊経閣文庫所蔵文書

出陣以後是非不申届候、手前取乱儀者勿論候、背本意候、又兎角不承候、恨入候、然而今度之動、越国表迄、如思召候条、定可為大慶候、将亦鷹証本草之抜書ニ候、遣之候、委細ニ仮名・点被付可給候、次任珍来鮭三尺遣之候、賞味可為祝着候、恐々謹言、

(天正十三年)九月十五日　氏照(北条)（花押）

一謳軒(南条宗虎)

○竪紙。

○一七八 真田昌幸感状写 ○上田市金井家文書

毎度致高名候条、岩門(上田市)之内拾七貫文、此外於于大屋(同)拾六貫文、合三拾三貫文〔可〕□出候、猶依戦功［可令］［スレテ不知］□□〔恩〕□者也、

乙酉(天正十三年)九月十七日　（朱印2）

金井六郎殿

○折紙、楮紙。長野県立歴史館所蔵写真で校訂したが、痛みが酷い。朱印は確認できるが、筆致が弱く、あるいは写か。「長国寺殿御事蹟稿」十二に「金井万蔵所蔵」として書写される。判読不能箇所については、同史料の記載を［ ］で注記した。

○一七九 上杉景勝書状写 ○真田宝物館所蔵「真武内伝附録」二

今度下郡(越後国)進発之処、子之三十郎(矢沢頼幸)参陣、別而武前走廻之条、感悦候、彼表如存分成置候、至于半途納馬候、当地普請等雖申付候、其元境目之趣間〔候脱カ〕、早速相返候、然者其地南衆(北条氏)相働之由、如何無心元候、就之、加勢之儀上田(新潟県南魚沼市カ)之者共も疾ニ相返候間、早々可打着候、其外人衆何も追々差遣候、雖不及申候、弥堅固之防戦専一候、重々依注進直馬之儀も聊不

可有遅々候、謹言、

九月十八日（天正十三年カ）　景勝（上杉）（花押影）

矢沢薩摩守（頼綱）殿へ

○「竪状」とあり。原本は享保十六年の上屋敷火事で焼失したという。花押影は後ろに日付と一括して書写されているが、「判」とある位置に移した。

○関連119　上杉家臣連署書状

○米沢市上杉博物館所蔵　上杉家文書

御書謹而拝領、殊ニ御樽肴被下候、忝次第奉存候、然而、伊勢崎（上田城）御普請寸隙不存油断致之候、近日可成就仕候、此等之趣宜預御披露候、恐惶謹言、

島津淡路守

忠直（花押）

九月廿二日（天正十三年）　岩井備中守

信能（花押）

栗田

永寿（花押）

直江山城守（兼続）殿

○竪紙、横内折カ［二八・〇×三九・〇］。

○関連120　上杉家臣連署書状

○山形県　庄司喜與太氏所蔵文書

御書謹而拝見、并御樽頂載〔戴〕、過分至極奉存候、仍当地（上田城カ）御普請過半成就仕候、弥相加世義〔儀〕可申由、御披露奉頼候、恐々謹言、

本庄新六郎

顕長（花押）

九月廿二日（天正十三年）　山本寺隠岐守

定種（花押）

高梨弥五郎

頼親（花押）

山浦源五

景国（花押）

直江山城守（兼続）殿

○竪紙、横内折［二八・二×四二・八］。「当地」の比定は前号文書と

の関係による。東京大学史料編纂所架蔵影写本「伊佐早文書」で校訂した。

◯関連121　須田満親書状

◯米沢市上杉博物館所蔵　上杉家文書

御状謹而頂戴、殊御樽肴過分忝存候、越国衆并始真田安房(昌幸)守当州面々、御書・御樽拝領被仕、御普請何連も無如在相稼候、委曲土肥太兵衛見聞可為言上候、猶宜預御披露候、恐々謹言、

(天正十三年)九月廿三日　須田相模守　満親（花押）

直江山城守(兼続)殿

◯竪切紙、楮紙、横内折［二九・一×三七・三］。

◯関連122　栗田可休書状

◯米沢市上杉博物館所蔵　上杉家文書

御書被下置、殊ニ御樽拝領、過分至極候、仍伊勢崎(上田城)御普請之儀、各々如在不存候、様子御使者見聞被申条、不及言上候、何も近日御陣下江致祗候、可得　御下知候、以此旨御披露、恐惶謹言、

(天正十三年)九月廿五日　栗田入道　可休（花押）

直江山城守(兼続)殿

◯竪切紙、横内折［二九・四×三四・二］。

◯関連123　北条氏邦書状写

◯兵庫県篠山町赤見家文書

今度沼田(沼田市)宿城於于上戸張、両人高名、殊強敵ニ遭、鑓手数ヶ所被負、手柄之勝負、誠無比類候、旗本御陣江茂、則猪俣(邦憲)を以申上候、中ニも其方走廻之儀、及御披露候処ニ、不浅御褒美之　上意ニ候、追而御勘(感)状可被下候由、被　仰出候間、可被存過分候、恐々謹言、

(天正十三年)九月廿八日　(北条)氏邦

矢野兵部右衛門殿　参

◯東京大学史料編纂所架蔵謄写本に依った。

○一八〇　羽柴秀吉御内書　○真田宝物館所蔵　真田家文書

（懸紙上書）
「　　真田安房守とのへ」
（端裏書）
「（切封墨引）」
未申遣之処、道茂（徳法軒）所へ之書状、披見候、委細段被聞召届候、其方進退之儀、何之道ニも不迷惑様ニ可申付候間、可心易候、小笠原右近大夫（貞慶）与弥申談、無越度様ニ其覚悟尤候、猶道茂可申也、

（天正十三年）拾月十七日（花押）（羽柴秀吉）

真田安房守（昌幸）とのへ

○切紙、斐紙［三二・〇×五一・〇］。切封紐残る。懸紙折封、斐紙［三二・七×一三・五］。

○関連124　羽柴秀吉御内書写　○唐津市教育委員会所蔵小笠原文書所収「小笠原系図」下

追而来国長脇指・鳳凰縫紋道服一遣之候也、
今度道茂（徳法軒）差遣候処ニ、其方存分通、一々被聞召届候、依之常にも其方進退之義〔儀〕、可令馳走候間、可心安候、殊刀一腰判守家・熊皮弐拾枚至〔到〕来、祝着候、委細之段、以一書道茂申含遣候、被得其意、真田（昌幸）与別而入魂可有之候、木曾伊予（義昌）守方ニも可被申談事尤候也、

（天正十三年）十月十七日　秀吉（羽柴）在判

小笠原右近大夫（貞慶）とのへ

○東京大学史料編纂所撮影のボーンデジタル画像で校訂した。

○一八一　石田三成副状写　○真田宝物館所蔵「真武内伝附録」二

雖未申通候、去比就阿波守殿（真田昌幸）（安房、以下同）儀、自景勝（上杉）千坂対馬守（景親）・村山安芸守以両使、巨細被仰上候条、関白殿（秀吉）へ達上聞、阿波守殿御存〔分脱カ〕之通、彼両人申渡候、拙者事、景勝御儀馳走申事候間、向後別而御用可承候、就中、此使僧関東へ被差遣候条、被入御精可被送届旨御語〔物脱カ〕候、軈而又自関東使者衆可被罷上候間、路次無異儀様被仰付尤候、右に候間、御貴所之儀も、疎略在之間敷候、御用等可被仰越候、将又去九

月十四日、天徳（宝衍）へ之御状、其文令披見、則披露仕候、猶委
細之段、此使僧可為演説候間、令大略候、恐々謹言、
十月十八日（天正十三年）　三成（石田）（花押影）
矢沢殿（頼綱）
御宿所

○「横半紙」とあり。享保十六年の上屋敷火事で焼失したという。花押影は後ろに日付と一括して書写されているが、写に「判」とある位置に移した。

○一八二　上杉景勝朱印状

○真田宝物館所蔵
矢沢頼忠家文書

出置知行之注文
一、安中一跡（左近大夫）之事、
一、平（中之条町）之事、
一、高山（藤岡市カ）之事、
一、長根（高崎市）之事、
一、あま引（天引、甘楽町）之事、
一、関東中奏者・取次之事、
一、於当国出置知行、別注文遣之候事、
以上、
天正十三年
十一月三日（朱印、印文「立願勝軍地蔵摩利支天飯縄明神」）
矢沢薩摩守殿（頼綱）

○折紙、斐紙［三五・六×四九・六］。

○一八三　上杉景勝朱印状カ写

○館山市立博物館所蔵
恩田家文書

一、今度と［ナシ］山軍の先懸［いくさを先手ニ］、其方かせき無比類候付［次第］、依之三百
石為加恩出し置候、請取可申事、
一、酒田町中（山形県酒田市）之証人とも［ナシ］事、城中へ可取入事、
霜月三日（天正十三年）　直江（兼続）
恩田越前守との［殿］

○折紙一紙に別文書とともに書写される。直江兼続が奉じた上杉景勝朱印状と思われる。同じ文書二点が別の折紙に書写され、それぞれ

異同がある。異同について、「　」で注記した。

○一八四　真田昌幸書状　○長野市立博物館寄託　柳島家文書

急度奉啓上候、当境無異儀候、仍申来候者、甲州・佐久郡・諏方郡主ニ指置候平岩七之助（親吉）・芝田七九（康忠）・大久保七郎（忠世）右衛門尉、何をも遠州へ召寄之由候、如何様之致相談候哉、不被存候、甲州辺へ目付差越、様子承届候者、急度注進可申候、此等之趣可預御披露候、恐惶謹言、

真田安房守

（天正十三年）十一月十七日　昌幸（花押2）

直江山城守（兼続）殿

○切紙、斐紙［一四・九×四一・〇］。

○一八五　羽柴秀吉御内書　○真田氏歴史館所蔵文書

（懸紙上書）「真田安房守とのへ　秀吉（羽柴）」

（切封墨引）

態以飛脚申候、

一、対天下、家康（徳川）表裏相構候儀、条々有之付而、今度石川伯耆守（康輝）為使、相改人質以下之儀申出候処ニ、家康表裏重々有之段、彼家中者ニも依存知ニ、家康・宿老共之人質不出付而、石伯去十三日足弱引連、尾州迄罷退候事、

一、此上者人数を出、家康儀成敗可申付ニ相極候、殿下（羽柴秀吉）御出馬之儀ハ、当年無余日候間、正月十五日前ニ動座有之而、急度可被仰付事、

一、信州・甲州両国之儀、小笠原（貞慶）・木曾伊予守（義昌）相談、諸事申合、無越度様ニ才覚尤候事、

一、其国へも其方より被申次第ニ人数可入程可差遣事、

一、当年者右如申無余日候間、才覚有之而、来春正月出馬刻、其国へも人数を差遣、もミ合、彼悪逆人成敗儀程有間敷候条、小笠原・其方手前、春迄儀ハ諸事有気遣、用心等無越度様ニ才覚肝要候事、

一、其国之儀、道茂（徳法軒）ニ一書を以可被申越候、猶追々可申聞候也、

（天正十三年）十一月十九日（羽柴秀吉）（花押）
真田（昌幸）安房守とのへ

○切紙、斐紙、巻子装［二二・〇×八六・五］。懸紙折封。懸紙は裁断して本紙と一巻に成巻。「長国寺殿御事蹟稿」七に「矢沢斎宮誠久相伝」と書写される。

○関連125　徳川家康書状　○高岡市立博物館所蔵文書

去廿二日之御状委令披見候、仍石河（石川康輝）伯耆守退出已後、爰元手置等、弥堅固申付候、上方之儀、至于今無殊子細候、於時宜者可被心安候、将亦御加勢之儀付而、無□御心懸雖不始□、欣悦不少□一左右次第、□先可被御□候、随而真田（昌幸）方□被入御念、御懇意祝着之至候、委曲榊原小平太（康政）可申入候、恐々謹言

（天正十三年）十一月廿八日　家康（徳川）（花押）
北条美濃守（氏規）殿
（御報ヵ）□

○折紙、楮紙［三一・三×四七・七］。全体に傷みが著しい。野村きく子氏、寺畑喜朔氏旧蔵。

○一八六　真田昌幸書状　○上田市信綱寺文書

信玄（武田）様御菩提所可致建立候間、佐久郡至于本意者、竜雲寺（佐久市）領如前々貴寺へ可進之置候、恐惶謹言、

天正十三年乙酉
十二月十二日　昌幸（真田）（花押2）
信綱寺
衣鉢閣下

○折紙、楮紙、巻子装［二九・七×四四・二］。

○参考39　「天正六年同十九年迄御頭書」　○神長官守矢史料館所蔵　守矢家文書

天正十三乙酉
一、四野沢郷（佐久市）
一、同高野郷（佐久穂町）

一、七（上田市）上田庄
一、同（同）踏入郷
一、四（長野市）河田郷
一、五（松本市）村井郷
一、同（東御市）田中郷
一、四（長野市）塩崎郷
一、七（同）市村郷
一、五（同）小柳郷
一、七 コスル（千曲市）桑原郷
一、七（計見、木島平村）毛見

天正十四年（西紀一五八六）

〇一八七　羽柴秀吉御内書写

〇真田宝物館所蔵「長国寺殿御事蹟稿」八

態染筆候、
一、旧冬如申遣候、先勢当月相ニ差遣、二月十日比ニ可出馬事、
一、四国・西国之人数、兵粮以下之儀、以船手申付候、二月之末、三月之初比ニハ海上自由ニ可在候之条、可心易候、其外諸卒兵粮出候条、八幡大菩薩、早国々之人数ニ兵粮を遣之、尾州・濃州人数ニハ以金銀八月迄之兵粮悉渡置候、定而其元へ可有其聞事、

一、小笠原(貞慶)・其方人数迄見候、可為無人候間、卒尓之動無用候、此方人数二万も三万も従木曾口可差遣候条、其方存分次第ニ被申談、可被相動候、諸口繰合、凶徒可加成敗候間、可心易候也、

　　　　　　　太閤(羽柴秀吉)
正月八日(天正十四年カ)　花押

　　　真田安房守(昌幸)殿

「花押模写（花押影）」

「上包折懸

真田安房守殿　秀吉」

○「出浦右近助昌所蔵」とあり。年次比定は『豊臣秀吉文書集』に従った。上杉景勝宛・宇都宮国綱宛がほぼ同内容であり、徳川家康を攻撃対象としていることがわかる。

○一八八　羽柴秀吉御内書写

○真田宝物館所蔵「長国寺殿御事蹟稿」八

先書ニ雖申遣候、重而染筆候、

一、先勢弥当月相ニ差遣候、秀吉(羽柴)出馬二月十日比ニ相極候事、

一、四国・西国人数、船手之儀も早申付候、三月初比可相動事、

一、従木曾口人数之儀も申付候条、諸口繰合、即時ニ可討果候、今少候間、其方諸所へ動無之様、調儀肝要候、我等出馬以前行無之候共不苦候、一篇ニ於申付上、糺忠節、知行等可申付候間、可心易候、猶追々可申聞候也、

　　　　　　　太閤(羽柴秀吉)
正月十日(天正十四年カ)　花押

　　真田安房守(昌幸)とのへ

○「大熊靱負貫謙所蔵」とあり。年次比定は『豊臣秀吉文書集』に従った。

○関連126　徳川家康書状写

○内閣文庫所蔵「譜牒余録後編」三十二

今度証人之事申越候処、各有馳走、差図之外、兄弟・親類駿州江差越、無二之段、寔感悦候、殊去秋者於真田(上田市)表万事

入情〔精〕走廻之旨、大久保七郎(忠世)右衛門披露候、是又令悦喜候、
委細両人可申候、恐々謹言、
(天正十四年)正月十三日　家康(徳川)御判
武川衆中
○「米倉助右衛門所蔵」、「折井一郎兵衛方ニ所持之写」と注記。

○関連127　本多正信・大久保忠泰副状写

○内閣文庫所蔵「譜牒余録後編」三十二

尚々、各無二可有御奉公旨、不大形御祝着之旨、可御心安候、
弥各可被相談候、以上、

今度証人之儀付而、従平七(平岩親吉)・成吉(成瀬正一)、其断被申候処、御差図之外、若き衆まて妻子駿州へ被引越候て、無二可有御奉公之由、則及披露候処、不大形御祝着ニ思食候、殊去秋於真田(上田市)〔表〕、別而被入御精御走舞〔廻〕之由、大久保七郎(忠世)右衛門尉被申上候、毎度御無沙汰不被存之旨、御悦喜被成候、依之各へ御直書被遣候、弥御奉公無御由〔油〕断体専要候、恐々謹言、

(天正十四年)正月十三日　忠清〔泰〕(大久保忠泰)判
正信(本多)　判
従岡崎(愛知県岡崎市)
「(上書カ)
武河衆中　大新十郎
御宿所　本弥八郎」

○「米倉助右衛門所蔵」、「折井一郎兵衛方ニ所持之写」と注記。諸本間の異同が多く、「武家事紀」三十二は尚々書を欠く他、脱漏が多い。一部を「御感書」四で校訂した。

○一八九　真田昌幸判物カ写

○真田宝物館所蔵「長国寺殿御事蹟稿」十三

当表行之砌存寄、度々令参陳〔陣〕事、誠以神妙之至候、依之武石(上田市)之内拾貫文、於佐久郡岩村田(佐久市)之内四拾貫文、右如斯出置候、猶依戦功可加重恩者也、仍而如件、
天正十四年戌

正月廿五日　昌幸（真田）

塚本肥前守殿

○「所蔵不知」とあり。

○一九〇　真田昌幸判物ヵ写

○真田宝物館所蔵「長国寺殿御事蹟稿」十三

当地江別而節々召寄候条、其方知行之内百姓普請役、向後赦免候者也、仍而如件、

（天正十四年）戌

正月廿五日　昌幸（真田）

塚本肥前守殿

○「所蔵不知」とあり。

○関連128　徳川家康感状写

○内閣文庫所蔵「御感書」三

今度於其元情（精）を入之由、殊真田（上田市）筋ニ而も走廻候由ニ候、彼是令悦喜候、委細阿部善右衛門尉（正勝）可申候、謹言、

（天正十四年）二月二日　御判（徳川家康）

小池筑前守（信胤）との

津金修理亮（胤久）との

小尾監物（祐光）との

○「譜牒余録後編」十七、御小姓組「津金右衛門七」で書き上げられるが、誤字が多い。同十一「小尾七郎右衛門」では本文書は書写されず。この間の事情について、「小池筑前・津金修理・小尾監物一所ニ二月二日御直　御判之御書頂戴、于今津（金）右衛門七所持仕候」とあり、一通だけ出され、津金氏に手交されたことがわかる。

○一九一　真田昌幸朱印状

○千曲市　松田千里氏所蔵　矢島家文書

近年別而被抽忠節条、岩村田（佐久市）之内竹田玄蕃分百貫文出置候、猶依戦功一所必可出候、謹言、

天正十四年丙戌

二月十二日　昌幸（真田）（朱印）

矢島主殿助殿

○『信濃史料』十六巻より採録した。

〇一九二　真田昌幸朱印状写

〇真田宝物館所蔵「長国寺殿御事蹟稿」十二

年来別而奉公候条、佐久郡至于本意者、三拾貫文吉原又兵衛分、拾五貫文上田七兵衛分、五貫文なへふた右近分可出置候、弥奉公肝要候者也、仍而如件、

天正十四年丙戌

二月十四日　御朱印

北沢勘解由殿

〇「北沢叔蔵正忠相伝」とあり。

〇一九三　真田昌幸朱印状写

〇真田宝物館所蔵「長国寺殿御事蹟稿」十二

年来別而被抽忠節候条、誠無比類候、下筋於于本意者、渋（渋川市）河之内百貫文、右如此可出置候条、弥奉公可為肝要候、恐々謹言、

天正十四年丙戌

二月十四日　御朱印

富沢大学殿

〇「江戸御作事方勘定役富沢良助所蔵」とあり。

〇一九四　真田昌幸朱印状写

〇真田宝物館所蔵「大鋒院殿御事蹟稿」二十

追而佐久郡於于本意者、必相当之地重恩可相渡候、以上、

年来別而被抽忠節条、誠無比類候、下筋於于本意者、桃井（榛東村）之内百貫文、右如此可出置候間、弥奉公専一候也、仍如件、

（天正十四年）戌二月十四日　御朱印

折田軍兵衛殿

〇「上州我妻郡折田村折田九右衛門所蔵」とあり。

〇一九五　真田昌幸朱印状写

〇群馬県立文書館寄託　黒岩初音家所蔵「吾妻記」

年来別而被抽忠節条、誠無比類候、下筋於本意、渋川（渋川市）之内

百貫文、右如此可出置候間、弥奉公可為肝要候、恐々謹言、

（天正十四年）戌二月十四日　昌幸御朱印

唐沢玄番〔蕃〕尉殿

○一九六　真田昌幸朱印状

○上田市立博物館所蔵　神尾家文書

近年別而被抽忠節条、葦田（立科町）之内依田摂津守分七拾貫文出置候、猶依戦功一所必可出者也、仍而如件、

天正拾四丙戌

二月十六日昌幸（朱印2）

「神尾淡路守殿」

○折紙、楮紙［二八・四×四四・一］。宛所部分は破損しており、「神」の残画が辛うじて読める状態のため、「諸州古文書」十三所収の写で補った。寛保元年（一七四一）、青木昆陽調査時の所蔵は「原町遠州屋久左衛門」で、「遠州屋」は神尾氏の屋号である。

○一九七　真田昌幸朱印状写

○真田宝物館所蔵「長国寺殿御事蹟稿」十二

近年別而抽忠節之間、蘆田（立科町）之内［虫ハミ］右衛門分五十貫文出置候、猶依戦功一所必可出之者也、

天正十四丙戌〔戌〕年

二月十六日　御朱印

金井久内殿

○「岩下久馬貫布相伝」とあり。

○一九八　羽柴秀吉御内書写

○真田宝物館所蔵「真武内伝附録」一

関東往還之者共送之事、入精之段聞届候、誠奇特候、弥馳走専用候、猶石田（三成）治部少輔可申候也、

（天正十四年カ）二月十九日　（朱印影）

矢沢（頼綱）薩摩守殿〔とのへ〕

○「横半紙」とあり。享保十六年の上屋敷火事で焼失したという。朱印影は後ろに日付と一括して書写されているが、写に「丸朱印　秀頼ヵ」とある位置に移した。秀吉が矢沢頼綱に直接朱印状を出して使者の世話を陳謝していることから、小田原合戦以前の可能性が高い。なお宛所は翌日付石田三成副状写（次号文書）の注記にあるように「殿」ではなく「とのへ」であったと思われる。

○一九九　石田三成副状写

○真田宝物館所蔵
「真武内伝附録」二

天徳（宝衍）へ之御書中拝見、満足之至候、関東へ往還之衆、御送之儀、度々申入候処、被入御精旨、無相違段、達　上聞（羽柴秀吉）候、御祝着之旨、以　御書被　仰出候、弥向後御馳走肝要存候、爰元御用之儀、不可有疎略候、無御隔心可承仰候、猶以天徳寺迄被　仰越通、珍重候、旁期後音候、恐々謹言、

（天正十四年ヵ）二月廿日　三成（石田）（花押影）

矢沢薩摩守（頼綱）殿〔とのへ〕
御宿所

○「右之通二通半切上包有之、当〔宛〕所矢沢薩摩守とのへ如此有之候」「横半紙切上書なし、右二通包有」とあり。享保十六年の上屋敷の火事で焼失したという。花押影は後ろに日付と一括して書写されているが、写に「判」とある位置に移した。

○二〇〇　羽柴秀吉御内書

○神奈川県
宮下家文書

（懸紙上書）「真田安房守とのへ　秀吉」
（端裏書）「（切封墨引）」

二月朔日書状、同廿九日遂披見候、仍家康（徳川）事、人質抛入、如何様にも秀吉（羽柴）次第旨、種々懇望候之条、免置候、然者、信州各儀も可為関白存分旨候条、得其意、矢留之儀堅可申付候、猶道茂（徳法軒）可申候也、

（天正十四年）二月卅日（朱印）

真田安房守（昌幸）とのへ

○切紙、斐紙［二一・六×五一・五］。切封紐残る。懸紙折封、斐紙［三〇・六×一四・六］。宮下氏は真田氏の家扶。

○二〇一　天徳寺宝衍書状写

○真田宝物館所蔵「真武内伝附録」二

幸便之間申候、然者従関〔東脱カ〕、京都へ之使者・脚力、於其地去
秋已来御馳走之模様、具申上候、御感悦不尋常候、因茲、
被成御書候、向後弥御忠信肝要存候、仍多賀谷（重経）差上候五明、
若狭守ニ御伝語慥承届候、彼望之儀、石治（石田三成）相談涯分馳走可
申候、猶近日以使者可申候間、不能具候、恐々謹言、
追而、此脚力御造作・御指南頼入候、以上、「此ヨリ次ノ下リ」

（天正十四年）三月七日　宝衍（天徳寺）（花押影）

矢沢薩摩殿（頼綱）　「上包有之、書付則同事」

回章

○「四寸五分横小半紙、切封上書なし」とあり。年次比定は、石田三成から矢沢頼綱に対する初信が天正十三年十月であったことによる。原本は享保十六年の火事で焼失したという。花押影は後ろに日付と一括して書写されているが、写に「判」とある位置に移した。

○関連129　北条氏邦書状

○山形県中沢家文書

去三日、吾妻石須郷（石津、東吾妻町）へ動候処、早々懸着、別而走廻之由、
斎藤摂津守（定盛）申越候、感悦之至候、弥其口可抽戦功候、恐々
謹言、

（天正十四年）卯月十日　氏邦（北条）（花押）

中沢越後守殿

○竪切紙。年次比定は、花押型による。

○関連130　北条氏直書状写

○内閣文庫所蔵「新編会津風土記」五

今度猪俣（邦憲）向沼田（沼田市）、寄居取立候処、入精被走廻之由感悦候、
当表在陣中指引専一候、猶房州（北条氏邦）可有演説候、恐々謹言、

（天正十四年）卯月十五日　氏直（北条）（花押影）

小山田将監殿

○「小山田多門所蔵」とあり。

〇二〇二　石田三成書状写

〇真田宝物館所蔵「真武内伝附録」二

近日者無音、非本意候、仍此方佐竹（義重）江被差下候条、路次等之義〔儀〕、無相違候様慥御馳走肝要至極候、切々上下無異儀被仰付之段、達　上聞（羽柴秀吉）候而、先度被成下　御書候、弥向後御馳走専一存候、此方御用等可承候、恐々謹言、

　　石田治部少輔

（天正十四年カ）卯月廿三日　三成（花押影）

矢沢薩摩守（頼綱）殿

　御宿所

「右は折紙也、上包有之、名書如左、」

矢沢薩摩守殿　　三成

　御宿所

」

〇享保十六年の上屋敷火事で焼失したという。花押影は後ろに日付と一括して書写されているが、写の位置に移した。なお、年次は本文で「卯月十四日」とあるが、署判部書写部分には「卯月廿三日」とある。仮に、後者に従う。

〇関連131　北条氏直書状

〇東京大学史料編纂所所蔵　猪俣家文書

今度以計策、仙人ヶ岩屋（東吾妻町）乗捕儀、誠無比類走廻、感悦不少候、弥無油断、仕置専一候、謹言、

（天正十四年カ）卯月廿五日　氏直（北条）（花押）

猪俣能登守（邦憲）殿

〇竪切紙。年次比定は、花押型による。

〇関連132　北条氏邦書状写

〇桐生市目黒家文書

猪能所（猪俣邦憲）へ注進状披見候、助太郎（阿久沢）相拵付而、去三日沼田（沼田市）東谷押替候、取出以不慮之行、打散悉放火、人馬弐百余討捕、首打捨五十余之内、鼻験八、其外分捕等一々紙面見得候、誠心地好、面々拵之所無比類次第候、則小田原（神奈川県小田原市）へ注進状令進上候、弥境目無油断儀簡要存候、委曲猶猪能所へ申遣候、恐々謹言、

（天正十四年カ）五月七日　氏邦（北条）判

阿久沢能登守殿

○二〇三　矢沢頼綱書状写　○内閣文庫所蔵「加沢記」五

氏直(北条)公去秋御出張之処、無御勝利に依て、今度八州之大名・小名打振、貴方為案内此山中江御出張、誠以御苦労之至候、数年御心懸之処、我等存命(分カ)至今年遂対陳(陣)、大悦不過之候、此表不肖之族ニ候といへとも、早々御出馬待存処ニ候、此旨宜所仰候、恐々謹言、

(天正十四年)五月十日　　滋野頼綱(矢沢)

北条安房守(氏邦)殿

○検討の余地あり。

○二〇四　北条氏邦書状写　○内閣文庫所蔵「加沢記」五

芳墨致披見候、如来意、我等近年雖令発向候、掛難所、殊ニ其城堅固、貴殿仕合尤ニ候、書状之趣大途(北条氏直)ニ及披露候処、神妙之至ニ被思召候、山中珍鋪覚ニ付、一両日鷹狩被　仰付候条、静ニ寄可蒙欝憤候、併速可令降参者其所領ハ任望、一族并籠城衆可為安堵候、猶期一戦之時候、恐々謹言、

(天正十四年)五月十一日　　平氏邦(北条)

矢沢薩摩守(頼綱)殿

○検討の余地あり。

○参考40　「家忠日記」四　○駒澤大学図書館所蔵

(天正十四年七月)十九日壬子、一昨日十七日、家康(徳川)真田(上田市)表働き被仰付候、駿府(静岡県静岡市)迄御出馬之由候、

○関連133　石田三成・増田長盛連署書状　○杉原謙氏所蔵文書

就無異儀御帰国、早々吉田肥前守殿被差上、貴札拝見、本望存候事、

一、関白様(羽柴秀吉)江御使札之趣、具遂披露候処ニ、則以御書被仰出候、猶以従両人能々可申入由候事、

一、真田(昌幸)事、先度於此方如被　仰出候、表裏比興者ニ候間、可被加成敗旨被仰出候間、定而家康(徳川)人数可相動候条、自其方一切ニ見続等在之間敷之由候、於様子者、吉肥(吉田肥前守)口上

ニ懇申渡候事、
一、佐渡之儀、自前又左(前田利家)も被申達候通、得其意取候、何様ニも御勝手次第ニ可被仰付候、将亦、関東・出羽・奥州之面々へ　御朱印之事、是又先度如申談候、御手寄次第被成入魂可被仰談旨候、何も委吉肥へ申入候間、可被相達候、恐惶謹言、

(天正十四年)八月三日　(増田)長盛（花押）
(石田)三成（花押）

謹上　上杉少将殿(景勝)

○切紙。東京大学史料編纂所架蔵影写本に拠る。

○関連134　羽柴秀吉条目写

○唐津市教育委員会所蔵小笠原文書所収「小笠原系図」下

条々
一、真田(昌幸)為成敗人数被差遣由候、手堅可被申付儀専一之事、
一、真田知行之内、自越後(上杉景勝)人数入置所、二、三ヶ所も可有之、其段も此方より請取候者被　仰付、何も境目等事、定而被遣　上使可被相立候、越後へも右通被仰遣候条、真田為合力人数を出候事有間敷候間、被得其意、越後より人数入置所、手さし有間敷候事、
一、小笠原(貞慶)并木曾(義昌)事、此方より相副使者候歟、不然者其方上洛之時可引合候間、可被得其意候、両人持分、内々下々かせき仕候由、さ様之段猥無之様、堅可被申付候事、
右、道茂(徳法軒)申含差遣候間、能々可被聞届候也、

(天正十四年)八月六日　御在判(羽柴秀吉)
徳川参河守(家康)とのへ

○関連135　羽柴秀吉御内書写

○唐津市教育委員会所蔵小笠原文書所収「小笠原系図」下

為真田(昌幸)成敗、家康(徳川)出馬之由、可為気遣之条、差下道茂候、其方事、聊不可有異儀之段、対家康具被仰遣候間、可心安候、委曲道茂(徳法軒)可申候也、

八月六日(天正十四年)　秀吉(羽柴)在判
小笠原右近大夫(貞慶)殿

○参考41　「家忠日記」五　○駒澤大学図書館所蔵

七日己巳(天正十四年八月)、真田(昌幸)之儀、上(羽柴秀吉)より曖候而、家康(徳川)御馬候ハ(ママ)、御延引之由候、

○関連136　羽柴秀吉御内書　○徳川美術館所蔵文書

書状委細加披見候、家康(徳川)甲州へ被相越候付而、信州迄其方被越候事辛身候、就其、家康甲州より可罷帰候条、其方ハ打帰、浜松(静岡県浜松市)ニ可有之由、家康より申越候付而、右分候由可然候事、
一、真田(昌幸)成敗ニ人数越候ニ付而ハ、家康為候条、真田急度可被討果儀専一候間、此方へ家康遅候ても不苦候条、自身被相動、真田被刎首様ニ可然候事、
一、越後(上杉景勝)へも真田成敗之儀、家康へ申出候条、人数等一人も真田助候儀有之ましき由申遣候事、
一、従越後、真田持分のうちに有之城二、三か所へも、人数入置候由候条、其城へハ家康手遣儀無用候、此方よりも請取、家康可任存分候条、可有其心得事、
一、右ニ其方と成瀬(正一)ニ被仰渡候儀ハ、真田成敗ニ人数於不出者、急家康此方へ被相越、於其上、真田儀成敗可然候と被仰候へ共、早人数出候ニおゐてハ、此方へ家康被上候事、遅候共不苦候間、家康自身被相動、真田可被刎首儀専一候事、
一、此方ハ遠候条、細々彼表之儀、一書を以可被申越候、何様にも家康為の可然様ニ諸事可申付候条、追々可被申越候事、
一、小笠原(貞慶)所へも家康ニ申出候内儀事申遣候、弥下々者、小笠原持分へ猥之儀無之様ニ、堅政道以下家康可被申出候事、
一、木曾伊予守(義昌)も、此方ニ候条、右分申聞候、是又木曾路猥ニ無之様ニ堅可被申出候事、

右之通得其意、能々可相逐候也、

（天正十四年）
八月九日（朱印）

水野宗兵衛（忠重）入道とのへ

○続紙、楮紙、巻子装［三〇・八×九五・七（第一紙横四七・五、第二紙横四八・二）］。本来水野家に伝来したものと思われるが、元禄十一年の無嗣断絶後、甲府代官などを歴任した中井清太夫の手に渡ったようである。「武徳編年集成」に書写されているが、助詞の用法など細部の異同がみられる。「朝野旧聞裒藁」は「武徳編年集成」から引用するが、脱漏がみられ、文意が通じない。

○二〇五　真田昌幸朱印状　○上田市 願行寺文書

（上田市）
願行寺後坊主之事、可然ちしき（知識）あひまねき（相招）、被為住候様ニ馳走尤候、然而自今以後門前屋敷等諸役、可令赦免者也、仍如件、

天正十四丙戌
八月十八日（朱印2）

高槻備中守殿

新木肥後守殿

○竪切紙。

○関連137　羽柴秀吉御内書　○米沢市上杉博物館所蔵 上杉家文書

（懸紙上書）
「上杉少将とのへ　秀吉」

新発田（重家）并沼田（沼田市）表之儀ニ付而、委細申含、木村弥一右衛門尉（吉清）差遣候間、被得其意、分別肝要候、国ニ敵対候者、少も有之者、天下之外聞云、又者関東之為ニ候条、何之道ニも国を一篇ニ可被申付儀可然候、猶以、此度弥一右衛門尉被留置、平均可被申付候、返事待入候也、

（天正十四年）
九月六日（花押）（羽柴秀吉）

上杉少将（景勝）とのへ

○切紙、斐紙［一八・二×五一・一］、懸紙折封、斐紙［二五・九×一八・〇］。

○関連138　羽柴秀吉御内書写

○唐津市教育委員会所蔵　小笠原文書所収「小笠原系図」下

従伊達(政宗)・会津(蘆名義広)并関東書状之趣、被遂聞召候、依其表之義、
先度道茂相含差遣候、真田(昌幸)事者、人質も不出候、其上表裏
有之間、無御許容候、其方儀も別而無御疎略候間、身上之
事、少も不可有別条候、其元堅被申付候者、不斗可被罷上
候、以見参可申候也、
(天正十四年)九月六日　秀吉(羽柴)在判
小笠原右近太夫(貞慶)とのへ

○二〇六　真田昌幸判物写

○群馬県立文書館寄託　黒岩初音家所蔵「吾妻記」

当地中山(高山村)之地江、親類とも引連罷越候儀、一入神妙候、依
之割田新兵衛分相出候、此地ハ名方へ先手形出之候得共、
最前望之、今般之奉公又不浅之間、出置申候、若又先判者、
不測之忠信申候ハヽ、替地受取返可申候、此上相稼申候
ハヽ、又於須川(みなかみ町)弐貫文之処、重而可出之候、仍而如件、
天正十四年九月七日　昌幸(真田)
林弾左衛門殿

○「上野国吾妻記」（『群馬県史料集』三巻）では「昌幸御判」とあり、判物とみられる。

○関連139　羽柴秀吉御内書

○米沢市上杉博物館所蔵　上杉家文書

(懸紙上書)「上杉少将とのへ」
八月十日書状、今日廿五到来、加披見候、新発田(新潟県新発田市)表へ被相
動、被取詰之由尤候、何之道にも、急度一着候様与思召、
木村弥一右衛門尉(吉清)被仰含、被差遣候、被得其意分別肝要候、
将又真田(昌幸)事、先書ニ如被仰遣候、表裏者候間、御成敗之儀、
家康(徳川)雖被仰出候、此度之儀、先以相止候、次関東其外隣国
面々事、入魂次第、可被申次由、猶別紙申顕候也、
(天正十四年)九月廿五日（花押）(羽柴秀吉)
上杉少将(景勝)とのへ

○切紙、斐紙［二一・一×五二・〇］。懸紙折封、斐紙［三一・四×

一四・四]。

○関連140　石田三成・増田長盛連署副状

○米沢市上杉博物館所蔵　上杉家文書

（懸紙上書）
「謹上　上杉少将殿

石田治部少輔

増田右衛門尉

三成」

尊書之趣、具遂披露候、則以（羽柴秀吉）御書被仰出候、

一、新発田（重家）事、被責詰、近々可有一途之由、尤被思召候様子、木村弥一（吉清）衛門尉ニ被仰含、被差遣候キ、何之道ニも急度被明隙候様ニ、被仰付尤候事、

一、真田（昌幸）事、是又最前如被仰出候、表裏者候ニ付而、御成敗之儀雖被仰付候、先今度之儀被加御遠慮候事、

一、関左并伊達（政宗）・会津（蘆名義広）辺御取次之儀ニ付て、御朱印相調進之候、御才覚専一存候事、

猶、条々追々可得御意候、恐惶謹言、

（天正十四年）九月廿五日　（増田）長盛（花押）

（石田）三成（花押）

謹上　上杉（景勝）少将殿

○続紙、斐紙［一八・〇×八三・七（第一紙五二・四、第二紙三一・三）］、懸紙折封、斐紙［二八・三×一六・一］。

○関連141　石田三成・増田長盛連署副状

○杉原謙氏所蔵文書

御札拝見、本望存候、御書中之趣具遂披露候、

一、関東諸家中并伊達（政宗）・会津（蘆名義広）御取次之儀付而、御朱印事、則相調進之候、於此上御才覚肝要存候事、

一、新発田（重家）事、一城ニ被責詰由、尤珍重存候、何之道ニも急度落着候様、可被仰付段、専一候事、

一、上条（宜順）方被罷上候付而、御状之趣達（羽柴秀吉）上聞候、爰許被相越候段、不相届候与思召候へ共、被罷上候所曲事ニ被仰出候義、如何候間、無是非被　御覧候、御許容者無之候事、

一、真田（昌幸）事、先書如被　仰出候、表裏者ニ候間、御成敗之
儀家康（徳川）へ雖被　仰出候、今度之儀者、先度加　御遠慮候
事、
一、従景勝（上杉）様為御音信、金子五枚宛被送下候、并従御松壱
枚宛被懸御意候、御懇慮之段忝存候、乍去、御隔心之至、
致迷惑候、何様自是可申述候条、不能巨細候、恐々謹言、
九月廿五日（天正十四年）　　長盛（増田）（花押）
　　　　三成（石田）（花押）
直江山城守（兼続）殿
　　御返報

○東京大学史料編纂所架蔵影写本に拠った。

○二〇七　真田昌幸朱印状写

○群馬県立文書館寄託　黒岩初音家所蔵「吾妻記」

今度中山（高山村）御手ニ入候段、御悦不浅候、彼之城之儀弥堅固に
可相守候、於静治仕候者、中山百五拾貫文所、重而可相出
候、追而加勢為之旨、被仰出候、仍而如件、

天正十四年戌
　十月三日　昌幸（真田）　　矢沢薩摩守（頼綱）
　　　　　　　　　　　奉之
　林弾左衛門殿

○「上野国吾妻記」（『群馬県史料集』三巻）では「昌幸御判」とあるが、朱印状の誤りとみられる。

○関連142　石田三成・増田長盛連署副状写

○東京大学文学部所蔵「覚上公御書集」十一

一、新発田（重家）面被任御存分、先御人数被打入、来春即時可被
討果由、尤存候、先度木村弥市右衛門尉（吉清）被指遣候義（儀）、如
何様ニも景勝（上杉）御為可然様にとの事候間、不可過御分別候
事、荒城面々儀御国切に者被　仰出候段候、重□（畳）被入御
念候而、被仰談事候而、急度被成渡候而、不叶儀候間、
御存分有之間敷候事、
一、信州之内千見（大町市）・青柳（筑北村）之儀、最前被仰渡候刻、其段者少
茂申事無御座候条、何之相違と申儀不可有之候、去年八
月小笠原（貞慶）押領之由承候間、則達上聞（羽柴秀吉）候キ、被成御尋可被

仰付旨候間、其後小笠原方江茂為両人相尋申候、彼方申分茂候、穿鑿仕候得共、遠国に付而相延申候、とかく去年越中表可有出向との手筈相違候而、荒城表之儀も御取成申儀茂不成候而、両人更非如在候事、

一、真田(昌幸)儀、対公儀連々表裏仕候に付而、先度景勝(上杉)御上洛刻茂其段被　仰出候、乍去、被成御成敗候者、其方江も於何方成共御知行可被遣との事候キ、今以可為其分候、今度御成敗と被　仰出候刻茂、従其方御拘之城々者、堅可被成御拘との儀候間、然共先今度儀出入御座候付而、被加御遠慮候事、

一、家康(徳川)近日上洛候、并小笠原も被召上候様、其刻堺目儀相済候様に随分可令気遣候、不可存疎略候、恐々謹言、

(天正十四年)十月五日　長盛(増田)
三成(石田)

直江山城守(兼続)殿
御返報

○関連143　羽柴秀吉御内書

○米沢市上杉博物館所蔵　上杉家文書

(懸紙上書)「上杉弾正少弼(景勝)殿　秀吉」

去月廿一日之書状、今月四日加披見候、随而、家康(徳川)於無上洛者、三川(河)境目ニ為用心殿下(羽柴秀吉)被成御動座、北国衆其外、江州何も宰相(羽柴秀長)ニ相添、関東江可差遣与相定候処ニ、家康上洛候て令入魂、何様にも関白殿(羽柴秀吉)次第与申候間、別而不浅親疎、関東之儀、家康と令談合、諸事相任之由、被仰出候間、被得其意、可心易候、真田(昌幸)・小笠原(貞慶)・木曾(義昌)両三人儀も、先度其方上洛之刻如申合候、徳川(家康)所へ可返置由、被仰候、然者、真田儀可討果ニ相定候といへとも、其方日比申談られ候間、真田を立置、知行不相違様ニ被仰定、家康ニ可召出候由、被仰聞候、真田儀、条々不届段、先度被仰越候時、雖被仰聞候、其方為候間、真田儀被相止、御遺恨右分ニ可被成御免候条、其方よりも、真田かたへも可被申聞候、委細増田右衛門尉(長盛)・石田治部少輔(三成)・木村(吉清)弥一右衛門尉可申候也、

(天正十四年)十一月四日（花押）(羽柴秀吉)

上杉(景勝)少将とのへ

○続紙、斐紙［二〇・九×九一・五（第一紙五二・三、第二紙三九・二）］。懸紙折封［三六・〇×一三・四］。懸紙は別文書のもの。

○二〇八　矢沢頼綱判物写　○内閣文庫所蔵「加沢記」五

割田新兵衛子十五歳迄者為陣代、可被走廻候、但討死之義〔儀〕候間、彼人成人之上、無異儀可相渡者也、〔仍如件〕

(天正十四年)霜月五日　［綱隆］(矢沢頼綱)

割田孫四郎殿

○検討の余地あり。「加沢記」の原本である沼田市教育委員会所蔵「西村ユキ家本」との異同について、誤脱部分を［ ］で示した。矢沢頼綱の実名を「綱隆」とするのは、現地で広まっている誤伝である。実際には「頼綱」とあったと思われる。

○関連144　北条氏政書状　○早稲田大学中央図書館所蔵文書

十一日之状、今十五披見候、一、彼惑説偽之由、肝要候、其注進状披見之間、翌日肝要之年寄共を、以行召寄候ニ与分別候而、氏直(北条)へ愚拙案書進候而、態飛脚を被遣候キ、右之塩味故候、一、証人之儀者、何も奏者中へ下知候、如何様専一之者を撰、自白井(渋川市)者可被召寄候、自然相違之儀有之而者、沼田(沼田市)之備大切候、塩味過間敷候、上州ニ而城持者者、彼仁迄候、物主者(長尾輝景)真手者ニ候へ共家中ニ徒者多候、恐々謹言、

(天正十四年カ)十一月十五日　氏政(北条)（花押）

(北条氏邦)安房守殿

○竪紙、斐紙カ、横内折、巻子装［三三・〇×四五・〇］。年次比定は花押型による。

○二〇九　羽柴秀吉御内書　○真田宝物館所蔵　真田家文書

(懸紙上書)「真田安房守とのへ」

其方事、家康(徳川)存分雖有之、於此方直被仰聞候、殿下(羽柴秀吉)も曲事雖思召候、此度之儀者被相免候条、成其意、早々可罷上候、猶様子可被仰含候、委細尾藤左衛門尉(知宣)可申也、

十一月廿一日（天正十四年） （朱印）
真田安房守（昌幸）とのへ

○切紙、斐紙［一八・五×五一・五］。懸紙折封［二六・〇×一八・五］。

○二一〇　真田昌幸室朱印状

○上田市　個人所蔵文書

於海津（長野市）別而奉公候間、其方引得之内土佐分弐貫五百文之所出置者也、仍如件、
丙戌（天正十四年）　さぬき奉
十一月廿七日（朱印3、印文「調銅」）
蓮花院

○「信綱寺殿御事蹟稿」には「松尾斎宮相伝」とあり。

○参考42　「神使御頭足之書」

○神長官守矢史料館所蔵　守矢家文書

明年神使之御頭足事
天正十四年（一五八六）

外県介　権祝
外県宮付　禰宜
内県介　大熊郷（中野市）
内県宮付　春日郷（佐久市）
大県介　田沢郷（東御市）
大県宮付　矢沢郷（上田市）
丁亥（天正十五年）之御頭也、
十二月十三日（天正十四年）

○参考43　「天正六年同十九年迄御頭書」

○神長官守矢史料館所蔵　守矢家文書

天正十四戊ノ御頭
一、四　長倉郷（軽井沢町）
一、同　安原々（佐久市）
十一、五　海野庄（東御市）上田庄七月

十、七青木郷 踏入郷 同（青木村）
一、七田口郷（佐久市）
十、七河田（長野市）
一、四直里郷（須毛カ、山ノ内町）
一、七中野玉郷 庄（中野市）
一、五借田郷（雁田、小布施町）
一、同窪寺郷（長野市）
一、七大熊（中野市）
一、中村（木島平村）
一、風間（長野市）
十、七毛見（計見、木島平村）
一、七犬飼（飯山市）

天正十五年（西紀一五八七）

○二一一　真田昌幸朱印状　○上田市 飯島家文書

今度上洛付而、別而取成之致奉公候、依之上条（上田市）之内拾貫文、山田（同）之内拾貫文、五明（坂城町）之内拾貫文、右如此出置候者也、仍如件、

（天正十五年）
正月四日（朱印2）

飯島市之丞殿

○折紙、楮紙［二九・二×四四・一］。『信濃史料』二十二巻は信幸朱印と誤る。

○関連145　羽柴秀吉御内書　○米沢市上杉博物館所蔵　上杉家文書

追而、真田（昌幸）身上事、対其方赦免候、然者、上洛之儀、可被
申付候通、得其意候也、
（天正十五年）
正月四日　（朱印）
上杉少将（景勝）とのへ

○折紙、檀紙［三五・二×四八・一］。

○二一二　九兵衛請取状　○中之条町田村家文書

知行役之内
百五十文請取、
以上、
（天正十五年カ）
亥
正月十七日　九兵衛（黒印）
安原市左衛門

○小切紙、楮紙、台帳に貼付［一二・三×一一・〇］。

○二一三　九兵衛請取状　○中之条町田村家文書

知行役之内
百文うけ取也、
以上、
（天正十五年カ）
亥之
正月十七日　九兵衛（黒印）
関又（右脱）衛門

○小切紙、楮紙、台帳に貼付［一二・九×一一・三］。

○関連146　羽柴秀吉御内書　○大阪城天守閣所蔵文書

駿州江被相越大儀候、早々可申遣処、九州面出馬之儀付而、
延引候、次小笠原（貞慶）并真田（昌幸）両人事召上、対其方可随心之旨、
被仰聞、則酒井左衛門尉（忠次）申含、伊藤太郎左衛門尉（秀盛）相添遣候
条、被得其意、入魂簡要候、随而関東無事之儀、条々左衛

門尉仁被仰合候、是又急度北条（氏直）へ可被相述候、留主中五月
以前ニ可被相極儀尤候、猶両人可申候也、
（天正十五年）二月廿四日　秀吉（羽柴）（花押）
徳川中納言（家康）殿
○折紙、檀紙、軸装［三三・五×四三・三］。

○参考44「兼見卿記」　○東京大学史料編纂所架蔵謄写本

（天正十五年三月）十一日、庚子、早天竜山（近衛前久）御成、今度クサウ津（草津町）之湯へ御入
也、御留守中、御女房衆（久我晴通娘）可被置在所、御宿所等可致馳走
之由、直ニ仰也、畏之由申入畢、鈴木兵庫助（右正）新宅未罷移、
御心安可有御座歟、還御之砌、卒度可有御覧之由申入了、
即御帰令抑留、不取合朝食申入、即還御、彼宅懸御目、
一段可然之由仰也、（後略）
（略）
廿三日、壬子、（中略）竜山明後日廿五日、東国クサウ津
之湯へ御入也、為見舞侍従（吉田兼治）・予入夜参候、扇十本・狩野（宗玖）
墨絵、侍従杉原十帖進上之、御対面、驄而退出、罷帰了、
還竹今夜抑留、
（略）
廿六日、乙卯、竜山御下向御延引、明後日之由仰也、
（後略）
（略）
廿八日、丁巳、雨下、竜山御下向又御延引之由、尋遣之
処申来了、（後略）
（略）
卅日、己未、近衛入道殿（前久）クサウ津へ御下向、未刻、女房
衆在所へ御出、自先日内々仰也、仙首座（神竜院）所ニ御座也、自
竜山御書・雁一・菓子一折、一空御使持来了、
即卒度御見舞申畢、御見参也、

○参考45「家忠日記」五　○駒澤大学図書館所蔵

（天正十五年三月）十八日丁未、酒井左衛門尉（忠次）大坂（大阪府大阪市）より被帰候、信州真田（昌幸）・小笠（貞慶）

原、関白様（羽柴秀吉）御異見にて出仕候、酒左（酒井忠次）同心候、
酒左ミあけ（土産）し丶ら一・わた十八くれられ候、

○二一四　滝水寺棟札銘写　○上田市 滝水寺所蔵「庫蔵記」

聖主天中天迦陵頻伽声　大慧山滝水寺法印盛源代
（梵字）奉造立客殿壱宇　大檀那矢沢薩摩守綱頼（矢沢頼綱室根井氏）御内
愍念衆生故我等今敬礼　大工　与左衛門家次
于時天正十五丁亥歳四月吉祥日

○「大慧山滝水寺江月院本堂棟札」とあり。

○参考46「兼見卿記」　○東京大学史料編纂所架蔵謄写本

五日（天正十五年五月）、癸巳、両社（吉田社・斎場所）神事如常、予（吉田兼治）不参、侍従参勤、神供竜山（近衛前久室、久我晴通女）御内儀・御乳人進上之、去月已来神竜院ニ御座也、竜山クサウ津（草津町）へ御湯治、及晩両御所（正親町上皇・後陽成天皇）為御礼、侍従罷出了、

○参考47　近衛竜山（前久）薬師堂法楽和歌　○草津町光泉寺所蔵

草津（草津町）湯治之中、於薬師堂、彼本尊之名号を句のかミにすへて、法楽のために十首の歌をよみけり、

竜山（近衛前久）

山路新樹

な
名もしらぬ草木あまたに茂あひて
ふかき山ちやわけまよふらむ

郭公幽

む
むらさめのすきたつ山のミねこえて
かすかに名のるほと丶きすかな

海辺夏月

や
やまおろし磯辺の松に吹たちて
なつなきなミのよする月影

五月雨

く
雲ハなをかさなる山のをちこちも

わかぬはかりのさミたれのころ

夏草夕露

し
しけりあふ草のむら〳〵をく露や
くれてほたるの色にみゆらん

馴増恋

し
しらさりき露の情にならしはの
なるゝに袖のぬれんものとは

契後隠恋

う
うきはたゝちきりをきにし閨の戸を
あけやらぬ夜の人のつれなさ

別後恋

に
にくからぬ人にそひねのきぬ〳〵は
いのちにかへておしきものかは

旅行友稀

し
しなのなる木曾路の山のけはしきに
ゆきかふ袖もまれのたひ人

寄湯祝

む
むすふてふこの谷かけの出湯こそ
むへも老せぬくすり成けれ

天正十五年五月八日

○続紙。

○関連147　近衛家侍女消息※　○愛知県岡崎市満性寺文書

返々、御所さま《近衛前久》、久しく御たいめん《対面》なく候まゝ、御もの《物語》かたりさそ〳〵と、おしはかり入まいらせ候、なを
かさねて申候へく候、

御所さま草津《草津町》へ御たうち《湯治》として、ふと〳〵御くたりなされ候まゝ、一ふて《筆》申まいらせ候、いつそやハ御ふミ、ことに太子のわさん《和讃》のそうし《草紙》たまハり候、まことにしゆせう《殊勝》に思ひまいらせ候、そのおりふし、うへ・わたくしなら《奈良県奈良市》へくたりまいらせ候て、御返事申候ハて、心よりほかにうち過まいらせ候、又此あふき《扇》二本、御うたを申候てまいらせ候、文のしるしはかりにて候、こゝほとにて御ようの事候ハゝ、

うけ給候へく候、かしく、
(裏紙奥上書)
「(切封墨引)　京より
まんしやう(満性)寺まいる　ち」

○現状続紙、巻子装。近衛前久の草津入湯にかけて、ここに収める。

○関連148　北条氏邦書状写

○内閣文庫所蔵「諸州古文書」十二

此度岩井堂(渋川市)本意ニ付而、爰元仕置堅固ニ申付、今日帰城候、仍昼夜共ニ用心、番普請以下、油断有間敷候、又深谷(埼玉県深谷市)衆能々懇切可申候、猶以、廿日之間ハ、弓矢之擬、能々つゝしむ(慎)へく候、不可有油断候、謹言、
尚以、鉄炮之玉薬日々ニ日ニほし(干)、てつほう(鉄炮)をハ日々あらい(洗)候様ニ、せい(精)ニ□□入者、やくニ立間敷候、
(天正十五年カ)
七月廿八日　氏邦(北条)(花押影)
吉田新左衛門(真重)殿

○秩父郡上小鹿野村百姓弥四郎所蔵。

○二一五　真田昌幸朱印状

○松代町河原家文書

唐沢庄助山之事、預ケ置候条、如前々山手等之儀、相改可致進上者也、仍如件、
天正十五年丁亥
八月廿五日　(朱印)
河原左衛門尉(綱家)殿

○原本所在不明。『信濃史料』十六巻を底本とし、「長国寺殿御事蹟稿」十二および東京大学史料編纂所架蔵謄写本「河原文書」で校訂した。

○参考48　「家忠日記」五

○駒澤大学図書館所蔵

(天正十五年八月)
廿六日、癸未、晩雨降、大坂御はう三(本願寺顕如・教如・興正寺顕尊)もんせき(門跡)、くさ津(草津町)湯治として御とをり、昨日ひらち(平地、愛知県岡崎市)へ御つき候て、男女共まいり候、

○二一六　御なみ証文　○松代町　河原家文書

猶々、
せき屋（関屋、長野市）之ひくわん（被官）共、両四人御座候、此内怒井右衛門（縫殿）仁疋
まひ（前）にて候、以上五疋まひニ而候間、此以所八兵衛かゝい（抱）
之時分も如此候間、其分被　仰付、我等方へ御心指ニ可給
候、頼入候、以上、
　ぬい（縫殿）右衛門
　二郎左衛門
　案右衛門
　清右衛門
以上四人にて候、
いノ（天正十五年カ）　九月廿六日　御なミ（黒印）
賀原（河原綱家）左右衛門丞殿

○原本所在不明。『信濃史料』十六巻を底本とし、東京大学史料編纂所架蔵謄写本「河原文書」、西尾市岩瀬文庫所蔵「松代古文書写」で校訂した。幕末段階の所蔵は河原綱徳だが、『信濃史料』十六巻編纂時では「松代町　河原舜象氏」所蔵となっている。ただし、現在同文書群中に、本文書を見出すことはできない。

○二一七　真田昌幸朱印状　○上田市　山家神社文書

四阿山ニおゐて、とか（栂）・ひそ木一切きりとるへからす、若
此旨そむき候ハゝ、可有成敗者也、仍如件、
丁亥（天正十五年）
　十月廿九日（朱印2）
　　蓮花院

○折紙、楮紙［二八・八×四一・四］。

○二一八　真田昌幸朱印状　○上田市　塩野神社文書

為神領、前山（上田市）之内七貫文、令新寄進候、向後宮造営可為肝
要者也、仍如件、
天正十五丁亥

霜月朔日（朱印2）

大宮

　大夫殿

○「長国寺殿御事蹟稿」十二に、「本州小県郡前山村塩野神社神主宮沢中務所蔵」とあり。

○二一九　真田昌幸朱印状　○松代町（長野市、以下同）河原家文書

唐沢庄助知行之山并作預置候、其方可為計候、仍関屋・桑野井・牧之内・南平・保科、右之山手之儀、毎年相改可指上者也、仍如件、

天正十五年丁亥

霜月三日（朱印）

河原（綱家）左衛門尉殿

○原本所在不明。『信濃史料』十六巻を底本とし、「長国寺殿御事蹟稿」十二および東京大学史料編纂所架蔵謄写本「河原文書」で校訂した。

○関連149　北条氏政書状写　○小暮八郎氏所蔵「淵岡武太夫書状」

如来翰下総表之仕置明隙帰陣候、随而其時分於其表に倉内（沼田市）衆夜打討由肝要候、弥手前仕置万事不可油断候、恐々謹言、

（天正十五年カ）十二月廿五日　（北条）氏政判

長尾（輝景）左衛門尉殿

○角田恵重「白井長尾氏の遺臣に関する書状」（『上毛史学』七号）に拠った。

○関連150　猪俣邦憲条目　○小田原市立図書館所蔵　林家文書

榛名峠城法度

（一）□、此番御番替之時者、小旗を張、弓・鉄炮・鑓相備、悉武具慥以可有番替事、

付、御著到不参有間敷事、并弐十之内之者、著到之人衆ニ入間敷事、

（一）□、番替毎度掃除之儀、上下之番、親子兄弟間成共、下番

以心得、請取渡有間敷事、
□(一)、当番番衆著到之内之者、構私用罷下間敷候、若無拠所用ニ付而者、番頭并林治部左右衛門手判を以罷下、其日ニ立帰、彼手判林所へ即可返候、毎度可為此分候、若当番衆之内、林無手判而罷下者見合候者、不及届ニ於此方可生害事、
□(一)、戸張明立之事、朝五ツ打而可明之、晩景ハ七ツ太鼓同前ニ可立之事、
□(一)、戸張之明立并毎晩役所賦番衆事、当番頭林罷出置付、其夜之用心堅可申付事、
□(一)、風雨之日者、番頭同道、諸曲輪巡見、破損普請、当番衆へ可申断事、
□(一)、夜中之番、有油断間敷候、当番頭并城主、一夜ニ三度宛ハ、其曲輪見廻用心可被申付事、
□(一)、夜中於番所、謡・小うた一円令停止候、夜中ハ、拍子木を打、一時番夜廻用心、一三昧可有之事、
□(一)、如何様之意趣・遺恨有之共、当番中致堪忍、帰番之上可承候、若背此下知、於番所覃相論者、理非無紏明、双方之儀ハ不及申ニ、妻子等迄可及死罪事、
□(一)、盗賊方之事、纔之儀成共、堅可紏明、并博奕・双六惣別かけの勝負、於彼城(ママ)一円有之間敷候、若隠而も有之由、自今以後聞届候者、当人之儀者妻子共ニはりつけ(磔)ニかけ(懸)へく候、当番衆頭・城主共ニ可有其過失事、
□(一)、□曲輪向於丸山、毎日従早朝極晩迄、遠候可被指置事、
□(一)、敵足軽出候由及聞候者、幾度も狼煙を可被立候□見届与而分別立を以、有油断間敷候、東西へ出候足軽之傍示被知間敷事、
□(一)、敵足軽出候時者、兼日如仕置、役所賦虎口を固、其上当番頭・城主見積次第人数を可出事、大形者、此方物先見届次第人数を出可然事、

以上、

右、大形仕置可為此分候、大細吉凶其ニ当番頭申合、日夜之用心、火之廻、此両条ニ極候、猶自分指引ならさる儀をハ、節々可得下知、又此書付、番替之毎度、当番頭へ可被

為披見者也、仍如件、

追而、御番普請之儀ハ、諸城
大途（北条氏直）如御法度、当番之日数
□分御番普請可有之候、
国法如此ニ候、以上、

（天正十五年）
亥
極月廿七日　（猪俣）邦憲（花押）

林治部左衛門殿

○続紙、楮紙［三〇・〇×一二五・六］。天部欠損。

○二二〇　真田昌幸朱印状写

○真田宝物館所蔵「長国寺殿御事蹟稿」十二

御恩少地之由言上候間、為御重恩壱貫文被宛行候、向後御
細工之奉公無疎略可相勤之由、被　仰出候者也、仍如件、

（天正十五年）
亥
極月廿八日　［尾山］（朱印略影）
竜善坊
奉之

増沢清七郎殿

○「増沢藤右衛門成富相伝」とあり。

○参考49　「天正六年同十九年迄御頭書」

○神長官守矢史料館所蔵　守矢家文書

天正十五亥御頭日記

一、四 間田郷（会田ヵ、松本市）　去年入惣計二貫文　四貫六百
一、五 須田郷（須坂市）
一、七 井上郷（同）
一、六 坂木郷（坂城町）
一、五 海野庄（東御市）去年頭　五貫六百文
一、四 青木郷（青木村）同　仁貫四百文
一、棒庄　七年入　四貫六百文
一、埴原郷（松本市）七年入 去年頭　初尾斗二貫 立之
一、岩村田（佐久市）去年入 惣計七俵候　五貫六百文
一、深井 同　仁貫八百文

七
一、平賀郷（佐久市）同 惣計七俵候　五貫六百文
一、大熊（中野市）
一、河井（中野市）（川井、長野市）
一、草間
四
一、望月（佐久市）六年入 惣計六俵計　五貫六百文
一、同 春日郷（同）同　三貫三百文

天正十六年（西紀一五八八）

〇二二一　真田信幸八幡山番帳写

〇群馬県立文書館寄託　富沢家文書

（中之条町）（朱印影1、印文「精福万」）

八幡山番帳

一番

弓　狩野右馬助［之］
鉄炮　同又左衛門尉［ナシ］
鑓　唐沢平左衛門
鉄炮　田村雅楽丞［尉］
同　上原弥次郎

同　関勘解由
弓　富沢源〔右脱〕衛門尉
鑓　小菅六郎〔ナシ〕三郎
同　島村市之助
同　田村助五郎
同　〔同彦右衛門〕ひこゑもん
同　〔同兼小〕かねこ
同　狩野志摩守
同　片貝茂右衛門尉〔ナシ〕
同　〔折〕おり田内〔蔵之〕蔵助
鉄炮　〔角谷〕すミや七郎〔右衛門〕へもん
同　〔和利〕割田与兵衛
鑓　〔割田〕九郎〔左衛門〕さへもん
同　〔同〕太郎左衛門
鉄炮　関又〔右衛門〕ゑもん
同　桑原大蔵
鑓　小野田市助

〔鉄炮〕てつはう　〔塩〕しほ沢専之丞〔助〕
同　〔金〕今井左近
〔鑓〕やり　細野三郎左衛門
〔同〕やり　〔角田〕つのた新〔次〕二郎
同　〔同〕市助
〔鉄炮〕てつはう　唐沢〔仁〕二兵衛
同　山口織部
同　富沢与四郎
同　柳田孫左衛門
〔ナシ〕やり　蟻〔ナシ〕河源四郎
〔ナシ〕以上、

二番

〔鉄炮〕てつはう　〔折〕おり田雅楽助
同　富沢善内
〔鑓〕やり　〔同〕甚左衛門
同　番才新左衛門尉〔ナシ〕
鉄炮　安原市左衛門尉〔ナシ〕

やり〔鑓〕　たゝ〔畳善〕ミさし代
同　荒井藤右衛門尉〔ナシ〕
てつはう〔鉄炮〕　戸塚源右衛門尉〔ナシ〕
鑓　〔同〕七郎さへ〔右衛門〕もん
同　〔同助〕すけ五郎
同　〔同〕専助
鉄炮　けんもち〔劔持〕喜左衛門尉〔ナシ〕
同　森田半〔右〕衛門尉〔ナシ〕
やり〔鑓〕　九郎右衛門尉〔ナシ〕
てつはう〔鉄炮〕　大畠〔畑〕与右衛門尉〔ナシ〕
同　青木孫〔右〕衛門尉〔ナシ〕
同　長井彦〔右〕衛門尉〔ナシ〕
同　かん〔神〕田左衛門〔ナシ〕尉太
同　横沢源助
鑓　丸山新左衛門尉〔ナシ〕
同　関口助三〔郎〕
鉄炮　伊与久左京亮〔ナシ〕

やり〔鑓〕　角屋弥兵衛
同　小林九郎右衛門尉〔ナシ〕
同　河原田新六
鉄炮　勅使河原清十郎
同　〔同〕十さへ〔左衛門〕もん
同　青木太郎さへ〔左衛門〕もん
やり〔鑓〕　〔同〕新四郎
同　〔同〕藤へ〔右衛門〕もん
同　大塚孫左衛門尉〔ナシ〕
同　渡又左衛門尉〔ナシ〕

以上、

右之衆、番請取渡、慥ニ銘々其上番普請、兵伏以下無油断
可相勤者也、仍如件〔ナシ〕、

天正十六年　　能（北）登守
子
卯月廿六日　　奉之

富沢豊前守殿

狩野志摩守殿
同右馬(之)助殿
折田軍兵衛殿

○続紙。原本は所在不明。写本は他に「折田家文書」「田村家文書」「関家文書」「金蔵院文書」等にある。印影が鮮明な「富沢家文書」を底本とし、異同について『群馬県史』資料編7所収の「田村家文書」を参照し、［　］で傍注を付した。

○関連151　北条氏政書状

○東京大学史料編纂所所蔵　猪俣家文書

書状具披見候、なくるミ(名胡桃、みなかみ町)へ矢たけ(丈)之権現山(沼田市)取立儀、難成子細候、度々模様不審ニ候、留守中ニ而自元人衆も可為不足候、普請心易させて、真田者置間敷候、如何様之品ニ候哉、委細ニ成絵図、重而早々可申越候、一段無心元候、謹言、

卯月廿七日(天正十六年)　氏政(北条)（花押）
猪俣(邦憲)能登守殿

○竪切紙。

○二二二　真田昌幸書状

○真田宝物館所蔵　矢沢頼忠家文書

沼田(沼田市)弐百貫文為替、一、百四拾壱貫文上田原(上田市)、一、四拾貫弐百文染屋(同)、一、六拾貫文長窪(長和町)、一、七拾貫文武石(上田市)、一、五拾貫四百文吉田(同)、右如此進之候、不足之所并同心事者、明所次第可進置候間、別而武具御支度専用候、委細竜善坊可有口上候、恐々謹言、

戊子(天正十六年)
五月五日　昌幸(真田)（花押2）
矢沢薩摩守殿(頼綱)

○折紙、楮紙［三〇・六×四五・〇］。

○関連152　猪俣邦憲判物写

○内閣文庫所蔵「諸州古文書」十二

書立
百五拾貫文　黛之郷(埼玉県上里町)
此内
百貫文　鉄炮衆弐十人之扶持給、但、一人四貫文之

給、一貫之扶持也、合五貫文宛
五十貫文　権現山(沼田市)在城就申付、自分ニ預ヶ置、
此着到
壱本　小旗
壱挺　鉄炮
二本　鑓
一騎　騎馬
以上五人
合、百五十貫文
一、此度権現山在城就申付、右積を以、黛郷預ヶ置候、彼着到無々沙汰召連、尒与可在城候、彼口本意ニ付而者、右知行之替可遣間、黛之郷をハ可返置事、
一、名胡桃(みなかみ町)三百貫之所出置候、本意次第可知行事、
一、此上、奉公依忠信、何分ニも可引立事、
以上、
右、万端如下知、無々沙汰可走廻者也、仍如件、
戊子(天正十六年)
五月七日　邦憲(猪俣)（花押影）
吉田新左衛門(真重)殿

○秩父郡上小鹿野村百姓弥四郎所蔵。

○参考50「猪俣能登守覚書」※

○東京大学史料編纂所所蔵　猪俣家文書

一、ミのわ(箕輪、高崎市)の城ニ而、能登守(猪俣邦憲)居候而、真田(昌幸)と取合、あかつま(吾妻、岩櫃城)と申城ニ而、切々ノせり合御座候、是ニ而も能登守手柄共御座候、是ニ而平太三度手ニ相、一度ハ手負申候、
手柄
(後欠)

○猪俣邦憲の箕輪在城は天正十五年九月から天正十七年の沼田城引き渡しまでである。前号文書にかけて、ここに収める。

○関連153　北条氏直感状写

○静嘉堂文庫所蔵「古文書集」乾

去廿三日、自沼田(沼田市)向権現山(同)成動砌、敵一人討捕候、神妙候、
高名之至感悦候、弥可走廻者也、仍状如件、

潤五月廿八日（天正十六年）　（花押影）（北条氏直）

石原主計助殿

○切紙ヵ。上野国山田郡今泉村石原氏所蔵。

○関連154　北条氏邦書状　○阿久沢文書

当表依御勢遣助太郎（阿久沢）参陣ニ候、長新（長尾顕長）至于今日、不被応御下知候間、城向山手を取、毎日御動ニ候、然者其地之事、境目与云、爰元悠々与云、先々助太郎返申候、御動之様子、見聞之透可被申候、委曲中村ニ口上申候、恐々謹言、

九月三日（天正十六年）　氏邦（北条）（花押）

阿久沢能登守殿

○竪紙。京都大学総合博物館所蔵「古文書纂」一所収。東京大学史料編纂所架蔵影写本で校訂した。

○関連155　北条氏邦感状　○鉢形城歴史館所蔵　北爪家文書

去四日、於沼田（沼田市）□（敵ヵ）一人討捕候、誠感悦候、弥可励戦功者也、仍如件、

天正十六年戊子

九月十一日　氏邦（北条）（花押）

北爪新八郎殿

○参考51　「南化和尚虚白外集」詩偈

木曾（木曽福島町）

山如蜀桟水無源、処処楓林華木園、朝日乗鞍過駅路、夕陽卸笠宿蛮村、

浅間嶽

奈何嶮路隔山川、白髪残僧馬不前、幾許行人見焦思、秋風吹靡浅間煙、

艸津湯（草津町）

天下無双此艸津、浴除諸病幾多人、楓林華映温泉水、怪見驪山宮樹春、

小篠里（大篠ヵ、嬬恋村）

独焼榾拙宿幽棲、臥憶帰程西又西、万事夢醒語無友、松風澗水五更鶏、

(天正十六年)九月十三夜艸津作

(白根山カ)白骨山中納言卿(羽柴秀次)湯治之時

今夜他郷月、吟忘旅亭愁、想像西湖上、光同三五夜、

白骨山深雲亦間、温泉湛月出其間、浴人十病九全瘳、先識吾公永保顔、

○『温泉草津史料』第一巻に拠った。

○参考52 「東国陣道記」

(天正十八年七月)廿二日、木曾のうち福島(木曽福島町)といふ所に、日高くつきて、所々見物せしに、よしある山寺の門に入りて見れば、額に万松山とあり、寺内に行て尋ぬるに、住持と覚しき僧の出でられて、しかじか物がたり有り、寺号は興禅寺となんいひける、江州黄門(羽柴秀次)草津(草津町)湯治の刻、南化和尚(玄興)一宿、又越後の直江城州(兼続)宿られける時、聯句などありける由ありて、主の句など語られける、(後略)

○長岡(細川)藤孝(幽斎)が、小田原合戦に参陣した際の紀行文。病気のため、七月十五日に暇乞いし、掲出箇所は帰路の道中記である。『日本紀行文集成 第四巻 続々紀行文集』に拠った。振り仮名は煩雑であるため省略した。天正十八年の紀行文だが、内容上の関連から、前号文書にかけてここに収める。

○関連156 北条氏直感状写

○前橋市立図書館所蔵「酒井家史料」十二

今度阿曾(昭和村)之地乗取、就中敵一人討捕候、神妙之至感悦候、仍於女淵(前橋市)一所被下候、郷名之儀者重而。可被仰出候、弥可走廻者也、仍如件、

(天正十六年)九月廿五日　(北条氏直)(花押影)

北爪大学助殿

○関連157 羽柴秀吉御内書写

○『近江坂田郡志』所収木村家文書

従濃州出候大仏殿材木を、柏原(滋賀県米原市)より朝妻(同)迄[迄]を、両人にては手間可入と被思召候に付而、中村式部少輔(一氏)・木下美作守(一元)、其外草津(草津町)湯治不仕面々令配分、其方同然材木可出之旨、被仰出候間、被相談、弥無油断可相届候也、

九月廿七日《(天正十六年)》（朱印影）
山内対馬《(一豊)》とのへ
堀尾金助とのへ

○羽柴秀次の草津湯治留守衆に出された文書。「中村不能斎採集文書」との異同を［ ］で記した。「寛政重修諸家譜」依田康国伝によると、秀次は天正十六年十月に草津に入湯している。また前年四月には、秀吉の妹旭姫が入湯したとある。

○関連158 北条氏邦書状写 ○内閣文庫所蔵「諸州古文書」十二

只今注進之処、自信濃、すつは《(透破)》共五百ほと参、其地可乗取之由、申来候、昼夜共ニ能々可用心候、きて〳〵江何時も、宵あかつき《(暁)》夜明番、肝要ニ候、何時も一番九ッと之間あけ六比用心尤ニ候、只今さむ《(寒)》時ニ候間、月夜ならては、しの《(忍)》ひはつく間敷候、何れも物主共、覚番ニ致、夜之内三度つゝきてゐ、石をころは《(転)》し、たいまつ《(松明)》をなけ《(投)》、可見届候、為其申遣候、恐々謹言、

追而時分栖〔柄〕ニ候間、火之用心尤候、
何れも昼ねて、夜可踞候、
如法度、敵之足軽出候者、
門こ《(戸)》をとち《(閉)》可踞候、此一ヶ条
きわまり候、又足軽ふかく出
間敷候、
以上、

十月十三日《(天正十六年カ)》　氏邦《(北条)》（花押影）
吉田新左衛門《(真重)》殿

○秩父郡上小鹿野村百姓弥四郎所蔵。信濃より「すつは」「足軽」を送ってくるという「敵」が真田昌幸と判断し、採録した。年次比定は、天正十年とされることが多いが、吉田真重の権現山城在城と関連づける浅倉直美氏の比定に従った。

○関連159 猪俣邦憲願文写 ○内閣文庫所蔵「加沢記」五

所々立願書、
一、大嶺へ大護摩、　百廿貫文、
一、同愛宕山へ方味御喰、　百弐拾貫文、
一、上州八幡宮へ神馬拾弐疋并拝殿可立直事、

一、相州今井八幡宮へ社領・拝殿共に可立直事、
一、椿（榛）名山へ万疋修造可仕候事、
以上、
一、川場（川場村）大慈大悲観世音へ堂を立、坊住仕付廿貫文之処、
於川場郷内寄進可致事、
一、上下聖天、倉内（沼田城）ニ立申、於沼須（沼田市）郷廿貫文之地、寄進可
申事、
一、天神宮立申、於栂野（戸鹿野、沼田市）郷廿貫文の地、寄進可申事、
一、熊野大権現立申、於沼須（沼田市）郷之内廿貫文地寄進可申事、
一、栂野（戸鹿野）八幡宮立申、禰宜・神主付、於（アキママ）　杉郷中廿貫文之
地、寄進可申事、
一、高野山へ迦葉山（沼田市）返上申、并南雲（渋川市）郷之内御本領、返上可
申事、
以上、
右、精成之趣者、此度存立行、如存分令為本意可被下置、
無神力仏力者、自分力計にて難成奉存候間、立願候、心中
如所願令為成就可被下者也、敬白如件、

天正十六年戊子十月十五日　猪俣能登守小野邦憲
在判
御所々へ

○関連160　北条氏規書状写　○内閣文庫所蔵「武州文書」十八

内々今日者可申上由、奉存候処、一昨廿七日之御書、只今
未刻奉拝見候、一、軈而御帰可被成由、被仰下候、此度者、
懸御目不申候事、折角仕候、二月者、御参府ニ可有御座間、
其時分懸御目申候て、可申上候、一、御隠居様（北条氏政）、又御隠居
之由、被仰下候、去拙者上洛之時分より、無二御引籠、聊
之義ニも重而者御綺有間敷由、仰事ニ御座候シ、無是非御
模様与奉存候、一、一両日以前、妙音院・一鷗参着、口上
被聞召届候哉、拙者所へも富田（一白）・津田（盛月）、状を越申由、自妙
音院一書参候シ、自元口上者、是非不承届候、将亦一昨日
朝弥（朝比奈泰勝）、家（徳川家康）為御使参候、此口上を家へも自関白殿（羽柴秀吉）被仰越候間、
可然御返事尤之由、此一理にて参せ申候シ、朝弥・妙音院
申候とて物語申候分者、此度之儀者、沼田（沼田市）之事ニ参候、御

当方御ために可然御模様之由申候シ、定而御談合可有御座
候、珍儀御座候由、可被仰下候、
一、足利(栃木県足利市)之儀、如何様ニも可被為引付儀、御肝要与奉存候、
定而自方々扱之儀、可有御座候、御味方ニさせらる丶程之
儀ニ御座候ハ丶、殿様(徳川家康)御手前相違申候ハぬやうニ、兼而被
御申上、御尤ニ御座候歟、但何事も入不申御世上ニ御座候、
我等式者、遠州之事ニも、取合不申候、年罷寄候間、うま
き物を被下度計ニ御座候、返々此度懸御目不申候事、何
共ヶ共、迷惑不及是非奉存候、猶自是可申上旨御披露、恐
惶謹言、

(天正十六年)十一月晦日　　美濃守(北条)
　　氏規(花押影)

酒井(忠次)殿

追而、一種被下候、拝領過分奉存候、
併はや殊外まつこ(末期)に罷成候、
又一種進上仕候、御披露、

○秩父郡阿熊村百姓秀三郎所蔵。

○関連161　吉田真重知行書立写

○埼玉県小鹿野町教育委員会所蔵「吉田系図」

参百貫文　小島之郷(埼玉県本庄市)、親(吉田政重)知行分、小島郷之所務、尋被申
明分、指出之事、致不
作候間、百五十貫文之
有物、書上申候、以上、
百五十貫文　黛之郷(同上里町)、手前(吉田真重)、
以上、参百貫之地指出上申候也、
右之知行、自親以後者、両地知行申候、以上、
倉内(沼田城、沼田市)ニ而之事、
一ヶ所　名胡桃(みなかみ町)
一村　茂呂田(師田、同)
以上、
(天正十六年)十二月廿三日　　吉田新左衛門尉(真重)

○沼田領内の知行分は、当時権現山城に在城していた吉田真重への宛行約束分と思われる。

○二二三　真田信幸書状　○松代町 河原家文書

尚々申越候、其元静ニ候ハヽ、其方事も帰宅候て休息尤之由候、
以上、

急度飛脚差越候、殊ニ吾妻其地(岩櫃城、東吾妻町)静謐之由、一段御満足候、
鎌宮(鎌原重春)事其地早々被相移之由、肝要ニ被思召候、弥静ニ候者、
鎌宮事早々帰宅尤候由　御意候、其分御心へあるへく候、
急度重而、恐々謹言、
(天正十六年カ)極月廿八日　(真田)信幸（花押1）

(奥上書)「(河原綱家)川左
御返事　信幸」

○折紙。原本所在不明。東京大学史料編纂所架蔵謄写本「河原文書」を底本とし、『信濃史料』十六巻で宛所を補った。

○二二四　真田昌幸書状　○松代町 河原家文書

追而、彼書状、早々吾妻へ御渡専一候、

従吾妻(岩櫃城、東吾妻町)之注進状□ニ而被指越候、早速到着祝着候、仍其表
仕置被申付、両所ニ者早々吾妻へ御移□〔尤カ〕候、随而可然物主
被相添、鉄炮十五丁宛名胡桃(みなかみ町)へ早々可有御移候、□不可有
御由〔油〕断候、委曲期面可申候、恐々謹言、
(天正十六年カ)□月十二日　(真田)昌幸（花押）

(奥上書)「(切封墨引)
(河原綱家)河左
(鎌原重春)鎌宮
(湯本三郎右衛門尉)湯三　安房守」

○原本所在不明。『信濃史料』十六巻を底本とし、東京大学史料編纂所架蔵謄写本「河原文書」で校訂した。なお「河原文書」では日付は「十二」とは読めない。また『信濃史料』は河原綱家について「□右」と読んでいる。「長国寺殿御事蹟稿」十四にも「綱徳相伝」として書写されるが、天部全体が一～二文字分破損しており、同時期に河原綱徳が編纂した「君山合偏」の転写本である謄写本「河原文書」との違いが大きい。こちらの写では、日付は十二日と読める。

天正十七年（西紀一五八九）

○**関連162**　北条氏直書状写　○埼玉県秩父市内田家文書

御状披見申候、去十日備を被出、足利（栃木県足利市）城際迄被押詰候哉、
敵不出合由、得其意候、将亦、厩橋（前橋市）之人馬、従沼田（沼田市）相返候、
書立令披見候、猶於替儀者可承候、恐々謹言、
（天正十七年）正月十六日　（北条）氏直（花押影）

○宛所を欠く。

○**参考53**　「家忠日記」五　○駒澤大学図書館所蔵

（天正十七年二月）十三日辛卯、雨降、信州真田（信幸）むす子出仕候、

○二二五　七沢富士浅間神社棟札銘写　○西尾市岩瀬文庫所蔵「見聞雑記」下

（表面）

大旦那　安房守（真田昌幸）　佐渡守（池田重安）　縫殿助——［葺手□□］
［□□□］大工　伊賀守——［雅楽頭］
○奉造立中宮一宇所聖主天中天——［哀愍衆生 我等□］
別当権大僧都西光坊以十方旦那一紙半銭——［□延命之処也］
大阿闍梨権僧都尊与所願成就——［皆令満足］
于時天正十［拾］七年巳［乙］□丑　三月十日　敬白

（裏面）

板之檀那　右馬助
我此名号一経其耳衆疒悉除身心安楽
富沢雅楽助又旦那

○題箋「見聞雑録　滋野姓四氏系図　伊木正矩著」。旧称「松代藩旧領記」。松代藩士高野武貞（蕣叟）による写で、元は上下巻からなるが、一冊にまとめられて書写されている。「金蔵院所持浅間社棟札」とある。浅間神社は東吾妻町川戸に所在し、金蔵院は同社の別当。不完全な写だが、早い時期の調査であるためか、原本を実見した『原町誌』より多くが読めている。「見聞雑記」下を元とし、『原町誌』で判読ができた部分を［　］で補う。ただし、文字の配列が一致せず、位置は正確なものではない。仮に掲げる。

○参考54　「天正六年同十九年迄御頭書」

○神長官守矢史料館所蔵　守矢家文書

天正十七己丑卯月吉日

一、四（伊那市）大島郷　三貫三百文 五

一、四（福島カ、伊那市）敷島郷　仁貫文 五百加［　］

一、五（豊丘村）河野　二貫五百文 同

一、四（中川村）片切　仁貫文 五之時も有

一、五（松本市）浅間　三貫三百文

一、五（松本市）深志　二貫文 上同前

一、七（飯田市）伊賀良庄　八貫文 小役共ニ

一、同（上田市）塩田庄　上同前 五貫六百文 神鷹鳥・神馬

一、四（佐久市、以下同）伴野　上神馬・神鷹鳥有 五貫六百文 路銭鉾本共ニ

一、同　跡部　壱貫八百文

一、五　桜井　四貫六百文

一、同　小宮山　同　々

一、四（小諸市）小室　三貫三百文 上同前

一、七（阿島、喬木村）安島郷　仁貫文か

一、七（船山、長野市）舟山ヲ書入也、

○関連163　斎藤定盛書状　○高崎市 内山家文書

寄思召珍書并御守送給候、寔忝畏入存候、如来意去比者、於箕輪（高崎市）与風遂面上本望存候、然者去月廿四日御夢想御座候付而、態蒙仰候、誠御真実之至不浅過分至極存候、吾妻（岩櫃城、東吾妻町）近日本意之様申来候間、彼地へ罷移一折興行可申候、何哉らん、任御夢想致脇進置候、可有御直候、

　摂津守は扇をもちて団にて
　とり納まれる末ひろの家

右、如斯仕候、於其方可有御直候、憑入申候、委細自此方可申述候、恐々謹言、

（天正十七年ヵ）
六月七日　　斎藤摂津守
　　　　　　　定盛（花押）

大蔵坊
　参貴報

○竪紙。年次比定は、「吾妻近日本意」が秀吉裁定を指すと考えたことによる。

○関連164　斎藤定盛書状写※　○内閣文庫所蔵「武州文書」十八

追而奉言上、羽尾（源六郎ヵ）所江被遣候御書、鎌原（嬬恋村）へ以早打差越申候処、十三夜通彼飛脚罷帰候付而、羽尾御請并証人共、書立進上仕候、修理亮拙者所被申越候分者、郎等如御下知、当大戸（東吾妻町）根小屋ニ指置可申由、返答被申候、此旨宜預御披露候、恐惶謹言、

（年未詳）
極月十四日　　斎藤摂津守
　　　　　　　定盛（花押）

矢部大膳助殿

○「秩父郡秀三郎所蔵」とあり。前号文書にかけてここに収める。羽尾源六郎が上杉景勝の支援で真田領丸岩城を奪還し、羽根尾城将湯本三郎右衛門尉を謀叛させたのは、天正十二年三月～四月のことである。鎌原を攻撃できるのはこのタイミングとなるが、斎藤定盛の大戸城入城は天正十五年秋と考えられており、確定できない。

○二二六　羽柴秀吉御内書　○真田宝物館所蔵 真田家文書

（懸紙上書）
「真田伊豆（信幸）守殿」

今度関東八州・出羽・陸奥面々分領、為可被立堺目等、津田隼人正(盛月)・富田左近将監(一白)為御上使被差下候、為案内者可同道、然者従其地沼田(沼田市)迄御馬六十疋・人足弐百人申付、上下共可送付、路次宿以下馳走肝要候也、

(天正十七年)七月十日 (朱印)

真田源三郎(信幸)とのへ

○折紙、檀紙［四六・〇×六六・〇］。懸紙折封［三四・〇×四八・五］。懸紙は別文書のもの。

○関連165　北条氏政書状　○埼玉県秩父市 内田家文書

十二日之一札、今十四日申刻披見、一、沼田(沼田市)・吾妻(岩櫃城、東吾妻町)之儀付而、自是も申候キ、一、人衆者、上下両手ニ千程可有之候歟、自妙音院書立被越候、一、沼田ニ而もたいの儀者、城不請取間者、自元為如何、自此方貸可有之候、一、妙音院、明日・明後日之間ニ、当地迄可有着府候、其上京衆小田原可通是非糺明候者、可聞得候、其上可申付与之儀候、一、京都へ召連者之事者、自諸手五騎・三騎迄《ツヽ》候、我々一騎上ニ而済候、多人衆更不入候、申付候分をハ、無由断(油)御支度、又奏者方へも、弥可有下知候、未百日之以後之事候間、致何様候共、遅々者有間敷候、一、沼田請取人之事者、左衛門佐(北条氏忠)ニ昨日落着、被申付候、一、沼田請取而より後之もたいハ、貴所之外有間敷候間、無由断御心懸専一候、恐々謹言、

(天正十七年)七月十四日　(北条)氏政(花押)

安房守(北条氏邦)殿

○竪紙、横内折。

○関連166　北条氏直書状　○東京市 市谷八幡神社文書

沼田(沼田市)可渡由有之而、自京都、富田(一白)・津田(盛月)、沼田へ可為参著由候、依之、安房守(北条氏邦)半途へ打出、為陣取、自是為請取手、左衛門佐(北条氏忠)指遣候、一、其方人衆之内、馬人以下被選立能衆

弐百余人、自身安房守可為同途、歩者者何もひやくゑ(白衣)、馬
上者、或袖ほそ・かわはかま(革袴)・たうふく(道服)の類、武具にてハ
有間敷候、一、弓・鉄炮・鑓なとハ、調次第如何ニも奇麗
ニ尤候、火急之儀候間、不成儀をハ、ならぬ一理迄ニ候、
恐々謹言、
追而日限者、来廿五、六之儀ニ
可有之候、以上、
(天正十七年)七月廿日　氏直(北条)（花押）
安中左近大夫殿

○竪紙。東京大学史料編纂所架蔵影写本に拠った。原本は焼失。

○参考55　「家忠日記」五　○駒澤大学図書館所蔵

(天正十七年七月)廿一日丙寅、御能井侍従(井伊直政)所候、雨降にて延候、榊原式部大輔(康政)、
信州真田(昌幸)へ沼田(沼田市)の城さかミ(北条氏直)へ渡しニ被越候、京都(羽柴秀吉)よ
りハ富田平右衛門(一白)・津田四郎左衛門(盛月)尉けんし(検使)に
被越候、沼田城うけ取候ハヽ、氏直(北条)上へ出仕可
被成候、

○関連167　那須資晴書状　○福井県武井町青山正氏所蔵文書

内々従是可申述覚意候処、遮而預書札候、再三披見畏悦候、
如被顕紙面、此度竜興寺来候、彼於目前及身血候、御悦喜
之段承、本望至極候、幾度之申事、不一代申談筋目、於向
後者、猶以無二無三無隔碍、可申合迄候、殊愚存彼方へ申
渡候、被遂演説候歟、御喜之由欣悦候、然者新国上総介、
黒川(蘆名義広)へ令出仕候哉、至于此上者、岩瀬(福島県須賀川市)表へ政宗(伊達)可被打出由、
令推分候、佐中(佐竹義久)于今須賀川(須賀川市)ニ在番候歟、彼筋珍布儀候者、
即刻可蒙仰候、将亦太(大)手口之事、従京都(羽柴秀吉)以御下知、沼田地(沼田市)
南方(北条氏直)へ被明渡之由候、北条左衛門佐(氏忠)方、被請取之由、申来
候、但遠境之説、如何、替儀候者、追而可申宣候、恐々謹
言、
(天正十七年八月)南呂十九日　資晴(那須)（花押）

○竪紙。宛所を欠く。東京大学史料編纂所架蔵影写本に拠った。

○関連168　猪俣邦憲判物　○真田宝物館所蔵　真田家文書所収恩田家文書

知行方
拾貫文　生科内(生品、川場村)
弐十貫文　石墨内(沼田市)
拾貫文　発知内(同)
六貫文　川上内つなこ(みなかみ町)
五貫文　大船
已上五十一貫文

右、沼田家一臈和田名字、卅ヶ年退転之由候、此度当城(沼田城)本意ニ付而、古来之地衆紀明候、依之和田本領座敷共其方渡置候、恩田本領并座敷之事、右近衛所へ可被相渡候、直ニも及下知候、当家中功者事候間、万端無思慮助言無二忠信ヲ存詰、可被走廻候、一方本意次第一ヶ所可任置者也、仍如件、

(天正十七年)丑
十月朔日　邦憲(猪俣)(花押)

和田(恩田)伊賀守殿

○続紙、斐紙、巻子装［一七・六×第一紙五一・三、第二紙四三・〇］。以下、「沼田領裁定」で北条氏に服属した真田家臣宛ての宛行状を掲げる。

○関連169　猪俣邦憲判物写　○館山市立博物館所蔵　恩田家文書

知行方
拾弐貫百廿八文　下川田村(下河田、沼田市)
八貫文　屋形原両所(沼田市)
四(弐カ)貫文　中分(埼玉県上尾市)
弐貫文　その原(薗原、沼田市)
弐貫文　生品内木部(川場村)
弐貫文　修理分
弐貫文　川上内藤七郎分(みなかみ町)
壱貫文　うそいの内(宇楚井、沼田市)
已上廿九貫文
此外

弐拾貫文　川上内木部
修理分
合四拾九貫文
右、本領返付候、忠信ヲ存詰、可被走廻候、猶依奉公可引立者也、仍如件、
丑ノ《(天正十七年)》
十月朔日　朝忠《(猪俣邦憲)》
恩田越前守殿

○折紙一紙に別文書とともに書写される。発給者名は、「邦憲」を誤読・誤写したものと思われる。

○関連170　猪俣邦憲判物写　○茨城県立歴史館所蔵「木内氏文書」

知行方
七十六貫文　立岩内《(川場村)》
四貫文　石墨内《(沼田市)》
已上八十貫文
右、譜代之本領候間、此度返付候、此上無二存詰走廻付而者、一方本意次第可引立者也、仍如件、
丑《(天正十七年)》
十月朔日　邦憲《(猪俣)》（花押影）
木内左近衛殿

○折紙。沼田に関わる宛行のため、掲出した。

○二二七　真田昌幸判物写　○内閣文庫所蔵「加沢記」五

今度沼田《(沼田市)》知行相違、就夫、小県郡岩下郷《(上田市)》・佐久郡《(ママ)》田沢《(同)》ノ郷百五十貫文之処出置候、猶伊奈郡改之上、一所可進申者也、仍如件、
天正十七年丑十一月三日　昌幸《(真田)》在判
禰津助右衛門尉《(幸直)》殿

○二二八　真田信幸朱印状　○中之条町折田家文書

今度我妻知行相違、就之、於于伊奈郡箕輪《(箕輪町)》之内下寺郷拾貫文之所先出置候、尚郡中改之上、一処可出置者也、仍如件、

天正十七丑
十一月三日信幸（朱印1、印文「精福万」）
折田軍兵衛殿
○折紙、楮紙［二八・二×四〇・七］。

○二二九　真田信幸判物写

○塩尻村　成沢伍一郎氏所蔵「百合叢志」文書之部三

今度沼田《沼田市》知行相違、就之、於伊奈郡箕輪《箕輪町》之内下寺郷四拾貫文之所先出置候、猶郡中改之上、一所可被進置者也、仍如件、

天正十七丑
十一月三日　信幸朱印
原弥一郎殿

○「粘入様ノ紙、二折」とあり、折紙ヵ。東京大学史料編纂所架蔵謄写本に拠った。

○二三〇　真田信幸判物写

○真田宝物館所蔵「長国寺殿御事蹟稿」八

今度沼田《沼田市》知行相違、就之、於于伊奈郡箕輪《箕輪町》之内小河之郷九拾貫文之処先出置候、猶彼郷改之上、一所可出置者也、仍而如件、

天正十七年丑十一月三日　信幸《真田》御判
塚本肥前守殿

○「加沢記」は真田昌幸判物写とする。

○参考56　「家忠日記」五

○駒澤大学図書館所蔵

（天正十七年十一月）
三日、丁未、木引、さかミ《北条氏直》より、信州真田《昌幸》城《名胡桃城、みなかみ町》を一つとり候間、手たしあるへし、

○二三一　徳川家康書状

○真田宝物館所蔵　真田家文書

（懸紙上書）
「真田源三郎とのへ」

来書披見候、然者なくるミ(名胡桃、みなかみ町)の事得其意候、左候へ者其許之
様子京都(羽柴秀吉)之両使(津田盛月・富田一白)被存候間、則彼両人迄其方使者差上候、定
而披露可被申候、将又菱喰十到来、令悦喜候、猶榊原式部(康政)
太輔可申也、
(天正十七年)十一月十日　家康(徳川)（花押）
真田源三郎(信幸)殿
○折紙［三一・五×四九・五］。懸紙折封［四〇・〇×二七・六］。

○二三二　羽柴秀吉御内書　○真田宝物館所蔵　真田家文書

其方相抱なくるミ(名胡桃、みなかみ町)の城へ、今度北条(氏直)境目者共令手遣、物主
討果、彼用害北条方江法之旨候、此比氏政(北条)可致出仕由最前
依御請申、縦雖有表裏、其段不被相構、先被差越御上使、
沼田(沼田市)城被渡遣、其外知行方以下被相究候処、右動無是非次
第候、此上北条於出仕申茂、彼なくるミへ取懸討果候者共
於不令成敗者、北条赦免之儀不可在之候、得其意、境目諸
城共来春迄人数入置、堅固可申付候、自然其面人数入候者、
小笠原(貞廣)・河中島(須田満親)江茂申遣候、注進候て召寄彼徒党等、可懸
留置候、誠対天下抜公事表裏仕、重々不相届動於在之者、
何之所成共、境目者共一騎懸ニ被仰付、自身被出御馬、悪
逆人等可被為刎首儀、案之中被思召候間、心易可存知候、
右之境目又ハ家中者共ニ此書中相見、可成競候、北条一札
之旨於相違者、其方儀本知事不及申、新知等可被仰付候、
委曲浅野弾正少弼(長吉)・石田治部少輔(三成)可申候也、
(天正十七年)十一月廿一日（朱印）
真田安房守(昌幸)とのへ
○折紙、檀紙［四六・〇×六四・五］。

○関連171　羽柴秀吉御内書　○真田宝物館所蔵　真田家文書

条々
一、北条(氏直)事、近年蔑　公儀不能上洛、殊於関東任雅意狼藉
条、不及是非、然間、去年可被加御誅罰処仁、駿河大納

言家康(徳川)卿、依為縁者、種々懇望候間、以条数被仰出候へハ、御請申付而、被成御赦免、則美濃守(北条氏規)罷上御礼申上候事、

一、先年家康被相定条数、家康表裏之様仁申上候間、美濃守被成御対面上ハ、境目等之儀、被聞召届、有様ニ可被仰付之間、家之郎従差越候へと被仰出候処ニ江雪(板部岡)差上畢、家康与北条国切之約諾儀如何と御尋候処、其意趣者、甲斐・信濃之中城々ハ家康手柄次第可被申付、上野之中ハ北条可被申付之由相定、甲・信両国ハ則家康被申付候、上野沼田(沼田市)儀者、北条不及自力、却而家康相違之様ニ申成、寄事於左右、北条出仕迷惑之旨申上候歟と被思食、於其儀者、沼田可被下候、乍去、上野のうち、真田(昌幸)持来候知行三分二沼田城ニ相付、北条ニ可被下候、三分一ハ真田ニ被仰付候条、其中ニ在之城をハ真田可相拘之由、被仰定、右之北条ニ被下候三分二之替地者、家康より真田ニ可相渡旨、被成御究、北条可。出仕との一札出候者、則被差遣御上使、沼田可被相渡と被仰出、江雪被返下候事、

一、当年極月上旬、氏政(北条)可致出仕旨、御請一札進上候、因茲、被差遣津田隼人正(盛月)・富田左近将監(一白)、沼田被渡下候事、

一、沼田要害請取候上ハ、右之一札ニ相任、則可罷上と被思召候処、真田相拘候なくるみ(名胡桃、みなかみ町)の城を取、表裏仕候上者、使者ニ非可被成御対面儀候、彼使雖可及生害、助命返遣候事、

一、秀吉(羽柴)若輩之時、孤と成て信長(織田)公属幕下、身を山野ニ捨、骨を海岸ニ砕、干戈を枕として夜ハに寝、夙におきて軍忠をつくし、戦功をはけます、然而中比より蒙君恩、人に名を知らる、依之西国征伐之儀被仰付、対大敵争雌雄刻、明智日向守光秀以無道之故、奉討信長公、此注進を聞届、弥彼表押詰、任存分、不移時日令上洛、逆徒光秀伐頸、報恩恵雪会稽、其後柴田修理亮勝家、信長公之厚恩を忘、国家を乱し、叛逆之条、是又令退治畢、此外諸国叛者討之、降者近之、無不属麾下者、就中秀吉一言之表裏不可有之、以此故相叶天命者哉、予既挙登竜揚鷹之誉、成塩梅則闕之臣、開万機政、然処ニ氏直(北条)背天道之正

理、対　帝都奸謀、何不蒙天罰哉、古諺云、巧詐不如拙
誠、所詮普天下逆　勅命輩、早不可不加誅伐、来歳必携
節旄令進発、可刎氏直首事不可廻踵者也、

天正十七年十一月廿四日（朱印）

北条（氏直）左京大夫とのへ

○竪続紙［三六・〇×三三〇・〇］。本文書は「北条家文書」「伊達家文書」「法雲寺文書」「東洋文庫」等にもあり。諸大名に配付された。

○関連172　羽柴秀吉御内書案　○京都府富岡文書

（端裏書）「駿河大納言様へ　御書留」

態差遣使者候、北条（氏直）儀、可致出仕由御請申、沼田（沼田市）城請取之一札之面をハ不相立、信州真田（昌幸）持内なくるミ（名胡桃、みなかみ町）の城乗捕之由、津田隼人正（盛月）・富田左近（一白）かたへ、自其方之書状ニ相見候、然者北条表裏者之儀候間、来春早々出馬、成敗之儀可申付候、早四国・中国・西国、其外国々へ陣触申付候、其表境目之儀、又ハ人数可出之行等儀、可令談合候条、二三日之逗留ニ馬十騎計にて、急々可被越候、彼表裏者之為使、石巻下野（康敬）と哉らん罷上候、出抜候て、なくるミの城を取候間、為使石巻成敗雖可申付候、命を助被為返候、然者、右関東御使津田隼人・富田左近申上候ニ付、一札之上にても見計候て、沼田城可相渡之由、被仰付被遣候処、城請取候刻、彼北条之表裏者、二万計差越、沼田近所ニ陣取之由候、彼人数頭を見候て、隼人・左近かたより、其様体御注進申上、其上たるへき儀候処、一往不及言上、沼田城相渡罷帰候事、如何思召候処、剰なくるミの城取候上ハ、最前両人不相届仕立候、然間、彼石巻ニ差添被遣候両人事、三枚橋（静岡県沼津市）境目城ニ、来春被出御馬候迄、番勢被可申付候、被出御馬上にて、御成敗歟、可為御赦免歟否之儀、可被仰出候、境目城ニ被置候共、謀叛可仕ものニあらす候間、不可有其機遣候、次北条かたへ如此以一書被仰遣候間、其方へも、写ニ加朱印被遣候条、何へも可被為見候、北条此返事申上ニ付てハ、其墨付可有進上候、以其上石巻・玉滝両人事、被返遣候歟、

可有御成敗歟、可被仰出候、若返事無之ニ付てハ、堺目ニ
はた物(礫)ニ可被掛候、又妙音院事、仮言を申廻、不相届所行、
今般被聞召候、曲事共候、於様子者、浅野弾正少弼(長吉)かたよ
り可申候、猶新庄駿河守(直頼)相含候也、謹言、
十一月廿四日(天正十七年)
駿河大納言(徳川家康)とのへ
猶以、越後宰相(上杉景勝)も四五日中ニ上洛之由候、幸候間、関東へ
行之儀、可令直談候条、早々上洛待入候、雖不及申候、
駿・甲・信堺目等、慥之留主居被申付可然候也、

○堅続紙カ。東京大学史料編纂所架蔵影写本に拠った。

○関連173 石田三成書状　○東京都 相馬家文書

雖先書申達候、重而令啓候、北条事(氏直)、来極月上旬ニ可出仕
之旨一札出置、例之以表裏、御請申首尾非相違而已、剰真(昌
幸)田拘之地(名胡桃城、みなかみ町)以計策盗捕、為隠非石巻(康敬)と申者、為使者差上、不
次題目言上之、併為可申延と被 思食、彼使者可被刎首雖
義定(議)候、使者之儀候間、被相助被返追候、然上者父子ニ一
人只今罷上候共、不可有 御赦免之旨堅被 仰出候、既堺
目之面々正月上旬可令出勢之通、御廻文候、五畿内之儀者
不及申、四国・九州・山陰・山陽・北陸・南海諸国之軍卒、
仲春上旬至臼井(碓氷峠)・箱根発向之御廻文候、此趣最前及書中候
へ共、路次にて相滞候て者と存、追而如此候、可有御忠節
事専一候、恐々謹言、
十一月廿八日(天正十七年)　三成(石田)(花押)
相馬殿(義胤)
御宿所

○切紙。東京大学史料編纂所架蔵影写本に拠った。原本は焼失。

○関連174 猪俣邦憲判物写　○埼玉県小鹿野町教育委員会所蔵「吉田系図」

知行方
百貫文　下川田屋敷(下河田、沼田市)
以上　自分可被知行、

百貫文　同所之内、佐々尾
　此有所、
四貫五百文　足軽三人給
五百文　実相院分
八貫文　小保方式部分
壱貫五百文　同治部少輔分
拾六貫文　金子美濃（泰清）分
六十九貫五百文　山名分
　以上　百貫文
六十貫文　鑓〔鐵歟〕炮衆卅人組
　此着到、
　一人二貫文宛之給、
廿貫文　鑓衆廿人、同断、
　以上　百貫也、
合、弐百貫文
一、右、七十人之足軽、番所普請所用之時、綺羅美輝ニ可為走廻、其日数次第、可出扶持事、
一、境内所用之割〔刻カ〕、右之足軽相集、一備を以、先々御用可走廻事、
一、従先代相定　大途（北条氏直）御用諸役共、如古来可為致候事、
　以上、
右、去年境内ニ有之而、致苦労候得共、当庄（利根荘）知行方不足ニ候間、先如右出置候、一方本意次第、一跡可扶助候、弥可走廻也、仍如件、
（天正十七年）丑「天正七年歟」十一月廿八日　邦憲（猪俣）御スへ判
　吉田和泉守（政重）殿

○折紙。金子泰清他、真田家臣の旧領記載があるため、採録した。

○参考57　「家忠日記」五　○駒澤大学図書館所蔵

（天正十七年十一月）
廿九日癸酉、永良へあミ（綱）ひかせにこし候、大雪ふる、鯉四本、鮒百とり候、京都より富田平右衛門（一白）・津田四郎（盛月）左衛門為御使被下候、相州（北条氏直）先度上野沼田（沼田市）城出仕

候ハんとて、請取出仕延引候由、関白様（羽柴秀吉）御腹立にて、今月中ニ出仕候ハすハ、御成敗可有之御使候、相州より使ニのほり候石まき（石巻康敬）越前此方ニ御と〻め御成敗可有之、此内曖申候明王院（妙音院）もはた物（磔）ニ御あけ候ハん由候、

○関連175　北条氏直書状写　○西尾市岩瀬文庫所蔵「武将文書集」

条目

一、老父（北条氏政）上洛遅々之由、有之間、至沼津（静岡県沼津市）御下向、一昨五日之御紙面、案之外ニ候、抑今度妙音院・一鷗軒下向之砌、截流斎（北条氏政）於罷登儀者勿論候、併当年者難成候、来春夏之間可発足之旨、条々雖御理申、不可相叶旨、頻承候、公儀於有御了簡半途迄茂罷出、二月中京着由ニ而候、就中先年徳川家［家康］上洛之刻［砌］者、被祝［結］御骨肉、尚大政所（羽柴秀吉母）を三州迄御移之由、承届候、然者当方者、名来見［名胡桃］（みなかみ町）之仕合ニ付而御立腹［腹立］、或永可被留置、或国替、加様之惑説自方々来候条、

弐度下向存切之由、截流斎申候、然者［父子之間］在国可有御察候、依之妙音院・一鷗軒招申、仮［縦］令此儘在京候共、約中［晴心中］、心易上洛為可申候、更非別条候事、

一、此度為祝儀為差上候石巻（康敬）御取成候模様、於都鄙失面目候、更以氏直相違之扱、毛頭有間敷候、御両所へ恨入候、去四日妙音院此方江招申候儀者、石巻御取成不審候間、内々可尋申度分故候、然半途ニ而被相押候由、無是非存候条、以書付申述候事、

一、此上茂無疑心至御取成者、無猶予截流斎可上洛旨申候間、御両所達御分別給べく候様ニ所希候、

一、名来見［名胡桃］之事、一切不存候、城主ニ［彼城主］候歟中山（九兵衛尉カ）書付進之候、既真田（昌幸）手ニ［手前へ相渡候］相渡内ニ候間、雖不及取合候上、越後衆（上杉景勝）半途ニ打出、信州川中島共［ト］知行替之由申候間、御紏明之上、従沼田（沼田市）其以来加勢之由申候、越後之事ハ不成一代古敵、彼表へ相移候者、一日ニ［モ］沼田安泰ニ有之哉［可在候哉］、乍去彼申所実否不知候、従徳川家茂［従家康モ］、其段［先段ニ承候間、］、尋極為可申遣候、定而［尋キワメ為可申、即進候キ、二三日中ニ、定而可申来候、］二三日中ニ、可来候、努々非表裏［候］、名来見当時［キタルモノ至時、］、百姓屋

敷、淵底以前御下向之刻〔御〕、可有見聞分候歟之事、以〔一、〕前渡
給候吾妻領、真田以取成、百姓等押払、壱人茂〔モ〕不置候、
剰号中条(中之条町)北面長台〔剰号中条地、其儘人別置〕詰不相渡、ヶ様〔箇様〕之義少事可申達様無之
候間、打捨置候、猶名来〔名胡桃〕見之事、御対決之上何分ニも可
伺〔任〕承意候事、以上、
(天正十七年)十二月七日　氏直(北条)（花押影）
富田平右衛門(左近将監)(一白)殿
津田隼人正(盛月)殿

○著しい異動がある場合、「武家事紀」「管窺武鑑」所収の写をもって
〔 〕で傍注を付した。

○関連176　北条氏直書状写　○内閣文庫所蔵「古証文」五

従京都(羽柴秀吉)之御書付給候、并御添状具披見、内々逐一雖可及
貴答指〔候カ〕、還相似慮外候歟之間、先令閉口候、畢竟自最前
之旨趣、貴老淵底御存之前、委細被仰披候者、可為本懐
候、猶罪之被糺実否候様、所希候事、一両日以前以使申
候キ、津田(盛月)・富田(一白)方へ申遣五ヶ条入御披見上、重説雖如
何候、猶申候、名胡桃(みなかみ町)努自当方不乗取候、中山(九兵衛尉カ)書付進之
候キ、御紀明候者、可聞召届事、
一、上洛遅延之由、被露御状候、無曲存候、当月之儀、正
二月にも相移候者、尤候歟、依惑説、妙音・一鷗相招、
可晴胸中由存候処、去月廿〔四カ〕余日之御腹立之御書付、誠驚
入候、可有御勘弁事、
右之趣、御取成所仰候、恐々謹言、
(天正十七年)十二月九日　氏直(北条)（花押影）
徳河(家康)殿

○関連177　北条氏邦書状　○渋川市　狩野勝次郎氏所蔵文書

阿曾(昭和村)御番替、阿久沢(能登守)・赤堀(又太郎)自身与被仰出所ニ有申事、于今
自身不移候、然者大切之境目遅々候へ者、如何ニ候間、
先々、両地之人衆為替候、為検使幸下遣候間、阿久沢人衆
をハ、本城ニ可置候、赤堀衆ハ、中城ニ申付候、津久田(渋川市)衆
者、其外之外張ニ申付候、一、自京都(羽柴秀吉)御使参、沼田(沼田市)・吾妻(岩櫃

城、東吾妻町）当方へ渡候、真田（昌幸）をハ京都ニ留置候、依之、先日矢留与申
遣候キ、縦自敵者足軽出候共、取返申間敷候、堅固之仕置
専一ニ候、恐々謹言、

猶以、はや〳〵本意前ニ候間、昼夜無油断
堅固之仕置候て、稼可申候、追て遠へ（徳川家康）□□まい
なとニ罷越間敷候、
構而〳〵本意可申候、
（天正十七年）極月十一日　氏邦（北条）（花押）
阿曾当番、越後（狩野）申付候、
二番ニ須田を申付候、

狩野越後守殿

○竪紙。

○関連178　依田康国判物　○佐久市　山宮雄二氏所蔵文書

定

先年真田（昌幸）得之御動之時分、味方人数そち（損）候所に、同心衆申
付、のほり（幟）二本にて長瀬御陣得参候所、無是非付而、上山
宮豊後跡百六拾壱貫三拾文之所出置、仍如件、

天正拾七年己丑
十二月十三日　康国（依田）（花押）

丸山内匠助殿

○竪紙。

○関連179　北条家伝馬手形　○東京市　本間順治氏所蔵文書

伝馬四疋可出之、中山（九兵衛尉カ）ニ被下、可除一里一銭者也、仍如件、

（天正十七年）己丑（朱印、印文「常調」）十二月廿六日　江雪（板部岡）奉之
自小田原（神奈川県小田原市）沼田（沼田市）迄
宿中

○竪切紙。名胡桃城事件関連史料であるため、採録した。東京大学史料編纂所架蔵影写本に拠った。

○二三三　羽柴秀吉朱印状写　○真田宝物館所蔵「長国寺殿御事蹟稿」一八

来春関東軍役之事

一、五畿内者可為半役事、
一、中国并四国者可為四人役事、
一、従坂（ママ）至尾州者可為六人役事、
一、遠・三・駿・甲・信、此五ヶ国者可為七人役事、
右軍役之通、用意不可有油断、来春三月朔日、秀吉（羽柴）令出
陣者也、仍如件、
天正十七年十二月日

天正十八年（西紀一五九〇）

○関連180　前田利家書状　○仙台市博物館所蔵　伊達家文書

重而良学（良覚院栄真）被指越候ニ付而、御懇簡具拝披、本懐之至存候、
如承候、最前遠藤不入斎（基信）被差上、条々御存分之趣、達　上
聞候、委曲先書ニ如申伸候、御逆鱗雖不浅候、浅野弾正（長吉）
少弼方令相談、多重（多賀谷重経）御理申上候ニ付而、会津之儀御別条有
間敷之旨、御内証之通、不入斎へ懇ニ申渡、及御報候シ〔ツ〕、
就其、先日も如申入候、北条（氏直）表裏之緩怠曲事ニ被　思食、
則被成御動座、可有御成敗ニ候、東海道之御人数、駿河大
納言家康（徳川）卿為御先手、当月（正月）五日ニ被打立候、其跡押続御出
勢ニ候、依之拙者も加州・能州・越中之人数召連、十日ニ

先勢相立、我等者廿日ニ致出馬候、信州通、上野へ可押入候、真田（昌幸）并上杉（景勝）方を先勢ニと被　仰出、是又同道へ被相働候、渕（淵）底良学被聞届候、然上ハ此時候条、自会津口至下野有御出馬、可被抽忠儀（義）、我等上野へ打入候者、其地へ物近候条、節々御飛脚被相越可被示合事専一候、猶於巨細者、口上ニ申渡候間、不能詳候、恐々謹言、

羽筑（前田）

（天正十八年）二月二日　利家（花押）

伊達左京大夫（政宗）殿

参御返報

○折紙。

○二三四　真田信幸判物　○高崎市　榛名神社文書

定

年来昌幸（真田）被致御祈念付而、於榛名山寺中仁濫妨狼藉不可致之候、若於背此旨輩者、即可成敗者也、仍如件、

（天正十八年）三月七日　信幸（真田）（花押2）

○折紙［一六・五×四四・〇］。

○二三五　羽柴秀次書状　○真田宝物館所蔵　真田家文書

此表着陣、為見廻被示越通、承悦候、北国衆被仰付故、臼井峠（碓氷峠）筋途中被在陣由、尤存知候、此面無別条候、我々事きせ川（黄瀬川、静岡県沼津市）際ニ令居陣候、山中（同三島市）・韮山（同伊豆の国市）雖程近、敵一切人数不出候、尚期後音候間、不能巨細候、恐々謹言、

（天正十八年）三月八日　秀次（羽柴）（花押）

真田源三郎（信幸）とのへ

○折紙［三六・五×五四・〇］。

○関連181　羽柴秀吉朱印状写　○「国初遺言」

関東御陣之節上様（羽柴秀吉）被仰出候事、

一、羽柴筑前守利家（前田）北陸道之大将

右に申付人数

一、越後喜平次景勝(上杉)　一、丹羽五郎左衛門(長重)
一、木村常陸守(一)　一、真田伊豆守(信幸)
右加賀筑前守利家下知次第、人数仕立合戦可仕者也、
(天正十八年)三月十六日　朱印(羽柴秀吉)

○『信濃史料』十七巻より採録した。

○参考58　小田原合戦軍勢書付

○仙台市博物館所蔵　伊達家文書

北国口
一番　三千人　真田阿波守(昌幸)
二番　壱万人　越後宰相殿(上杉景勝)
三番　壱万人　加賀中将殿(前田利家)
越中侍従殿(前田利長)
合弐万三千人
船手御人数
千五百人　九鬼大隅守(嘉隆)
千三百人　脇坂中務少輔(安治)
六百人　加藤左馬助(嘉明)
弐百卅人　菅平右衛門尉(達長)
弐千五百人　土佐侍従殿(長宗我部元親)
千五百人　大和大納言殿人数(羽柴秀長)
弐千五百人　蜂須賀阿波守人数(家政)
千五百人　生駒雅楽頭人数(親正)
千五百人　福島左衛門大夫人数(正則)
千人　戸田民部少輔人数(勝隆)
五百人　来島兄弟(得居通幸・来島通総)
千人　備前宰相殿人数(宇喜多秀家)
五千人　安芸宰相殿人数(毛利輝元)
以上弐万六百卅人
城々
美濃国
一、三百人　大柿(大垣、岐阜県大垣市)
一、弐百人　すのまた(墨俣、同)
一、百人　竹かはな(竹鼻、同羽島市)

以上六百人

尾張国

一、五百人　小早川（隆景）人数　かりやすか（刈安賀、愛知県一宮市）

一、弐千人　小早川自身　清須（同清須市）

一、五百人　吉川（広家）自身　星崎（同名古屋市）

以上三千人

三川国

一、千人　大和大納言殿人数　岡崎（同岡崎市）

一、五百人　同人数　長沢（同豊川市）

一、千人　同人数　吉田（同豊橋市）

以上弐千五百人

遠江国

一、五百人　備前宰相殿人数　浜那（浜名、静岡県浜松市）

一、千人　同人数　浜松（同）

一、五百人　同人数　懸川（同掛川市）

一、五百人　同人数　久野（同袋井市）

一、五百人　同人数　田中（同藤枝市）

以上三千人

駿河国

一、三千人　備前宰相殿自身　府中（同静岡市）

一、　三枚橋（同沼津市）

以上

合壱万弐千百人

○続紙、巻子装。前号文書にかけて収める。

○関連182　北条氏直感状　○福島県 漆原家文書

去十五日、始蘆田（依田康国）・真田（昌幸）信州衆臼井峠（碓氷峠）打上相動砌、及仕合
敵一人随分之者討捕候、高名之至神妙候、弥竭粉骨可走廻
者也、仍如件、

（天正十八年）三月十八日　（北条氏直）（花押）

宮寺源二郎殿

○切紙。東京大学史料編纂所架蔵影写本。

○関連183　北条氏直感状　○愛知県　大道寺家文書

去十五日、臼井峠（碓氷峠）敵打上候処、乗向則追崩、敵数多討捕・分取無際限由、大軍先之仕合、前代未聞無比類感悦候、弥竭粉骨可走廻儀、肝要候、謹言、

（天正十八年）三月十八日　（北条氏直）（花押）

大道寺新四郎（直昌）殿

○竪紙。名古屋温故会絵葉書に拠った。前号文書より、本文中の「敵」に真田勢が含まれることが明らかであるため、採録した。

○関連184　猪俣邦憲判物写　○館山市立博物館所蔵　恩田家文書

知行方

五拾貫文恩田村（沼田市）、別而被走廻候間、本領返付候、猶依奉公可引立者也、如件、

（天正十八年）寅ノ

三月廿日　朝忠（猪俣邦憲）

恩田越前守殿

○折紙一紙に別文書とともに書写される。発給者名は、「邦憲」を誤読・誤写したものと思われる。

○二三六　真田昌幸禁制　○高崎市　榛名神社文書

禁制　榛名山

於于彼小屋、濫妨狼藉之事、若此旨於于違背之輩者、可処厳科者也、

（天正十八年カ）三月廿三日　真田安房守昌幸（花押2）

○竪紙［三二・五×四五・五］。年次比定は小田原合戦関係文書との推定による。

○二三七　真田昌幸書状写　○真田宝物館所蔵「長国寺殿御事蹟稿」八

去朔日之御朱印、昨六日謹而奉頂戴候、仍去月廿九日山中（静岡県三島市）之城被為攻、凶徒一人不残被討果之旨被仰下候、殊箱根峠被寄御陳〔陣〕、至小田原（神奈川県小田原市）表御先衆被為押懸候之由候、御平均可被仰付事、不移時日奉存候、然者、此表之儀、上野国中悉放火仕、其上松井田（安中市）之地根小屋撃砕、致詰陳〔陣〕、仕寄申付候、

聊不及油断候、此等之趣宜預御披露候、誠恐謹言、
卯月七日(天正十八年)　房州公(真田昌幸)
石田治部(三成)少輔殿　御諱御花押

○関連185　羽柴秀吉御内書　○東京都 鍋島家文書

為見舞、袷十・帯十筋到来之、入念遠路早々懇情、被悦思食候、当面之事、去月廿七日至三枚橋(静岡県沼津市)被成御着座、廿八日山中(同三島市)・韮山(同伊豆の国市)之体被御覧計、両城一度ニ被取巻、則近江中納言(羽柴秀次)ニ被仰付、山中城即時ニ責崩、城主松田兵衛大夫(康長)以下首二千余討捕之、其外追討不知其数候、翌日鷹巣(神奈川県箱根町)・足柄(同)・ねふ川城々退散候、御先手御人数、小田原(同小田原市)五町十町之間ニ陣取候、舟手之衆、小田原浜手押寄候、四方取詰候、韮山之事、御人数三四万にて被取巻、掘をほりまわし、塀柵を丈夫相付、鳥之かよひも無之、被仰付候、上野国事、真田(昌幸)・景勝(上杉)・羽柴筑前守(前田利家)松井(田脱、安中市)城ニ付城申付、小田原へ可罷通之由、被仰付候間、五三日中可着陣候、相運寺(早雲寺、神奈川県小田原市)ニ被居御座候、氏(北

(条)直首を可被刎段、眼前候、猶増田右衛門尉(長盛)可申候也、
卯月七日(天正十八年)　(朱印)
鍋島加賀守(直茂)とのへ
○折紙。

○二三八　羽柴秀次御内書　○真田宝物館所蔵 真田家文書

其表永々在陣、誠苦身之段、被察置食候、将又帷子二被遣之候、猶追々可被仰遣候也、
卯月九日(天正十八年)　(朱印、印文「豊臣秀次」)
真田源三郎(信幸)とのへ
○折紙、檀紙［四六・〇×六六・〇］。

○関連186　北条氏邦朱印状　○須坂市 佐藤庄司家文書

去七日、於臼井(碓氷峠)敵討捕頸一到来、肝要之節走廻、心地好候、

本意之上可加恩賞候、弥尽粉骨可走廻者也、仍如件、
（天正十八年）寅卯月九日（朱印、印文「翁利招福」）
佐藤蔵人佑殿
○小切紙。碓氷峠で交戦した敵に真田勢が含まれることから採録した。

○関連187　某書状写　○仙台市博物館所蔵　伊達家文書

急度用脚力候、抑今般京都（羽柴秀吉）・小田原（北条氏直）鉾楯覃之歎布候、当方
之義、年来関白（羽柴秀吉）へ申通之上、殊先達沼田（沼田市）・我妻（岩櫃城、東吾妻町）之地、以表
裏被懸取之事無其隠、右之意趣を以、自京都被打下候義（儀）無
拠候歟、然条、当手之事者境目迄近日令出馬候、其方事ハ
近年別而当方入魂与云、少々在所へも有帰城、相近ニ兵談
所希候、如此之義、近比雖聊尓之様候、及一筆候、旁以馳
走、近辺之衆引汲之義畢竟ニ候、任入計候、急度候間、先
令略候、恐々謹言、
（天正十八年）卯月九日
（壬生義雄）壬上
○竪紙。差し出しを欠く。東京大学史料編纂所架蔵影写本に拠った。

○二三九　羽柴秀吉御内書　○真田宝物館所蔵　真田家文書

「（懸紙上書）（信幸）真田伊豆守とのへ　」
此表之儀、先書如被仰遣候、山中之城（静岡県三島市）専ニ相拵、丈夫ニ令
覚悟人数四五千入置候処、去月廿七日中納言（羽柴秀次）ニ被仰付候へ
ハ、責崩、悉討捕之、則致付入、小田原（神奈川県小田原市）三町四町ニ取券（巻）、
堀を掘、塀柵を相付候、依之城中無正体候て、下野国皆川
山城守（広照）命を被助候様ニと申上、走入候、是者先年御馬太刀
をも被納候者之事候間、被助命、家康（徳川）へ被遣候、此以後者
北条（氏直）首を刎持来候共、御助なさるましきと被思召候間、可
成其意候也、
（天正十八年）卯月十日（朱印）
真田安房守（昌幸）とのへ

○折紙、檀紙［四六・五×六六・○］。懸紙折封［四五・○×三○・○］、別文書のもの。

○二四○　羽柴秀吉御内書　○真田宝物館所蔵　真田家文書

「(懸紙上書)
真田安房守とのへ
同　源三郎とのへ　」

去四日書状、今日十一於小田原(神奈川県小田原市)面到来、披見候、仍此表事、先書ニ如被仰遣候、山中城(静岡県三島市)専ニ相拵、丈夫ニ令覚悟人数四五千入置候処、去月廿九日中納言(羽柴秀次)ニ被仰付候へハ、責崩、悉討捕之、則致付入、小田原二町三町之間ニ取巻、堀を掘、塀柵を相付、二重三重ニ取籠、諸卒番所陣屋無透間町作ニ被仰付候、海上之儀者、警固船数千艘浮置之、誠鳥之通も無之付而、以外城中無正体、去八日夜も下野国皆川山城守(広照)、侍以下百余引具走入、命を相助候様にと御詫言申上候、これハ先年御馬太刀をも被納候者之儀候間、無是非被成御助候、即家康(徳川)へ被遣之候、此以後ハ縦北条(氏直)刎首候て持来候共、一人も御助有ましきと被思食候、関東八州之物主共不残相籠候間、小田原一城ニて、関東一篇ニ被討果計候、落去雖不可有程候、長陣なされ、城内之奴原悉干殺ニ被仰付、出羽・奥州・日の本果迄も被相改、御仕置等堅可被仰付候、就中其面事、景勝(上杉)・利家(前田)令相談、無油断可相動事肝用候、尚石田治部少輔(三成)可申候也、

卯月(天正十八年)十一日　(朱印)

真田安房守(昌幸)とのへ
同　源三郎(信幸)とのへ

○折紙、檀紙［四六・○×六六・五］。懸紙折封［三九・五×二五・○］。

○関連188　北条氏邦書状　○宮城県　片野家文書

従小田原(神奈川県小田原市)九日之飛脚到来、敵労兵御城近辺可寄付体無之候、今明日中可退散も不被知由申候、御城之御仕置御堅固ニ候、
一、臼井越(碓氷峠)山之敵者、松井田(安中市)上之山ニ陣取、又かり宿(狩宿、長野原町)近辺

へ打散而、於火働一理ニ候、是又指義（儀）無之候、御城堅固ニ
申付候間、可心安候、恐々謹言、
（天正十八年）卯月十一日　氏邦（北条）（花押）
□殿
○切紙。東京大学史料編纂所架蔵影写本に拠った。

○二四一　羽柴秀吉御内書　○真田宝物館所蔵　真田家文書

去七日返札、昨日十三披見候、小田原（神奈川県小田原市）表之儀、先書ニ如被
仰遣、去五日被移御座候、然者先手之間、二町三町宛堀・
土居、塀柵二重付廻、小屋之町作ニ候て、番所丈夫申付、
急人数持者居所堀を拵半候、其方動之様子聞届候、上野国
中在之松井田（安中市）根小屋悉焼払、則取巻有之由尤候、当表人数
別ニ入事無之候間、心静申付、可討果候、景勝（上杉）・利家（前田）令相
談、弥不可有油断義肝要候、猶石田治部少輔（三成）可申候也、
（天正十八年）卯月十四日（花押）（羽柴秀吉）
真田安房守（昌幸）とのへ
同　源三郎（信幸）とのへ
○折紙、檀紙［四六・○×六五・○］。

○二四二　真田昌幸書状写　○真田宝物館所蔵「古文書鑑」所収文書

北陸道之為大将軍筑前守利家（前田）、上杉喜平次景勝并我等父子、
関東為案内者、今度先陣被仰付候、三月上旬信州小県致進
発、残雪踏分、去十二日同国軽井沢（軽井沢町）参陣仕候、然所、具息
伊豆守（真田信幸）松枝之城（松井田城、安中市）為順見、近習之士百卅余人召連、従臼井（碓氷）峠
乗下、至町口之被成、城代大道寺新四郎（政繁）敵之小勢見済、昆（混）
甲七八百騎従城乗出、自三方取詰、既及一戦候、当方者伊
豆守為始軍兵何茂皆直裸ニ而、弓・鉄炮一挺茂無之、頼所
之兵具者太刀・長刀・鑓等計を以責合、及難儀候処、剰信
州佐久郡住人依良（与良）入道宗源と申者、手勢数十人引分、坂本（安中市）
之民屋致放火、後を可取切様子及見、家来吉田庄介・富沢
主水助懸合、悉伐払、依良宗源を従馬上撞落、則首討取候、

以其勢盛返、向敵八十余人討捕得勝利候ニ付、残党悉及敗軍候、押付門外迄責詰、勝鯨波執行、北陸道之通路平均申付候、右依良入道事者、甲・上・信三州無其隠士之条、件首為持進上仕候、委細使者簀(春)原勘介・松沢五左衛門口上可申宣候間、此旨宜被遂披露候、恐々謹言、

天正十八年　　真田安房守

四月廿日　　昌幸（切取）

浅野(長吉)弾正少弼殿

石田(三成)治部少輔殿

○任官前の信幸を「伊豆守」と記す他、文言も不自然である。この通りの原本が存在したとは考えられない。

○二四三　羽柴秀吉御内書　○真田宝物館所蔵　真田家文書

(懸紙上書)「真田安房守とのへ　」

去廿四日書状、今日廿九披見候、箕輪(高崎市)城之儀、羽賀(併和)信濃守追出、保科(昌月)居残、城相渡ニ付て、羽柴孫四郎同前ニ請取之由尤候、小田原(神奈川県小田原市)之儀被取籠、干殺被仰付故、隣国城々命之儀御詫言申上候、被成御助候城ハ、兵粮・鉄炮・玉薬其外武具悉城ニ相付渡し候、家財ハ少々城主ニも被下候間、成其意、箕輪之儀も玉薬其外武具・兵粮以下少茂不相違様ニ入念可請取置候、次在々所々土民百性共還住之儀被仰出候、其許堅可申触候、東国習ニ女童部をとらへ、売買仕族候者、後日成共被聞召付次第、可被加御成敗候、若捕之置輩在之者、早々本在所へ可返置候、万端不可有由断候、猶以此節之儀候条、辛労仕、弥可抽粉骨儀肝要候、委曲石田治部少(三成)輔可申也、

(天正十八年)卯月廿九日（朱印）

真田安房守(昌幸)とのへ

○折紙、檀紙［四六・〇×六四・五］。懸紙折封［四六・四×三〇・〇］。

〇二四四　真田昌幸朱印状写

〇群馬県立文書館寄託黒岩初音家所蔵「吾妻記」

今度其方抽相働、敵一騎生捕成之条、無比類候、依之折田(中之条町)之内弐十貫之所出置候、向後弥奉公可為専一候、以上、

天正十八年五月廿八日　昌幸(真田)御朱印

佐藤軍兵衛殿

〇「上野国吾妻記」（『群馬県史料集』三巻）は、「昌幸　御判」とするなど異同がみられる。「上野国吾妻記」に比べれば戦国期の文書に近いが、なお検討を要する。

〇関連189　羽柴秀吉条目

〇『思文閣古書資料目録』一九一号

覚

一、佐竹(義重)・宇都宮(国綱)・結城(晴朝)・那須(資晴)・天徳寺(宝衍)、其外同名・家来、下野・常陸・上野三ケ国得　上意候者共、今度治部少輔(石田三成)申次第、何へ成共一手ニ相動、可令在陣事、

一、上野麦所務事、在々念を入可申付事、

一、城々兵粮事、船にても取安所ハ、此面へ可相着候、遠所ニ有之分ハ、扶持方ニ可相渡事、

一、景勝(上杉)・利家(前田)・真田(昌幸)扶持方儀ハ、上野城之内ニ有之兵粮可相渡事、

一、城々兵粮米・玉薬以下有之所、能々可相改候事、

右之通成其意、堅可申付候也、

(天正十八年)五月廿八日　(朱印)

〇竪紙、軸装［四四・五×六二・〇］。

〇二四五　真田昌幸朱印状写

〇群馬県立文書館寄託黒岩初音家所蔵「吾妻記」

今度於松井田(安中市)合戦、敵之一将討落候事、無比類働神妙に候、依而吾妻郡之内五反田(中之条町)三拾弐貫之所出置候、向後弥可為忠節者也、仍而如件、

天正十八年寅五月廿九日　昌幸(真田)

富沢和泉殿

〇「上野国吾妻記」（『群馬県史料集』三巻）は、「昌幸　御判」とするなど異同がみられる。「上野国吾妻記」に比べれば戦国期の文書に近いが、なお検討を要する。

〇関連190　羽柴秀吉御内書　〇埼玉県立歴史と民俗の博物館所蔵文書

其面之儀、相越絵図申越之通、被聞召届候、水責普請之事、
無由（油）断申付候者尤候、浅野弾正（長吉）・真田（昌幸）両人重而被遣候間、
相談弥堅可申付候、普請大形出来候者、被遣御使者手前ニ
可被為見候条、成其意、各可入精旨可申聞候也、
（天正十八年）六月廿日（朱印）
石田治部少輔（三成）との（へ）□

〇現状切紙、軸装［二一・六×四五・五］。

〇二四六　平盛幸願文　〇上田市　生島足島神社文書

（懸紙上書）「奉御立願存分成就所平盛幸」
如存分、身体一廉於于案（安）堵申候江者、当社江御利生次第、
御神領可令寄附者也、仍如件、
（天正十八年六月）天正庚寅林鐘廿四日　平盛幸（花押）
（生島足島神社、上田市）下郷　御神前

〇竪紙、楮紙［二八・九×三八・一］。懸紙折封［四〇・〇×二七・三］。

〇関連191　羽柴秀吉御内書　〇東京国立博物館所蔵文書

関東御陣為見舞、使者殊筒（道）服一・帷子百到来、遠路切々懇
志悦思召候、仍此表之儀、弥無残所被仰付候、武州鉢形城（埼玉県寄居町）
北条安房守（氏邦）居城候、被押詰、則可有御成敗と被思召候処ニ、
命之儀被成御助候様ニと、御侘言申上ニ付、去十四日城被
請取候、安房守剃髪山林候、同国八王子城（東京都八王子市）要害堅固ニ付、
敵歴々之者共余多楯籠候条、越後宰相中将（上杉景勝）・加賀宰相（前田利家）・越（前田利長）
中侍従・木村常陸介（一）・山崎志摩守（片家）ニ被仰付、去廿三日則時
責崩、悉討果、大将分十人、其外弐千余討捕之、討捨追討
等不知其数候、妻子・足弱迄も悉被加御成敗候、同国忍城（埼玉県行田）

市)之儀、浅野弾正少弼(長吉)・石田治部少輔(三成)ニ、佐竹(義重)・結城(晴朝)・宇都宮(国綱)・多賀谷(重経)・水谷(勝俊)・真田(昌幸)・佐野(天徳寺宝衍)以下被仰付、水責仕候、城中より様々御侘言雖申上候、不被聞召入候、付井城(津久井)ハ、家康(徳川)内本田(本多忠勝)・鳥居(元忠)・平岩(親吉)ニ被為取巻候、韮山(静岡県伊豆の国市)之儀者北条美濃守(氏規)此中御侘言申上候、彼者事、最前上洛仕、被成御覧候故、不便ニ被思召、命被成御助候、剃頭高野(和歌山県高野町)栖候、然者小田原(神奈川県小田原市)一城落居不可有程候、城内下々計略申分色々雖在之、不被入聞召入(衍)候、悉可被干殺御覚悟候、弥以出羽・奥州迄平均静謐候、伊達(政宗)・山方〔形〕・南部(信直)以下令参陣候、当表被成御仕置、至于会津(福島県会津若松市)被移御座、最上(義光)両国御掟堅可被仰出候、随而高麗人渡海之由候、着岸次第可召具旨、小西(行長)かたへ被仰出候、其元之儀、馳走専一候、猶増田(長盛)右衛門尉可申候也、

(天正十八年)六月廿八日（朱印）

加藤主計頭(清正)とのへ

○折紙、檀紙。

○関連192　榊原康政書状写

○内閣文庫所蔵「松平義行所蔵文書」坤

遠路御使札本望至極候、仍家康(徳川)へ御帷子五被進候、一段祝着被存候、能々相心得、可申入之旨候、并我等方へ御帷子二贈給、忝存候、然者当御陣之様子、定而雖可被及聞食候、御望之由候間、拙者見及候分、大概書付進之候、先三月廿七日伊豆堺至沼津(静岡県沼津市)御動座、廿九日之寅剋御出勢、当日午剋頭者、山中城(同三島市)近江中納言殿(羽柴秀次)一手之御人数にて、片時之間乗捕、五六百被切懸候、彼競以、一日之間為始足柄城(神奈川県南足柄市)十二三捨逃候、卯月朔日箱根御越山、二日峠々峰々御陣取り、三日ニ小田原(同小田原市)へ被押詰候、抑小田原城存之外堅固、被構広大候、東西五拾町、南北拾八町、廻り三里、西為峨々大山、東北ハ不及馬之蹄茂深田也、南ハ為漫々大海也、誠雖欺銀山鉄壁程地、先自西北南次第々々御取巻候、御旗本ハ九州島津(義久)并大友(義統)、中国毛利(輝元)・吉川(広家)・小早川(隆景)為始、房州里見(義康)、此等都合其勢五万余騎、右陣ハ長谷川藤五郎(秀一)・羽柴左衛門(堀秀政)尉・池田三左衛門(照政)并海賊衆九鬼大隅守(嘉隆)・脇坂中書(安治)、左陣ハ

御旗本指継、長岡越中(忠興)・米沢侍従(伊達政宗)、次浮田侍従(宇喜多秀家)、次近江中納言御手衆中村式部少輔(一氏)・堀尾帯刀(吉晴)・一柳伊豆守(直末)・山内対馬守(一豊)、次大柿少将殿(羽柴秀勝)・松ヶ島侍従(蒲生氏郷)、次内府(織田信雄)御家中深井左衛門尉・天野周防(雄光)・土方勘兵衛(雄久)・羽柴下総守(滝川雄利)、次家康家中拙者并酒井宮内大輔(家次)・石川左衛門大夫(康通)・井伊兵部少輔(直政)・松平周防守(康次)・牧野右馬允(康成)、東南ハ海賊衆加藤左馬(嘉明)・長曾我部(元親)、家康海賊衆間宮(高則)・小浜(景隆)、都合其勢三万余、漕浮時者ハ浪上俄陸地与成歟見渡候、又陸地之御取ハ(陣脱カ)、従虎口際後陣ハ、其厚所ハ廿四五町、其薄所ハ拾七八町、早川自湊際東南渚迄、寸地・尺地ノ無透間御囲候、去程旗旌・指物色々様子、様々模様、飜風有様、吉野・竜田之花紅葉、喩之非物之数、其繁事ハ、稲麻竹葦喩にも猶難及候、敵味方鉄炮之音無鳴止間、数揃打込時ハ、百千雷同時鳴落歟与被疑、上有頂、下那羅倶底迄鳴響驚、味方サヘ消肝候、城中者共、殊女童共左社鳴啼悲覧与被推量哀候、上様(羽柴秀吉)御陣城ハ、高山頂上十余丈余磊築、上穿雲、箱根連山敵城直下被御覧候、御屋形造様子広大成分野、凡聚楽・大坂難劣相見候、其外一手々々構陣城、天主・矢倉白壁輝天、陣屋々々者悉塗籠、小路々々割竪横、陣取者大将之依楽、或魚鱗有取之、或構鶴翼有之、依山川之地形、鳥雲陣取有之、如何強敵可破之共不相見候、為高々有屋形、細少而綺麗成屋形有之、松竹植有集草花、好野菜茄子・大角豆又蔓蕪麦等作有之、摠而色々植木・書院・数寄屋・陣屋共驚目候、大道東西互拾騎・廿騎往復、馬之足音・物具之声、拾二時中無鳴止間、又従日本国中商人集来候、国々名物、津々浦々之魚肴、唐土・高麗之珍物、京・境之絹布、一而無不売買、京田舎遊女列棟掛小屋、小屋之前成市、扨又御兵粮ハ千石・二千石之大船、一万余艘連送之、無絶間候、陣中一日不得貧事候、然則於此御陣中送生涯、可有退屈候共不覚、因茲弥励勇候者也、随而廿一日、相州玉縄城(神奈川県鎌倉市)明渡、城主北条左衛門(氏勝)剃髪、成染衣形出仕申候、其後伊豆国下田城(静岡県下田市)主清水上野(康英)楯籠候、是茂剃首助命、城指上申候、北国出勢事、羽柴筑前守(前田利家)・長尾喜平次(上杉景勝)為始、信州芦田(依田康国)・真田(昌幸)、都合其勢五万余、上州臼井之麓松井田城(安中市)押詰等破塀埋堀之間、楯籠大道寺(政繁)則降参申、助命候、頬武州岩付城(埼玉県さいたま市)、浅野弾正(長吉)為物主、木村常陸介(一)、家康家中本多中書(忠勝)・鳥居彦衛門尉(元忠)・平岩七之助(親吉)、都合三万五千押詰等曲輪三四乗破候間、中一日持、五月廿二日明渡候、爰物之哀を留候ハ、彼城主太田十郎(北条氏房)妻子・舅女共虜、其外千余人之侍共妻子、悉召籠候処、子ハ母ニ取付、母ハ子之手を引、泣悲分野、如何成無心野心も温袖、武之士不侵籠手無之由、飛脚再三到来、此外関八州小田原籠城者共、尽召籠候、哀成次第候、其後同国鉢形に氏政(北条)舎弟安房守(北条氏邦)楯籠候処、北国人数并浅弾(浅野長吉)人数可押寄支度候処、急懇望申、助身命候、前代未聞之比興者之由、敵味方申候、其後同国忍(埼玉県行田市)之城、関八州并出羽・奥州諸卒為初、常州佐竹(義重)・結城(晴朝)、都合三万余騎押詰、水責可致之支度之処、種々懇望申候、依之東国名城十四五、其外小城当座之足懸、彼是城数六七拾、或捨逃、或明渡、命計御詫言申候、次同国号八王寺地(東京都八王子市)、累年北条陸奥守(氏照)被築立候付而、寔巨翔鳥獣、雖非可立足候、羽柴筑前守為物主、信州・越国人数同時押寄、六月廿三日早朝攻落、彼城代横城為初千人討取候、然者伊豆国韮山城(静岡県伊豆の国市)北条美濃守(氏規)楯籠候、福島左衛門大夫(正則)・戸田民部少輔(勝隆)・蜂須賀阿波守(家政)・生駒雅楽頭(親正)・前野但馬守(長康)・伊賀侍従(筒井定次)、都合其勢五万余、百日之間、昼夜手痛雖攻之候、于今堅固候、然則家康恩不浅故、城指家尤之由、達而異見被申候、定而是も程有間敷候、去程氏直(北条)父子年来振関八州威程之無威言共、箱根山之切所被越候時、一合戦之無心馳、一夜討程之無行、弱々与籠城、窮運与乍申、不及是非次第、無云甲斐分野為体候、古将云、合戦之負者以恥更非辱、唯戦所而不致合戦為恥不申哉、将又惣官軍之宛始者廿万騎候、関八州・出羽・奥州迄士卒一人不残出仕申、属御膝下、西国・北国所々方々諸士故障雖遅参申輩、追日参陣候間、着到之外之者共、不知其数候、大方諸手書注候処、今都合五拾万有騎被宛候、従神武已来、如此之不思儀之御威風、未聞之所候、此体候者、異国迄可有御随事案之内候、猶珍儀候者、追々可申入候、恐惶謹言、

天正十八年六月日　　榊原式部大輔
康政

加藤主計頭(清正)殿
御報

○別名「榊原家所蔵文書」。検討の余地あり。

○関連193　浅野長吉書状案　○伊東家文書

一、関東在陣為見廻、預御使札候、殊更帷十五、贈給候、遠路御懇意之段、別而令満足候、
一、此面之儀、当春三月廿九日、伊豆国山中城(静岡県三島市)為中納言殿(羽柴秀次)御手即時被攻崩、城主其外数千人被討捕候事、
一、以右之威、敵端城悉明退、不移時日、四月廿六日に小田原表(神奈川県小田原市)罷立、武蔵国・上総国・下総国・常陸国・下野国・上野国城々請取候事、
一、武州内岩付城(埼玉県さいたま市)、北条十郎(氏房)居城候、及異儀(議)候間、則五月廿日押寄、拙者父子(浅野長吉・幸長)・木村常陸(一)・岡本下野(良勝)・家康(徳川)人数、為右之衆即時乗崩、数千人討捕候、此城者関東にて一二ヶ所之名城候事、
一、武州内八王寺之城(東京都八王子市)、北条陸奥守(氏照)居城候、丈夫に雖相拘候、羽柴筑前守父子(前田利家・利長)・越後衆(上杉景勝)・木村常陸・山崎志摩守(片家)・小笠原(秀政)、為此衆不移時刻攻崩、城内之者一人も不残被切捨候事、
一、拙者父子・石田治部少輔(三成)・真田安房守(昌幸)・関東侍佐竹(義重)・宇都宮(国綱)・結城(晴朝)・天徳寺(宝衍)・水谷(勝俊)・多賀谷(重経)、為此勢唯今武州内押之城(忍、埼玉県行田市)取巻、水攻に申付候、是又急度可落去事、
一、如此之上者、関東八ヶ国・出羽・奥州、悉一遍に相澄(済)候事、
一、奥州之伊達(政宗)・南部(信直)、其外小身成衆迄、不残出仕候事、
一、小田原儀者、取巻此より塀柵七重八重被仰付、此此者仕寄に而城之塀きわに諸勢相付、塀を埋、外城丸共数多被乗捕候事、
一、北条(氏直)之儀、色々身命之侘言申上候得共、中々聞召不被入候、小田原城内へ関東八州之諸侍楯籠候之間、悉可被攻殺旨候、兎角落去不可有程候、頓而可為帰陣候条、其節可申達候、謹言、

(天正十八年)七月朔日　浅野弾正少長吉

伊東民部(祐兵)大輔殿御返報

○下山治久『八王子城主・北条氏照』より採録した。

○参考59「里見吉政戦功覚書」※

○館山市立博物館所蔵

一、小田原(神奈川県小田原市)御陣、弾正殿(浅野長吉)衆にて立申候、是は武蔵忍(埼玉県行田市)にての儀にて候事、

一、真田阿波守(昌幸)(安房、以下同)、武蔵忍之城さら(皿)尾口の請取ニ候、有時阿波守弾正殿へ被参候而、内談之趣ハ、我等請取口をも城中ニ而存候間、二三町さし出し候而、丸二ツ三ツ明日渡り何とそあてかひ(宛行)可申と被申候得共、弾正殿尤可然と被申、左様ニ候者、我等人数をも出し可申候哉と、弾正殿被仰候へ者、御無用ニ被成候へと、阿波守被申候而、被罷帰候へ共、払暁よりより(ママ)弾正殿人数を被出候而、其より阿波守方へ細々使を被立候へ共、中々遅候而敵方ニ存候間、弾正殿衆迄にてさら尾口乗取候、二三の丸にかまハす(構)、本城之堤之内二所におひた、しき(夥)しほり(仕寄)候、其を一しほりやふり(破)候て、二しほり破候所へ、弾正殿より重々の使立申候間、あけ引返し申候所へ、阿波守のほり(幟)参候、殊之外阿波守手持あしく候、乗取申候さら尾口丸々に不構、本城の堤へ参候衆、浅野右近・佐藤才(才)三郎(二郎方政)・すかの平兵衛・上村豊後左衛門と此時も我等にて候事、

一、弾正殿忍の城請取口桜ヶ馬場より行田口にて候、後七月(天正十八年)五日之朝に行田口やふり候得共、弾正殿人数多勢にて、堤へ乗上候事不叶、我等壱騎のりわけ候て、堤の南の方より五六町も泥・ふけ(深)田乗渡し候て、篠垣の候所ニ而下立候て、水堀を二重越し其奥ニ節家橋にてはし(橋)を引申候間、事之外、弓・鉄炮にてうたれ申候間、歴々衆数多討死いたし候、城中きおひ候て、引足をしたひ(慕)候而、弥以余多被討申候、我等・石本善介・浅野次郎左衛門・広瀬与八郎、此四人にて一方の跡をいたし申候、是ハ町の左の方、右の方ハ浅野右近・其内之者五三人、それより跡

に岡野弥右衛門・小島太介、其外一両人、一方ハ我等共
に四人其内にて様々かせき(稼)上ケ申候事、

○七月三日付の浅野長吉宛羽柴秀吉御内書（「浅野家文書」）によれば、
忍城皿尾口攻略は七月朔日のことである。

○関連194　須田長義ヵ黒印状　○千曲市 諏訪家文書

(千曲市)屋代馬上衆知行事、
拾九貫三百十文　本領
六百九十文　王助分
合廿貫文ハ上務ニ而相渡候、御検地候而不足ニ候者、たし(足)
お可出候、もし上納ニ余候者、御蔵可被納者也、仍如件、
天正十八年寅
七月拾一日　(須田長義ヵ)右衛門尉（黒印）
諏方久三殿　まいる

○折紙、楮紙［二九・三×五〇・〇］。屋代氏旧領は、真田昌幸が上杉景勝に従属した際に恩賞として与えられ、特にその一部は昌幸次男弁丸（信繁）の知行地となった。このため、「右衛門尉」を信繁とする見解がある。しかし真田昌幸が秀吉に独立大名として取り立てられて以降、同地は返還された徴証がある。右衛門尉は従来人物比定がなされていないが、海津城代須田満親の次男で、天正十六年正月の春日山での連歌に参加している「須田右衛門長義」が該当する可能性が高い。議論になっている文書であるため、敢えて掲げた。

○関連195　徳川家康条目　○東京市 水野家文書

一、御自筆被　仰出趣忝次第、何共難述言上奉存候、
一、結城(晴朝)跡目之儀、三河守(結城秀康)ニ被　仰付段忝奉存、即相添両人ニ致進上候事、
一、三河守五万石之儀、奉得其意候事、
　付、結城隠居領事、
一、真田(昌幸)儀、重而以成瀬伊賀守(正一)被　仰下御諚忝奉存候事、
一、両三人之者共儀、相意得奉存事、
以上、
(天正十八年)七月廿九日　(徳川)家康（花押）

黒田勘解由（孝高）殿
水野和泉守（忠重）殿

○竪紙。東京大学史料編纂所架蔵影写本に拠った。

○二四七　羽柴秀次カ書状　○真田宝物館所蔵　真田家文書

尚々、右之地へ御座所普請已下被入精、被申付尤候、并橋道等之事も能々被申付可然候者也、

公出地之事、其方分領之由候、然者上様（羽柴秀吉）御座所已下急速被申付尤候、会津（福島県会津若松市）領分之内者、我々申付事候、彼地之筋道橋已下、能々被入念、被申付可然候、為其如此候、恐々謹言、

（天正十八年）八月七日　（切取）

真田源三郎（信幸）殿

○折紙、檀紙［三六・〇×五三・〇］。差出は切り取られているが、料紙からみて羽柴秀次のものと思われる。

○二四八　真田信繁判物　○長野県信州古典研究所所蔵文書

今度始中終走廻、無是非候、因茲、名字出置候、本意之上加恩可申者也、仍如件、

天正十八庚寅年

八月十日　信繁（花押2）

安中平三殿

○折紙、楮紙［三二・〇×四三・五］、裏紙あり（花押墨移り）。発給者については、安中信繁とする説もある。

○二四九　利根郡下河田村検地帳　○群馬県立歴史博物館寄託　生方家文書

「（表紙）八月廿五日

下河田（沼田市）御検地之帳

（黒印）

（黒印）

天正十八年寅

唐沢市右衛門尉（花押）
伊藤外記（花押）
小林文右衛門尉
井上小兵衛（花押）
山口与三左衛門尉（黒印）
戸部左馬允（花押）」

下河田分

田は七百五十文　小保方雅楽助

此内九十文不作引

六百六十文当

以上、

田はた共壹貫五百五十文　桑原兵庫

此内三百六十二文不作引

壹貫百八十八文当

以上、

たはた共壹貫五文　小林四郎五郎

此内百廿文不作引

八百八十五文当

以上、

田はた共五百五文　林新六

此内八十七文不作引

四百十八文当

以上、

田は壹貫弐百卅七文　ふかす(吹須)次郎さへもん

此内百五十七文不作引

壹貫八十文当納

以上、

田は五百八十文　常正坊

此内八十七文不作引

四百九十三文当納

以上、

田は六百七十壱文　岡本藤内

此内弐百六十六文不作引

四百五文当納

以上、

田四十文　般若坊

此内十文不作引

卅文当納

百廿文　以上、　光明坊

田は九百十八文　小林源六郎

此内百卅六文不作引
七百八十弐文当納
田は
三百九十文　　笛木与五へもん
此内百十七文不作引
弐百七十三文当
田は
壱貫百五十文　　高橋やさへもん
此内百八十七文不作引
九百六十三文当納
田は
壱貫三十文　　大竹市丞
此内百八十五文不作引
八百四十五文当納
田は
六百六十五文　　ふかす新へもん
此内八十文不作引
五百八十五文当納
以上、
田は
六百卅弐文　　小保方禅さへもん
此内百七十文不作引
四百六十二文当納
以上、
田は
百五十弐文　　しおの雅楽助
此内八十文不作引
七十弐文当
以上、
は
百六文　　かん丞
此内十弐文不作引
九十四文当
以上、
は
百廿文　　太郎へもん
此内六十七文不作引
五十三文当納
田
三百参文　　三介
此内百卅二文不作引
百七十一文当納
は
弐百五十文　　五郎さへもん

此内七十四文不作引
百七十六文当納
田は壱貫十五文　田中惣右衛門尉
此内百八十五文不作引
八百卅文当納
田は五百廿七文　ふかす《ふへ木》孫さへもん
此内百九十文不作引
三百七十七文当
田は六百卅五文　米彦へもん
此内百弐文不作引
五百卅三文当
田は三百八十文　根岸源五郎
此内四十五文不作引
三百卅五文当納
田は九百四十三文　くわ原新さへもん
此内弐百四十三文不作引
七百文当納

田は八百九十五文　かちぬいの助
此内二百八十四文不作引
六百十壱文当
田は六百九十文　田口新三郎
三百十二文不作引
三百七十八文当
以上、
田は五百六十文　いよく三郎さへもん
此内百十文不作引
四百五十文当納
以上、
田は壱貫百四十五文　田中甚丞
此内弐百八十五文不作引
八百六十文当
田は四百廿文　塩の新三郎
此内九十四文不作引
三百廿六文　ミ(当)

以上、

田は六百五十三文　同四郎五郎

此内百廿三文不作引

五百卅文当

以上、

田は三百七十文　加の与三郎

此内百四十文不作引

二百卅文当

以上、

田は七百九十八文　しかの玄番〔蕃〕

此内三百卅五文不作引

四百六十三文当

以上、

田五十文　山本新四郎

此内廿三文不作引

廿七文当

以上、

田は弐百廿文　野村孫へもん

此内卅文不作引

百九十文当

以上、

田は八百卅三文　桑原左近

此内三百廿文不作引

五百十三文当

以上、

田は壱貫三百文　見常文左衛門

此内七百十四文不作引

五百八十六文当

以上、

田は五百五十文　太郎右へもん

此内三百七十四文不作引

百七十六文当

田は五百廿文　くわ原彦さへもん

此内弐百六十五文不作引
弐百五十五文当
田は
壱貫卅文　伊よく市助
此内百六十八文不作引
八百六十二文当
田
百五十文　助二郎
此内百廿三文不作引
弐十七文当
以上、
田は
七百廿文　中使免
長谷河与兵へ
此内二百四十九文不作引
四百七十壱文当
以上、
田は
弐百五十文　原かん助
此内三十文不作引
弐百廿文当
以上、

田は
三百廿文　しかの藤三郎
此内百八十八文不作引
百卅弐文当納
田は
百六十三文　道中
此内廿二文不作引
百四十壱文当
田は
四百五十文「中使免」(追筆)　見城右馬助
此内弐百卅文不作引
弐百廿文当納
以上、
田は
三百文　鈴木与五へもん
此内七十文不作引
弐百卅文当納
以上、
田は
百六十文　井上藤へもん
此内四十五文不作引
百十五文当
以上、

は
百卅文　見常大炊助
此内六十文不作引
七十文当
以上、
田
三百文　小保方主水
此内五十四文不作引
弐百四十六文当
以上、
田
百八十文　道心
此内六十文不作引
百廿文当
以上、
は
廿五文　ふかす二郎三郎
此内参文不作引
廿弐文当
田
四十文　源四郎
此内五文不作引

卅五文当
は
七十文　しかの入道
此内八文不作引
六十二文当
は
百文　とかの源七
此内十二文不作引
七十八文当
以上、
は
廿五文　小保方弥三
此内十二文不作引
十三文当
は
百文　河成《かわらのはた》
いまい
は
四十文　平井加兵へ
此内五文不作引
卅五文当
以上、

は
廿文　宮下四郎右へもん
此内弐文不作引
十八文当
は
三文　当　けいちん
以上、
は
卅文　右へもん
此内十二文不作引
十八文当
以上、
は
廿五文　長町藤さへもん
此内三文不作引
廿二文当
以上、
田は
四百九十五文　小保方彦へもん
此内五十九文不作引
四百卅六文当
は
七文　荒地

以上、
卅文　はやし甚六
此内三文不作引
廿七文当
以上、
は
六十文　小保方左京助
此内廿九文不作引
卅壱文当
以上、
は
五文当　くさつ(カ)御屋敷
以上、
「田は
壱貫六十文　安中かけゆ(勘解由)
此内三百卅文不作引
七百卅文当
田は
壱貫六百文　しおの右近
此内六百五十六文不作引
九百四十四文当
」(追筆)

中沢分
田は 六百十文　孫さへもん
此内七十三文不作引
五百卅七文当
以上、
田は 五百十五文　又さへもん
此内六十八文不作引
四百四十七文当
田は 壱貫九百卅八文　平井加兵へ
此内三百卅八文不作引
壱貫六百文当
「此内百十文　天神免」（追筆）
は 廿文　野村孫へもん
此内弐文不作引
十八文当
は 十文　新五郎
此内五文不作引

五文当
田は 百卅五文　小田橋神へもん
此内十五文不作引
百廿文当
田 八十文　弥五郎
此内廿七文不作引
五十三文当
は 廿文当　かたかい半丞
田は 弐百廿文　加の与三郎
此内廿六文不作引
百九十四文当
は 五文　荒地
田 百卅文　田中甚丞
此内四十二文不作引
八十八文当
田 百文　出文三
此内十二文不作引

八十八文当

田は三百十文　小保方治部

此内六十文不作引

弐百五十文当

以上、

田は七百卅文　同新四郎

此内百七十五文不作引

五百五十五文当

五十文　荒地

廿文　荒地

百五十文　荒地

「高以上五貫四十三文荒地

此内壱貫七十八文不作引

残而

三貫九百七十五文当納」（追筆）

荒木分

田は弐貫四百四十六文　九郎さへもん

此内三百廿八文不作引

弐貫百十八文当

高辻以上卅九貫五百六十五文

此内

三貫文　河成引

六貫九百七十四文　荒地不作風引

残而

廿九貫五百九十壱文　当納

笹尾分

畑は五百四十五文　鈴木与五へもん

此内百六十六文不作引

三百七十九文当

以上、

田は壱貫四百七十文　小保方大覚

此内三百文不作引

壱貫百七十文当

以上、

田は
弐貫八百卅五文　島田源丞
此内壱貫五百五文不作引
壱貫三百卅文当

田は
六百十文　三枝右へもん
此内七十三文不作引
五百卅七文当

田は
七百卅文　小保方雅楽助
此内百六十八文不作引
五百七十二文当

田は
百五十八文　市場左衛門四郎
此内四十五文不作引
百十三文当納

田は
八百廿文　小保方四郎さへもん
此内二百七十四文不作引
五百四十六文当

は
七十文　実相院
此内廿文不作引
五十文当

田は
壱貫九百九十五文　小保方神さへもん
此内五百九十五文不作引
壱貫四百文当

田は
壱貫七百卅文　小保方源十郎
此内六百廿二文不作引
壱貫百八文当納

田は
八百五十文　同禅さへもん
此内二百卅文不作引
六百廿文当
以上、

は
弐百九十文　同源さへもん
此内三十五文不作引
弐百五十五文当
以上、

は
弐百五文　星名源さへもん

此内卅七文不作引
百六十七文当
以上、
は　廿五文　同三郎さへもん
此内三文不作引
廿二文当
以上、
田　百廿文　小保方式部
此内廿文不作引
百文当
以上、
田は　壱貫四百四十文　同主水
此内四百五十四文不作引
九百八十六文当
畑は　弐百五十五文　同弥三
此内卅五文不作引
弐百廿文当

は　弐百九十文　山本新四郎
此内八十文不作引
弐百十文当
は　十文当　長町藤さへもん
は　卅七文　常正坊
此内五文不作引
卅弐文当
は　五十文　長左
此内六文不作引
四十四文当
田　三百七十文　光明坊
此内弐百廿文不作引
百五十文当
は　百卅文　安中かけゆ
此内百廿文不作引
十文当
は　百六十文　ちきら（千木良）十さへもん

此内六十六文不作引
九十四文当
は　九文当　野口大郎へもん
は　卅文　道弥
此内三文不作引
廿七文当
壱貫四十五文　小保方治部
此内弐百六十五文不作引
七百八十文当
岩本
田　六百文　子持山免 河成　実相院
は　百五十文　小保方弥三
此内百十五文不作引
卅五文当
は　七百文　金子甚へもん
此内弐百六十二文不作引

四百卅八文当
は　百廿五文　助五郎
此（内脱カ）廿五文不作引
百文当
は　百七十文　河野助三郎
此内卅八文不作引
百卅弐文当
は　百十文　小保方伝介
此内四十八文不作引
六十二文当
は　弐百卅文　同大炊助
此内百文不作引
百卅弐文当
は　七十文　同郷左衛門
此内十文不作
六十文当
は　百五十文　金子孫五郎

此内六十六文不作引
八十四文当
は 三百八十文　小保方三郎さへもん
此内八十文不作引
三百文当
は 弐百五十文　河成　熊野免
は 八十文　河成り
は 四十文　河なり
は 五十文　河なり
は 三十文　河なり
は 七十文　河なり
は 四十文　河なり
は 五十文　荒地
は 十文　荒地
五十文　河なり
田 六百文　あくと　永代河成
田 十七文　いわ本　永代河なり

高 以上三貫三百五十五文　岩本分
此内
六百十文　永代河成
壱貫四百弐文　荒地
残而
壱貫三百四十三文当納
高辻 以上廿貫九百七十壱文
此内
弐貫四百五十文　永河成
六貫二百卅七文　荒地不作 水風引
残而
拾弐貫二百八十四文当納
溝口分
田は 八百五文　小林出羽守
此内四百七十八文不作引
三百廿七文当

以上、

田は 五百文　　　　金井図書
此内三百廿四文不作引
百七十六文当

以上、

は 八十文　　　　小田橋神へもん
此内四十五文不作引
卅五文当

以上、

田は 三百八十文　　　　原久助
此内■《九ヵ》十文　不作引
弐百九十文当

以上、

田は 五百五十文　　　　同弥五郎
此内百七十一文不作引
三百七十九文当

田は 三百七十七文　　　　小保方彦へもん
此内百十三文不作引
弐百六十四文当

田は 三百廿五文　　　　■《甚ヵ》へもん
此内百十七文不作引
弐百八文当

田 三百文　　　　田中源丞
此内八十文不作引
弐百廿文当

は 百四十五文　　　　道弥
此内四十五文不作引
百文当

は 百九十文　　　　金井又三郎
此内五十三文不作引
百卌七文当

は 十文　当　　　　いて文三

は 六十五文　　　　ふかす大覚
此内卌八文不作引

廿七文当

田は 百六十三文　　　ふかす筑後

此内卅八文不作引

百卅五文当

田は 三百五十文　　　しおの源四郎

此内弐百四十五文不作引

百五文当

以上、

田は 四百卅文　　　山田新五郎

此内百卅《〔廿〕》[redacted]《五》文不作引

三百五文　当

以上、

田は 弐百七十八文　　　しかの雅楽助

此内百五十五文不作引

百廿三文当

以上、

は 五文　　　かん丞

は 百五文　　　あさミちから

以上、

此内六十五文不作引

四十文当

は 弐百八十文　　　入沢新介

此内百卅六文不作引

百四十四文当

は 八十五文　　　七へもん

此内四十一文不作引

四十四文当

田 百九十文　　　与助

此内六十八文不作引

百廿弐文当

田は 七百卅文　　　ふかす孫さへもん

此内四百六十六文不作引

弐百六十四文当

は 百九十文　　　ちきら 与十郎

此内百十文不作引
八十文当
田は弐百廿五文　割田文三
此内七十一文不作引
百五十四文当
田は百文　当　金井藤へもん
は六十八文　原六郎さへもん
此内八文不作引
六十文当
は三百八十文　小林惣右衛門
此内百八十文不作引
弐百文当
田は三百卅五文　入沢正さへもん
此内百卅五文不作引
弐百文当
は七文　当　六郎さへもん
は八文　当　禅さへもん

田者弐百卅六文　山田源七
此内百五十文不作引
八十六文当
田百廿文　六へもん
此内七十五文不作引
四十五文当
田五十文　野村孫へもん
此内廿八文不作引
廿二文当
田八十文　しおの新三郎
此内十文不作引
七十文当
田は三百四十文　小林九郎へもん
此内百四十文不作引
弐百文当
は六十三文　あさミ半丞
此内十七文不作引

四十六文当

は　[redacted]《十》五文　三介

此内六文不作引

九文当

は　四十八文　金井図書

此内六文不作引

四十弐文当

四十文　ふかす源五郎

此内五文不作引

卅五文当

は　十文　当　光明坊

は　五十文　北新三

此内廿八文不作引

廿二文当

は　九十五文　八郎へもん

此内卅八文不作引

五十七文当

田　六十文　総さへもん

此内七文不作引

五十三文当

百七文　よこ之村

小林惣右衛門

同出羽守

同九郎へもん

あさミちから

田　弐百廿文　田中惣右衛門

此内五十文不作引

百七十文当

田　五十文　荒地

田　百文　荒地

た　十文　荒地

は　五十文　荒地

た　三十文　水出し

た　百文　荒地

田　百文　　河成
た　百文　　河なり
た　五十文　　河なり
高　以上九貫七百八十文
此内
五百五十文　永河成
三貫九百卅七文　荒地不作引
残而
五貫弐百九十三文当納
高辻　以上合七拾〔貫脱カ〕三百十六文
此内
廿三貫五十一文万引
四拾七貫二百八十五文当納
屋敷之同記
弐百五十文　居屋敷　伊与久市助
五十文　外屋敷　同人

〇三百文（黒丸、以下同）い屋敷　くわ原与左衛門
田口新三郎
〇百五十文　同　笛木総さへもん
七十文　同　長町藤さへもん
百五十文　同　岡本彦内
三百文　同　しかの右近
百文　同　田中源丞
百文　同　吹須孫へもん
〇百五十文　同　田中甚丞
〇百五十文　同　同惣右衛門
〇百五十文　同　小保方新四郎
〇百廿文　外屋敷　同人
百文　い屋敷　小林四郎五郎
〇五十文　外屋敷　同人
百文　同　かの与三郎
〇五十文　外屋敷　同人
百文　い屋敷　くわ原左近

○三十文 外屋敷 同人
○百五十文 い屋敷 高橋やさへもん
○百文 外屋敷 同人
○弐百文 い屋敷 見常文左衛門
○百五十文 同 小田橋神へもん
○弐百五十文 同 小保方雅楽助
百文 同 同禅さへもん
弐百文 同 同神さへもん
○百文 外屋敷 同人
百卅文 い屋敷 同左京助
○五十文 外屋敷 同人
百五十文 い屋敷 同四郎さへもん
○弐百文 同 三枝右へもん
○百五十文 同 鈴木与五へもん
五十文 外屋敷 同人
弐百文 い屋敷 小保方源十郎
○百八十文 同 同源さへもん

五十文 外屋敷 同人
○百文 い屋敷 ■《しミ》おの弥五郎
百文 外屋敷 同人
○百十文 い屋敷 山本新四郎
百文 同 市場左衛門四郎
○弐百文 同 子持山別当
○弐百五十文 同 小保方主水
○弐百文 同 千木良十さへもん
○弐百文 同 大竹市丞
八十文 同 星名源さへもん
卅文 同 実相院
○百五十文 同 塩の玄番〔蕃〕
五十文 同 吹須孫二郎
八十文 同 しかの新三郎
三十文 同 長左
○百五十文 同 吹須二郎さへもん
○四百文 同 光明坊

○弐百五十文　同　いよく三郎さへもん
○弐百卅文　同　長谷河与兵へ
下河田屋敷
○弐百文　しおの勘丞
○百五十文　同　五郎さへもん
溝口分
百文　同　中山衆屋敷
同
○百七十文　同　しおの雅楽助
下河田分
○三百文　同　安中かけゆ
○百五十文　同　笛木与五へもん
○百五十文　同　原弥五郎
百四十文　外屋敷　同人
○弐百五十文　い屋敷　原久助
○百七十文　同　小保方彦へもん
○百四十文　同　孫さへもん
○百五十文　同　出文三
○弐百文　同　又さへもん
中沢分
○四百文　同　平井加兵へ
壱つ木分
○弐百五十文　同　竜泉寺屋敷

さゝほ分
○四百文　同　小保方治部
○百八十文　同　島田源丞
○弐百五十文　同　実相院
○廿文　同人
○弐百五十文　小保方大学
岩本屋敷
い屋敷
百文　小保方弥三
百文　同　同郷左衛門
弐百文　同　金子孫五郎
弐百文　同　小ほかた三郎さへもん
百七十文　同　金子甚へもん
百文　同　小保方伝介
百五十文　同　同大炊助
百廿文　同　後藤源介
百廿文　同　以上　見城右馬助
以上拾弐貫八百七十文　屋敷

神田

◯た三十文　子持山免道心
◯は五十文　十二免光明坊
た八十文　子持山式部
◯た百文　くわんおん（観音）免常正坊
◯た百五十文　すわ（諏方）免実相坊
◯は百文　同免同人
◯は七十文　同免同人
は十文　あミた（阿弥陀）免神さへもん
◯は廿五文　同免式部
◯は廿五文　同免同人
◯は三百五十文　同免同人
此（内脱カ）百文　荒地引
弐百五十文当
十文　常正坊
くわんおん免
七十文　常正坊

此内廿文不作引
五十文当
た五十文　同免同人
水出しなり
◯た百文　子持山免式部
此内三十文不作引
七十文当
◯た廿文　子持山免式部
◯廿文　同
十文　同
◯卅五文　同
◯十五文　やくし（薬師）免式部
以上、
◯田百五十文当　こもち山免　光明坊
◯は十文　当　同人
◯は廿文　当　同人
◯は十文　当　同人

○は百文 同免　　　　同人
　此内
　　卅文惣ニ引
　　七十文当
○は五十文当 同免　　同人
○は百文当 同免　　　同人
は九百五十文 子持山免　中山衆屋敷
　此内百文不作引
　　八百五十文当
○た十五文当 子持山免　光明坊
○た三百文当 同免　　同人
は五文　当 あミた免　　原久助
○さ、を百廿文　当 天神免　実相坊
以上三貫百五十文　免田
　下河田中使免
三百五十文 代官免　　田中惣右衛門
溝口分
廿五文 中使免　　　右馬助
は弐百五十文 同分与兵へ分　山本新四郎

此内百文枯ニ引
　百五十文当
は八十文 同分　　はせ河与兵へ
田溝口分
百文 同分　　　右馬助
此内廿文枯ニ引
八十文〔当脱〕
○六百文　　　小保方治部
此内弐百文惣ニ引
四百文当
高
以上壱貫三百五十五文 中使免
此内
七百廿五文不作引
六百卅文当納
物都合八拾七貫六百六十一文〔也カ〕
（貼紙）
「卯
壱貫卅七文　河成

百五十文　今井輪地

」

○横帳［一六・〇×四三・二］。表紙および紙綴じ目ごとに山口与三左衛門尉の円形黒印および某の方形黒印が捺される。後者は検地奉行のいずれかのものと思われるが、確定できない。

○二五〇　折田八幡宮棟札

○中之条町　折田正寿家所蔵

（表面）

天正十八年

（梵字）奉造立八幡宮一宇処

庚寅八月卅日願主折田下総守　折田治郎兵衛

（裏面）

為武運長久領内安全也

○木製［高さ三七・七×幅七・三］。折田八幡宮は現存せず、地名としてのみ残る。

○二五一　真田信幸寄進状写

○群馬県立文書館寄託　黒岩初音家所蔵「吾妻記」

為和利宮（中之条町）社領、七貫五百文寄付畢、［於神前］武運長久懇祈可抽誠之者也、仍而如件、

天正十八年八月日　北能登

○「真田伊豆守信幸公より吾妻寺社へ寄附覚」とあるうちの冒頭のもの。黒岩家本「吾妻記」より採録したが、大きな脱漏を「上野国吾妻記」（『群馬県史料集』第三巻）より［　］で補った。

○二五二　真田信幸寄進状写　○「上野国吾妻記」

為鳥頭(東吾妻町)社領、薄銭三貫五百文寄付畢、弥向後武運長久可懇
祈者也、仍而如件、
天正拾八年八月　日　　信幸公判　北能州(北能登守)

○黒岩家本「吾妻記」にも書写されるが、本文のみで日付・差出を欠くため「上野国吾妻記」（『群馬県史料集』第三巻）より採録した。「一、岩下鳥頭の神領寄付の事」とあり。「信幸公判」が本文書にかかるのか、次掲の書立にかかるのか、判別は困難だが、この時期の信幸は判物に奉者を付す事例がみられる。

○二五三　真田信幸寺社領寄進書立写　○「上野国吾妻記」

一、五貫文　頭宮(川戸首宮、東吾妻町)、　一、弐貫五百文　七沢(川戸浅間、同)、
一、七貫文　中里一宮、　一、七貫五百文　大宮(東吾妻町)、
一、五貫文　吾妻明神、　一、三貫文　三島鳥頭(東吾妻町)
一、五貫文　今宮(嬬恋村)、　一、六貫文　林諏訪(長野原町)、
一、壱貫文　天王免、
以上、右之所、

○『群馬県史料集』第三巻に拠った。黒岩家本「吾妻記」にも書写されるが、やはり寺社名を列記しているのみである。「竹内宏治家文書」には、「天正十八年寅八月　沼田領諸社寄附覚書」という竪帳があり、冒頭に「天正十八年真田昌幸吾妻諸社江神領寄附之事」と記されるが、内容は誤記を除けば「吾妻記」と一致し、信幸による寄進の誤りである。便宜、同史料を参考にしつつ（　）で注記を付す。

○二五四　真田昌幸判物　○真田宝物館所蔵小山田家文書

以上、
為蔵納、村松之郷(青木村)三百文相渡候、猶明所出来之上、一所可
進之候、恐々謹言、
(天正十八年)寅
十二月朔日　昌幸(真田)（花押2）
小山田平三(茂誠)殿

○折紙、楮紙［三七・四×五七・二］。

○二五五　真田信幸判物　○真田宝物館所蔵 矢沢頼忠家文書

以上、

有此方可有奉公之由候て、信州之知行半分被指上、当地へ
被引越之間、戸加之村（戸賀野、沼田市）弐百五拾石、先如此相渡候、猶領中
改之上、必一所可進置者也、

天正十八年寅　木村渡右衛門（綱茂）奉之

十二月三日　信幸（花押2）

矢沢三十郎（頼幸）殿

○折紙、楮紙［三二・六×四五・五］。

○二五六　真田信幸朱印状写　○市立米沢図書館所蔵「荘内採集文書」一

為信州知行之替、出す（於于カ）生科（生品、川場村）之内五拾四石出置候、弥依奉公
可令重恩者也、仍如件、

天正十八年庚子（寅）

十二月三日　朱印

大熊靭負奉之

田口主馬助殿

○二五七　真田信幸判物写　○みなかみ町 後閑縫殿介家所蔵「沼田昔物語」

信州知行之替として、於于沼須（沼田市）之内五拾四石出置候、尚領
中改之上、忠（必）一所可遣之者也、仍如件、

天正十八寅十二月三日　御居判「豆州様御直判ニ候、」

藤井甚左衛門殿

○「沼田根元記」にも書写されるが、字句の異同が多い。『信濃史料』十七巻・『群馬県史』資料編7ともに出典を「沼田今昔物語」と記すが、「沼田昔物語」とするものが多い。また『信濃史料』は朱印状とするが、判物の誤りとみられる。

○二五八　真田信幸朱印状　○中之条町 折田家文書

追而、右之分見出者令重恩候、以上、

就年来奉公ニ、本領拾五貫五百文塚越分、五貫八百文箱島（東吾妻町）之内、廿三貫弐百三十七文横尾（中之条町）、合四拾四貫五百八十七文出置候、向後弥奉公可致之者也、仍如件、

天正十八年　　　　大熊靫負
　　　　　　　　　木村戸（渡）右衛門尉（綱茂）
　　　　　　　　　　奉之

寅十二月十日［朱印］（朱印1、印文「精福万」）

折田軍兵衛殿

○折紙、楮紙［二九・八×四五・四］。

○二五九　真田信幸朱印状写

○群馬県立文書館寄託
黒岩初音家所蔵「吾妻記」

年来奉公ニ付、我妻之内本領拾七貫三百六十文川北・弐拾八貫八百文猿渡（中之条町）之内・五貫弐百文中之条（同）之内・七貫四百文岩下（東吾妻町）内、合五拾八貫七百六拾文出置候、弥向後奉公可致者也、

天正十八年

寅ノ十二月十日　信幸

　　　　　　　　　大熊靫負
　　　　　　　　　木村渡右衛門尉（綱茂）
　　　　　　　　　　奉之

唐沢玄蕃丞殿

○二六〇　真田信幸朱印状写

○「高野家譜」

秋塚村（沼田市）弐拾三貫文被下置候、向後無疎略可走廻候、依奉公可加重恩者也、仍如件、

天正十八年庚寅　　大熊靫負

十二月十二日　御朱印　奉之

高野彦三殿

○『信濃史料』十七巻より採録した。「沼田根元記」にも書写されているが、様式が崩れている。

○関連196　羽柴秀吉御内書

○東京市　徳富猪一郎氏所蔵文書

□□家康（徳川）ハ人数壱万計にて［　］

右壱万計之外□三河守（結城秀康）・榊原（康政）を□□三四千程竜之備に
て二□（三）里程間□□段々ニ陣取候て、会津少将（蒲生氏郷）陣所
□□可入□、

一、岩瀬　甲斐少将殿（羽柴秀勝）
　　天徳寺（宝衍）後一所ニ可召置候、
一、五里程先ニ　羽柴河内侍従（毛利秀頼）
　　真田安房守（昌幸）
　　石川出雲守（吉輝）
　　日禰野織部（高吉）
一、又三里程先ニ　堀尾帯刀（吉晴）
　　山内対馬守（一豊）
一、又三里程先ニ　松下石見守（之綱）
　　渡瀬小次郎（良政）
一、又三里程先ニ　中村式部少輔（一氏）
一、又先々　家康先手
一、相馬口　石田治部少輔（三成）
　　佐竹（義宣）

右之様子、羽柴河内守可申候也、
（天正十八年）極月十五日（朱印）

○竪紙ヵ。袖部の破損が著しい。東京大学史料編纂所架蔵影写本に拠った。

○二六一　真田信幸朱印状　○東吾妻町　大宮巌鼓神社文書

以上、
今度社領就御改、本五貫之所、七貫八百文ニ雖令検使候、
如前々大宮へ付置候者也、仍如件、
天正十八庚寅
　十二月十九日　北能登守　奉之（朱印1、印文「精福万」）
　　大宮之　大夫

○折紙、楮紙［三〇・〇×四五・五］。

○二六二　真田信幸朱印状　○新潟県　近藤芳高氏所蔵文書

以上、

今度社領就御改、本三貫文之所、如前々天神へ付置候者也、
仍如件、

天正十八庚寅　北能登守
奉之

十二月十九日（朱印1、印文「精福万」）

天神之別当

○折紙。東京大学史料編纂所架蔵影写本に拠った。

○二六三　真田信幸朱印状写　○真田宝物館所蔵「長国寺殿御事蹟稿」二

今度社領就御改、本壱貫仁百文之所、弐貫五百文雖令検使、
如前々成沢へ付置候者也、仍如件、

天正〔十脱〕八庚寅　北能登守
奉之

武靖公（真田信幸）

十二月十九日　御朱印

成沢之別当

○「吾妻郡川戸修験金蔵院所蔵」とあり。

○二六四　真田信幸朱印状　○中之条町伊能家文書

以上、

今度知行御改候処、本五貫三百九十文之所、十六貫八百七十五文ニ雖令検使候、年来奉公之間、如前々出置候、弥向後可抽戦功者也、仍如件、

天正十八庚寅　北能登守
奉之

十二月廿日（朱印）

伊与久左京亮へ

○『群馬県史』資料編7より採録した。

○二六五　真田信幸朱印状　○中之条町田村家文書

已上、

今度知行御改候処、本五貫仁百五十文之所、九貫八百九拾文ニ雖令検吏候、年来奉公之間、如前々出置候、弥向後可抽戦功者也、仍如件、

天正十八庚寅　北能登守

奉之

十二月廿日（朱印1、印文「精福万」）

田村雅楽尉殿

○現状切紙、楮紙、巻子装。中之条町撮影写真に拠った。

○二六六　真田信幸朱印状　○東吾妻町浦野家文書

以上、

今度知行御改候処、五貫文相拘之由候、近年於長野原（長野原町）無他事奉公之間、如前々出置候、弥向後無疎略可走廻者也、仍如件、

天正十八庚寅　北能登守

奉之

十二月廿一日（朱印1、印文「精福万」）

儀見斎（浦野）

○折紙。東京大学史料編纂所架蔵影写本で校訂した。

○二六七　真田信幸判物　○姫路市立城郭研究室寄託　熊谷家文書

以上、

今度其方知行就改、本百廿五貫文之所、百八拾仁貫五十文ニ令検吏候、右之外草津（草津町）百貫文、合仁百八拾仁貫五十文、如此出置候、雖然、向後役等之儀者、弐百卅五貫文分可被相勤候、尚依戦功可令重恩者也、仍如件、

天正十八庚寅

十二月廿一日　信幸（真田）（花押2）

湯本三郎右衛門尉殿

○折紙、楮紙［三〇・二×四六・三］、裏紙あり。

○二六八　真田信幸朱印状

○姫路市立城郭研究室寄託　熊谷家文書

已上、

今度知行改候処、其方同心給本百卅五貫文之所、百七拾六貫三百八十文ニ雖令検使候、年来奉公候間、役等之儀如前々ニ出置候、弥向後可抽戦功者也、仍如件、

天正十八庚寅

十二月廿一日　北能登守　奉之（朱印1、印文「精福万」）

湯本三郎右衛門尉同心

三拾壱人

○折紙、楮紙［二九・八×四六・五］、裏紙あり。

○二六九　真田信幸朱印状写

○「高野蒭叟雑記」

別而奉公候間、為重恩岡谷（沼田市）之内拾貫文并同心如前々十人可申付候、猶依戦功一所可被下置者也、仍如件、

天正十八年庚寅

木村渡右衛門（綱茂）

奉之

十二月廿六日（朱印影）

塚本肥前守殿

○『信濃史料』十七巻より採録した。「沼田根元記」にも書写されているが、様式が崩れている。『此御朱印塚本権兵衛方ニ有之候』と注記。

○二七〇　真田信幸朱印状写

○群馬県立文書館所蔵鈴井正徳家「沼田根元記」

向後奉公可有候之由、本領七貫文如前之出置候、尚依戦功ニ、可令重恩者也、仍而如件、

寅年（天正十八年）十二月廿六日　御朱印　木村渡右衛門尉奉之（綱茂）

鈴木与八郎殿

○二七一　真田信幸朱印状写

○みなかみ町増田家文書

別而奉公シ候間、為重恩後閑村（みなかみ町）之内拾五貫文并鉄炮組如前同心拾五人可申付候、猶依戦功可被下置者也、

(天正十八年)寅十二月廿六日　木村渡右衛門(綱成)奉之（朱印影3）

正雲斎参

○信幸の朱印3と使用時期があわず、検討の余地あり。朱印3は偽作か。

○二七二　真田昌幸朱印状※

○上田市生島足島神社文書

何れ之郷成り共、柳御用ニ候間、無異儀可為切者也、

(年未詳)二月八日（朱印2）

(坂城町)坂木筋

庄内筋

(上田市)塩田筋

○折紙、楮紙［二八・三×四四・九］。以下、小田原合戦前の年未詳文書を一括して掲げる。

○二七三　真田昌幸書状※

○保阪潤治氏所蔵文書

態令啓候、仍於其城別而走廻之由、喜悦之至候、然者岩井堂之地無用心之様ニ其聞候間、誠以苦労雖察入候、彼地在城之儀可申付候、令支度急速於相移者、可為祝着候、恐々謹言、

逐而在城領之儀者、日置五右衛門尉方へ可有催促候、追而可落着候、以上、

(年未詳)三月廿三日　昌幸（花押2）

富沢大学助殿

○竪紙。東京大学史料編纂所架蔵台紙付写真に拠った。「真田昌幸自筆書状」と注記される。岩井堂城は天正十五年七月に落城するので、それ以前のもの。

○二七四　真田昌幸伝馬手形写※

○内閣文庫所蔵「諸州古文書」十四

伝馬一疋、今度走往無異儀可出者也、仍如件、

青木加賀守

奉是

（年未詳）七月十四日（朱印影2）

（東御市）海野町

（上田市）丸子

（長和町）長窪

○『信濃史料』十五巻は武田家竜朱印状、「東京大学史料編纂所所蔵文書」とするが、真田昌幸朱印状の誤り。「青木加賀守伝馬十疋之書付　五品之内　諏訪因幡守領分諏方郡湯川村問屋　持主　孫左衛門」とあり。奉者青木加賀守は、天正十八～九年頃に、蓮華定院で父母の供養を行っており、年代は、天正十九年以降の可能性もある。

○二七五　真田昌幸室ヵ朱印状※

○東吾妻町渡家文書

河原畠当年不作付而、年貢之儀侘言申候間、あさ六丸つく田、俵廿俵之内八俵指置候、十弐俵可相済候、為其手形越候、以上、

（年未詳）極月廿五日（朱印3、印文「調銅」）

渡常陸守殿

○現状切紙、楮紙［一四・四×三九・二］。

 戸部左馬允	 真田綱吉	 真田信幸２	花押集 (※は写)
 井上小兵衛	 常田綱富	 真田信繁１	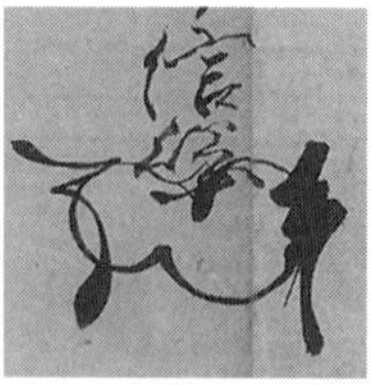 真田信綱
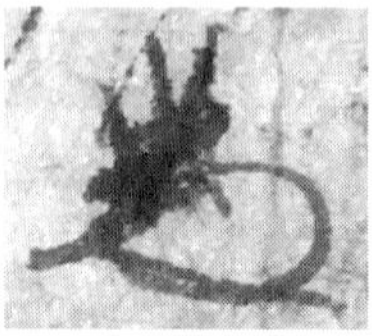 伊藤弐右衛門	 下屋棟吉	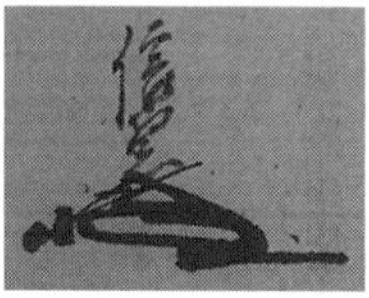 真田信繁２	 真田昌幸１
 平盛幸	 某幸朝	 加津野昌春１ (真田信尹)※	 真田昌幸２
	 浦野重俊	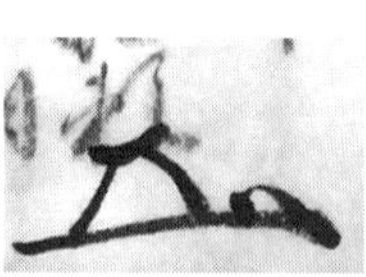 矢沢綱頼 (頼綱)	 真田信幸１

	 御なみ黒印※	 真田信幸朱印１ 印文「精福万」	印判集 （※は写）
	 山口与三左衛門尉 黒印	 真田信幸朱印３	 真田昌幸朱印１ 印文「道」
	 下河田検地奉行某 黒印	 矢沢頼綱黒印 印文「頼綱」	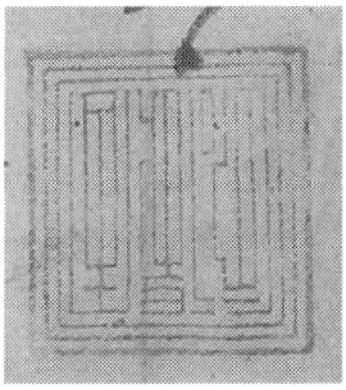 真田昌幸朱印２
		 某九兵衛黒印	 真田昌幸朱印３・ 同室朱印 印文「調銅」

黒田基樹
一九六五年、東京都生まれ。

駒澤大学大学院人文科学研究科日本史学専攻博士後期課程満期退学。

博士（日本史学）。

現在、駿河台大学法学部教授。

著書に、『増補改訂 戦国大名と外様国衆』（戎光祥出版、二〇一五年）、『近世初期大名の身分秩序と文書』（戎光祥出版、二〇一六年）、『中近世移行期の大名権力と村落』（校倉書房、二〇〇三年）、『戦国期の債務と徳政』（校倉書房、二〇〇九年）など。

平山　優
一九六四年、東京都生まれ。

立教大学大学院文学研究科博士前期課程修了。

現在、山梨県立中央高等学校定時制教諭。

著書に、『真田信繁』（角川学芸出版、二〇一五年）、『武田氏滅亡』（角川学芸出版、二〇一七年）など。

丸島和洋
一九七七年、大阪府生まれ。

慶應義塾大学大学院文学研究科後期博士課程単位取得退学。

博士（史学）。

現在、立教大学兼任講師・日本女子大学・国士舘大学非常勤講師。

著書に、『戦国大名武田氏の権力構造』（思文閣出版、二〇一一年）、『真田四代と信繁』（平凡社、二〇一五年）、『武田勝頼』（平凡社、二〇一七年）など。

山中さゆり
一九七二年、長野県生まれ。

中央大学文学部卒業。

現在、真田宝物館研究員。

著書に、『近世大名のアーカイブズ資源研究　松代藩・真田家をめぐって』（共著、思文閣出版、二〇一六年）、『校注本藩名士小伝　真田昌幸・信之の家臣録』（共著、高志書院、二〇一七年）など。

米澤　愛
一九八一年、長野県生まれ。
富山大学人文学部卒業。
現在、真田宝物館学芸員。

戦国遺文　真田氏編　第一巻

二〇一八年五月二〇日　初版印刷
二〇一八年五月三〇日　初版発行

編　者　黒田基樹　山中さゆり
　　　　平山　優　米澤　愛
　　　　丸島和洋
発行者　金　田　　功
印刷所　亜細亜印刷株式会社
製本所　亜細亜印刷株式会社
発行所　株式会社　東京堂出版
東京都千代田区神田神保町一―一七（〒一〇一―〇〇五一）
電話　〇三―三二三三―三七四一

ISBN978-4-490-30788-7 C3321